小学数学教学培养创新意识的研究与实践

刁 悟 著

辽宁大学出版社

图书在版编目（CIP）数据

小学数学教学培养创新意识的研究与实践/刁悟著.
—沈阳：辽宁大学出版社，2009.3
ISBN 978-7-5610-5756-8

Ⅰ.小…　Ⅱ.刁…　Ⅲ.数学课—教学研究—小学　Ⅳ.
G623.502

中国版本图书馆CIP数据核字（2009）第040236号

责任编辑：马　静　　　封面设计：于　涛
责任校对：薛振威

辽　宁　大　学　出　版　社
地址：沈阳市皇姑区崇山中路66号　　邮政编码：110036
联系电话：024-86864613　　网址：http://press.lnu.edu.cn
电子邮件：lnupress@vip.163.com
东北印刷厂　印刷　辽宁大学出版社发行

幅面尺寸：140mm×203mm　　印张：9.25
字数：240千字

2009年3月第1版　　2009年3月第1次印刷
书号：ISBN 978-7-5610-5756-8　　定价：28.00元

序言一

李晓梅

刁悟老师嘱我为其《小学数学教学培养创新意识的研究与实践》这本书做序，着实让我心生几许忐忑。忐忑于自己能否阅出书中的意蕴，能否悟出书外的道理。尽管如此，还是答应了刁悟老师，基于对他多年的了解，基于对这本书的认识。

刁悟老师已从事了23年的小学数学教研工作，并且获得了国家级实施新课程优秀教研员的荣誉称号，是铁岭市首批学科带头人，现任铁岭市教师进修学院小学部理科教研室主任。多年来，他在省级以上刊物上发表学术论文30余篇，主编及参与编写教材、教辅等图书20余部，累计达100余万字。主持的国家级教育科研规划课题3项，省级教育规划课题5项，均已通过验收，并获教育科研成果一、二等奖。尽管他是一位资深的教研员，仍然每年坚持到基层学校听课、评课100余节，可以说《小学数学教学培养创新意识的研究与实践》一书，就是在这样一个不断循环往复的过程中积累与沉淀的结果。

如何在小学数学教学中培养学生的创新意识，是实施素质教育的重点问题之一，同时也是困扰着广大小学数学教师的实际问题，而这些都会在本书中找到答案。这本书不仅较好地诠释了培养学生创新意识的基本方法，还通过一个个鲜活的案例，一段段精彩的点评，解析着一个个令广大小学数学教师疑惑的难题。这些课例虽谈不上节节是精品，评析也谈不上句句是真知灼见，但也不乏诸多的冷静思考。只有冷静地面对各种纷繁复杂的实际问题，才能不盲从、不轻信、不人云亦云，才能保持清醒的头脑，客观地正视事物的过去，把握事物的当下，展望事物的未来。

在一般情况下，每个人的一生所拥有的时间大致相差不多，但是所做工作的数量与业绩却有明显的差异，这取决于一个人的勤奋程度如何。有道是："天道酬勤"，意为勤学、勤看、勤听、勤记、勤问。一个人果真如此，则能比较充分地发挥自己的潜能，能比较全面地观察、理解事物，洞察事物的本质。正是对小学数学教师课堂教学的观察、理解、分析，正是对小学数学教师课堂教学的概括与总结，才有了这本书的问世。虽然呈现在我们面前的是培养学生的创新意识的理论与方法，是36节课堂教学实录与评析，是对培养学生的创新意识的习题设计，但其背后的支撑是多年来高达尺许的教育随笔，听、评课的详细记录。由此，涌动在我心底的是一份深深的敬意。

这些所思、所想、所感权以此为序。

（李晓梅:辽宁省基础教育教研培训中心小学部副主任,全国小学教学专业委员会常务理事。）

2009年1月30日

序言二

李东元

阅读《小学数学教学培养创新意识的研究与实践》一书后，让我感觉到教研员和教师一样，同样需要专业素质提升，而且想到了教研员专业素质提升的新思路。

更多的教研员往往日复一日、年复一年地将工作仅停留在听课、评课、导课、开教研会层面上，听完课、导完课、开完会也就万事大吉了，理论层面上留下的东西很少很少，甚至没有。

教研员除了要做好上述常规工作以外，还要在调查研究的基础上，抓住普遍性、针对性比较强的问题，抓住教育、教学中的重点问题，开展系统研究，并能经常撰写出有分量的论文，发表在有分量的省级以上教育教学刊物上，增强指导力度，扩大影响范围；能经常开展科研课题研究，尤其要开展高级别、高层次的课题研究，取得高水平的研究成果（本书作者“十五”期间的省级科研课题“小学生数学学习方式的研究”获得铁岭市中小学教育方面唯一一个辽宁省优秀教育科研成果一等奖）；能经常将自己科研课题中的研究成果，从理论和实践相结合的角度，以专著或汇编的形式呈现出来，更好地指导教师教学。

教研员除了要做好常规工作以外，一定要在上述三个方面有所建树。只有这样，教研员的专业成长之路才能越走越宽广。本书作者在这方面已经先行一步，希望能给大家一些借鉴。

《小学数学教学培养创新意识的研究与实践》一书，以“培养创新意识”为核心内容，以“十一五”课题“小学数学教学培养创新意识的研究”为背景，比较系统地展现了在小学数学教学中培养学生创新意识的理论基础，比较系统地呈现了在小学数学教学中培养学生创新意识的方法与策略，为了增强在小学数学教学中培养创新意识的可操作性，比较全面系统地呈现了不同版本的教材、不同的教学内容，不同的基本课型，不同的年级的实践成果。这些实践成果主要包括教学设计与设计意图，教学实录与评析，教学片段与评析，教学实录与反思，培养创新意识练习题参考，同时书中还呈现了作者近20篇在省以上刊物上发表的相关研究成果。

此书堪称是一部小学数学教学领域在培养创新意识研究方面的好书，它一定会给广大小学数学教师更多的借鉴和启示。

(李东元：铁岭市教师进修学院院长，中学高级教师。)

2009年1月20日

前 言

“创新是一个民族进步的灵魂，是国家兴旺发达的不竭动力”。“国家兴亡在于教育，教育兴亡在于创新”。胡锦涛总书记也曾提出：“提高自主创新能力，建设创新型国家”是“国家发展战略的核心，是提高综合国力的关键”。由此可见，创新在人类进步、社会发展、教育发展中起着至关重要的、不可替代的巨大作用。

全国第三次教育工作会议做出的《中共中央、国务院关于深化教育改革全面推进素质教育的决定》中明确指出：素质教育的重点是培养学生的创新精神和实践能力。《基础教育课程改革纲要》的“课程改革目标”中也明确提出：新课程的培养目标要体现时代要求，要使学生具有初步的创新精神、实践能力……

义务教育《数学课程标准》的“总体目标”中同样明确指出：通过义务教育阶段的数学学习，学生能够具有初步的创新精神和实践能力，在情感态度和一般能力方面，都能得到充分发展。

因此，在教育、教学中培养学生的创新精神、创新意识，是时代和社会赋予我们的使命，势在必行。

2006年5月，笔者主持了辽宁省“十一五”教育科学规划课题“小学数学教学培养学生创新意识的研究”。该课题自立项以来，吸纳了20余所城乡不同规模的学校作为实验学校，共同完成实验的研究和探索工作。经过两年多时间，在全体实验人员的共同努力下，目前该课题从理论和实践两方面，均取得了令人满意的研究成果。

该课题的更多研究成果，将以《小学数学教学培养创新意识的研究与实践》专著的形式呈现。

在基础教育阶段，培养学生创新精神和创新意识的主渠道当然是课堂教学，而在课堂教学中如何培养学生的创新精神与创新意识，却是一件易说不易做的事情，尤其在小学数学教学中培养学生的创新意识问题，更是不易把握的事情。创新意识的含义是什么，创新意识的培养目标是什么，培养创新意识的方法、策略是什么……《小学数学教学培养创新意识的研究与实践》一书，将从理论和实践两个方面，较为全面、系统地为广大小学数学教师提供参考和帮助。

本书的主要特点如下：

一、充分考虑理论与实践相结合

本书在编写过程中坚持理论联系实际的原则，帮助教师从理论上认识培养学生创新精神、创新意识的重要性和必要性。系统理解创新意识的内涵和外延，结合大量的教学实践.探索培养学生创新意识的教学模式，把创新意识的相关理论与教学实践紧密地结合起来，并侧重教学实践。只谈理论，教师会感觉抽象、干瘪，难以理解和接受；只谈实践，教师会感觉知其然不知其所以然，照葫芦画瓢，没有理论支撑。只有将理论与实践有机结合起来，才能让教师知其然并知其所以然。

二、理论部分深入浅出，通俗易懂

本书在编写过程中，理论部分坚持深入浅出的原则。关于创新教育、创新精神、创新能力等方面的理论，方方面面，纷繁错杂,教师难以把握。为了让广大小学数学教师能够做到一看就懂，一学就会，在理论部分的编写上力争做到深入浅出，通俗易懂，即将创新意识的相关理论以最朴素、最简捷、最通俗的语言和方式表达出来。

三、实践部分行之有效，操作性强

实践是检验真理的唯一标准，有了丰富的理论基础，再加上大量的长时间的专题教学实践检验，充分说明我们在小学数学教学中培养学生的创新意识是卓有成效的。

在本书的“实践部分”中，大部分内容均选自辽宁省“十一五”

教育规划课题“小学数学教学培养学生创新意识的研究”实验学校的研究成果。该课题已实验两年多时间，二十余所实验学校的实验人员在实验中取得了较为丰硕的研究成果。“实践部分”的每一篇教学设计、教学课例及说课设计等，均有一定的实验基础，其共同特点是操作性强，行之有效，对在小学数学教学中培养学生的创新意识有一定的借鉴和参考价值。在本书的“实践部分”中，还有一部分内容来自本人围绕培养创新意识撰写的教学设计、教学实录等文章，这些文章大多已发表在省级以上教育刊物上。

四、两大省级课题做后盾

本人主持的辽宁省“十五”教育科学规划课题“小学生数学学习方式的研究”，通过省级专家组验收，并获辽宁省教育厅颁发的全市唯一一个“辽宁省‘十五’教育科学规划课题研究成果一等奖”。该课题从形式上看是研究小学生的数学学习方式，实质上是在研究如何让学生成为数学课堂上的主人，如何成为数学学习的主人，如何在新的学习方式中培养学生的创新意识。学生只有从被动的学习方式中走出来，改善并建立新的学习方式，让学生在课堂中充分地自主学习，探究学习，合作学习，实践操作学习……才能实现创新意识的培养和发展。该课题的实验结题报告附在本书的“理论部分”中。

本人主持的另一个课题是辽宁省“十一五”课题“小学数学教学培养创新意识的研究”。该课题直接指向培养小学生的创新意识，现已取得丰硕的研究成果。该课题的研究方案附在此书的“理论部分”结尾处。

本书总体分为两部分。一部分为研究篇（理论篇）；另一部分为实践篇（应用篇）。

研究篇重点介绍创新精神、创新能力的重要性和必要性。它包括创新意识的界定;创新意识提出的背景;培养学生创新意识的目标；培养学生创新意识的原则，即普遍性原则、主体性原则、基础性原则、差异性原则、可行性原则、活动性原则；培养学生创新意识的方法与策略；培养学生创新意识应注意的几个问题。理论部分还附有两个省级相关课题的方案及报告。

实践篇重点汇集了与该书研究篇理论息息相关的实践成果，主要包括“小学数学教学培养创新意识的研究”课题中广大实验研究者（教学领导、教研员、教师）在长期的实验研究中总结提炼出来的教学研究成果。主要有教学设计及意图,教学课例，教学片段与评析…… 实践成果中尽可能兼顾小学阶段 1~6 年级各出版社出版的课程标准教材，涵盖了“数与代数”、“空间与图形”、“统计与概率”、“实践与综合应用”四部分内容。涉及新课、练习课和复习课三种基本课型。每一篇教学设计，每一篇教学课例等，均或多或少、或直接或间接地在教学目标中不同程度地体现了培养学生创新意识的内容。并在教学中的具体环节，结合具体教学内容，体现培养创新意识的方法与策略。

本书适合广大一线小学数学教师、学校的教学领导、教研员等阅读。

让我们广大小学数学教育、教学工作者携起手来，共同研究，共同担负起在小学数学教学中培养学生创新意识的使命，为培养 21 世纪创新型人才奠定坚实的基础。

刁 悟

2009 年 2 月

目 录

研究篇

小学数学教学培养创新意识的基本理论与方法

第一章　小学数学教学培养创新意识的重要性和必要性

一、培养创新意识势在必行

人们不难发现，21世纪是知识爆炸时代，是知识经济时代，是信息产业化时代，是高科技迅猛发展时代，是人才竞争时代。这一切无一不需要创新，无一不需要有更多更好的创新型人才。一个国家，一个民族缺少创新，将无法立足于世界民族之林，更无法在世界民族之林中有所作为，有所辉煌。国家兴亡在于教育，教育兴亡在于创新。反思我们国家的教育，从高等教育到基础教育，恰恰在创新上出现问题。大家清楚，我们国家到目前为止还没有一位真正获诺贝尔奖的中国籍科学家，我们的高中生和初中生在奥林匹克知识竞赛中频频获奖，而在创新性实践活动中却屡屡挫败。这一切的一切不能不引起我们国家的高度重视。高等教育改革、基础教育改革接连不断，目的就是要想方设法克服过去过于注重单纯的知识积累，想方设法培养学生的情感态度，更要想方设法培养学生的创新精神和实践能力。

由此可见，国家呼唤创新，时代呼唤创新。离开创新，离开创新型人才，将寸步难行。因此，实施创新教育，培养小学生创新意识，为国家培养创新型人才打好基础，广大教师将责无旁贷，开展创新教育势在必行。

二、创新意识的界定

创新意识是指人们在社会实践活动中，主动开展创新活动的观念和意识，表现为对创新的重视、追求及开展创新活动的兴趣和欲望。它是人类意识活动中的一种积极的有成果的表现形式，是人们进行创新活动的出发点和内部动力，是创新性思维和创造力的前提。

创新意识主要包括创新动机、创新兴趣、创新情感和创新意志。那么，小学数学教学中培养学生的创新意识，指的是在小学数学的学习和活动中，培养学生热爱数学，乐于从不同的思路、不同的渠道、不同的角度发现数学问题，并用有创意的方法和策略思考数学问题，研究数学问题，解决数学问题。鼓励并培养学生对数学问题的批判意识、质疑意识和修正意识。帮助学生逐步建立自主学习、探究学习、合作学习和实践操作学习等新型的学习方式，为培养创新型人才打好基础。

三、提出培养创新意识的背景

1. 社会发展的需求。当今时代，人类社会步入了一个科技创新不断涌现的重要时期，也步入了一个经济结构加快调整的重要时期。进入 21 世纪，在科学技术的引领和推动下，人类正经历着从工业社会向知识社会的演进。科学技术创造出的新的经济增长点，在解决社会可持续发展的一系列重大问题上发挥着越来越重要的作用，成为经济社会发展的重要推动力量和财富形成的主要源泉。本世纪头二十年，是我国经济社会发展的重要战略机遇期，也是科学技术发展的重要机遇期，只有抓住科技革命稍纵即逝的难得机遇，显著提高科技实力特别是自主创新能力，才有可能突破我国人口和资源、环境的瓶颈制约，保障经济安全和国防安全，顺利实现全面建设小康社会的宏伟目标。加强自主创新，建设创新型国家，是我们党综合分析发展形势和我国所处历史阶段提出的面向未来的重要战略。江泽民同志曾经指出："要迎接科学技术突飞猛进迅速兴起的挑战，最重要的是创新，创新是一个民族的灵魂，是一个国家兴旺发达的不竭动力。创新关键在人才，人才的成长靠教育，教育水平提高了，科技进步和经济发展才有后劲。"如何培养学生的创新意识、创新精神和创新能力已成为课程改革的重大课题。在课堂教学中，培养学生的创新意识和实践能力是社会对人才的要求，是素质教育的核心，也是我们面临的紧迫任务。

2. 现代科学技术发展的需要。胡锦涛同志指出："在世界新科技革命推动下，知识在经济社会发展中的作用日益突出，国家财富的增长和人类生活的改善，越来越有赖于知识的积累和创新。科技竞争成为国际综合实力竞争的焦点。当今时代，谁在知识和科技创新方面占据优势，谁就能够在发展上掌握主动。衡量一个民族素质的高低，不再看这个民族平均受教育程度的高低。党中央、国务院作出的建设创新型国家的决策，是事关社会主义现代化建设全局的重大战略决策。”因此，我们从青少年入手，培养创新意识和实践能力，积极改革教育体制和改进教学方法，大力推进素质教育，鼓励青少年参加丰富多彩的科普活动和社会实践。

3. 新课改对数学课堂教学提出的要求。“教育是知识创新、传播和应用的主要基地，也是培养创新精神和创新人才的摇篮。无论在培养高素质的劳动者和专业人才方面，还是在提高创新能力和提供知识、技术创新成果以及增强民族凝聚力方面，教育都具有独特的重要意义。”创新意识的培养是素质教育的内容之一。《数学课程标准》指出：“学生是学习的主人，教师是数学学习的组织者、引导者和合作者。动手实践、自主探究与合作交流是学生学习数学的重要方法……学生的数学学习活动，应当是一个生动活泼的、主动的和富有个性的过程。”为此，教师必须树立正确的教育观和教学观，坚持以学生的发展为本，转变师生角色，改变教师的教学方式和学生的学习方式，充分调动学生学习的主动性、积极性和创造性。

4. 教师适应新时代教育的需求。未来教育的挑战，不仅是针对学生，更重要的是针对教师，每个学生都有巨大的创造潜能，要把这种潜能发掘出来，变成现实的创造力，需要教育工作者的艰辛劳动。教师是不能被教学机器所代替的，时代的发展需要拥有更高素质的教师。被教育者若要成为具有丰富个性的人，要求教育者也具有丰富的个性。由一副眼镜，一支粉笔，一本写得密密麻麻的备课笔记，加上满脸的严肃组成的教师形象已显得落后，我们需要构建一个新的教师形象。创造性靠创造型教师来培养。长江后浪推前浪，要使今天的教育为明天的创造服务，必须有一大批具有创新意识、掌握科学的教育规律，把创新教育贯穿于方方面面的创新型教师，这是时代的要求。

5. 革除我国教育现存弊端的需求。面对21世纪的挑战，我国教育总体水平还存在着明显的不适应。教育观念、教育体制、教育结构、人才培养模式、教育内容和教育方法相对滞后，影响青少年的全面发展，不适应提高国民素质的需求。具体表现为教育观念落后，重视智育，忽视德育，忽视体育、美育和劳动教育。即使在智育领域也存在一定问题。如忽视学生学习的主体地位，忽视学生学习的积极性、自觉性的培养，更忽视学生创新精神和实践能力的培养；教学内容脱离学生生活和社会实际；重视少数升学有望的学生，忽视大多数学生的发展等等。教育工作中存在的诸多弊端，已经较为严重地影响到我国高层创新人才及高素质劳动者的培养，弊端的症结在于教育价值取向的扭曲，因此，要解决上述问题，必须正确树立新的教育价值取向，这种新的价值取向，应该定位在培养人的创新精神和实践能力上。

综上所述，在新课程背景下，进行小学数学教学中创新意识培养的实践与研究，能促使教师从教育教学工作的实际出发，从学生的实际出发，探究出培养学生创新意识的途径和方法，这对于促进学生全面发展，推进素质教育，培养创新型人才有着非常重要的现实意义和深远的历史意义。同时，对深化素质教育，促进教师的专业成长，提高教育质量，提升学校的教研、科研工作的质量均具有一定的实践意义。

四、素质教育的重点是培养学生的创新精神

“教育必须为社会主义现代化建设服务，教育必须与生产劳动相结合。”教育发展受社会和经济发展的影响和制约。不同的时代对教育的发展有不同的要求，教育只有积极主动地适应时代发展的客观要求，才能更好地发挥其功能，具有生机和活力。党的十五大提出了“两个根本转变”（经济体制由计划经济转变为社会主义市场经济，经济增长方式由粗放型转变为集约型）的战略，并提出要实现

"两个根本转变"必须依靠科技进步和提高全体劳动者的素质。着眼于中国现代化的发展，面向世界和未来，党中央国务院强调实施素质教育"以提高国民素质为根本宗旨"，而民族素质的核心是创新精神和创造能力。一个民族只有不断地创新才能永远屹立于世界民族之林。因此，一个民族的创新精神和实践能力是核心竞争力，培养创新型的合格人才已成为对教育的呼唤。中国教育跨世纪的重要任务是培养更多更好的创新型人才，迎接知识经济和科技迅猛发展的挑战。因此，党和国家把全面推进素质教育的重点确定为培养学生创新精神和实践能力，充分说明创新精神和实践能力在教育中的重要性和必要性。

第二章 培养创新意识的目标

培养创新意识是小学数学中的一项重要任务。培养创新意识要在学习知识、发展能力、重视情感态度的同时进行。培养创新意识要紧密结合教学内容和学生实际进行。那么，在小学数学教学中培养学生的创新意识应该达到怎样的目标呢？创新意识是创新精神和创造能力的基础和前提，是学生创新素质的最基本要素。创新意识主要由兴趣、信心、好奇心、求知欲、怀疑意识和批判意识等因素构成。其中的兴趣、信心、求知欲、好奇心属于创新意识构成的间接因素，这些因素可以推进、促成和保证创新意识的产生与形成。而怀疑意识、批判意识、求异意识则是构成创新意识的直接因素。因此，小学数学教学培养创新意识的目标可以确定为以下几个方面：

一、培养兴趣

爱因斯坦曾说过“兴趣是最好的老师”。孔子也曾说过“知之者不如好之者，好之者不如乐之者”。这些经典之言，足以说明“兴趣”在完成一件事中的重要作用。被动去做一件事与发自内心乐于去做一件事，效果截然不同。培养创新意识当然少不了培养学生的兴趣。教学中引导、培养学生喜欢数学老师，喜欢数学情境，喜欢数学问题。学生只有对数学产生了兴趣，才能在数学问题上产生“奇思妙想”，才能引发创新意识。

二、培养自信心

没有自信心，任何层面的创新都将无法实现。在小学数学教学中培养学生创新意识，培养自信心是至关重要的。因为自信心的一个重要特点就是超越别人。学生如果在心理上有了“超越别人”的自信心，创新意识自然会得到培养和提高。

自信心是一个长期训练的过程。在教学过程中，教师要经常采用积极的方法和策略，鼓励、赏识学生，让学生经常感受在数学问题上成功的喜悦和快乐，让学生切实体会和感受到在解决数学问题上“我行！我一定行！”学生自信心增强了，创新意识的形成与发展就不成问题了。

三、培养好奇心

好奇心是儿童的天性，是儿童智慧的火花。儿童的智力是在他们一次次好奇心得到满足，又在一次次好奇心驱使中得到发展的。

好奇心是人们对未来事物产生兴趣和疑义，并力图成为已知的心理倾向。这种倾向是人的一种本能。这种本能应该得到珍惜和保护，并能得到培养和发展。好奇心是科学创造和发明的出发点和推动力。

著名科学家都具有较强的好奇心。牛顿对一个苹果落地产生好奇，发现了万有引力定律。伽利略也是看着吊灯摇晃好奇而发明了单摆。而好奇心减少或泯灭了，创新和发明也就不复存在了。比如，在剑桥大学，维特根斯坦是大哲学家穆尔的学生，有一天，罗素问穆尔：“谁是你最好的学生？”穆尔毫不犹豫地说：“维特根斯坦，因为在我的所有学生中，只有他一个人在听我的课时，总是露出迷茫的神色，总是有一大堆问题。”罗素也是一个大哲学家，后来维特根斯坦的名气超过了他。有人问罗素为什么落伍了？维特根斯坦说：“因为他没有问题了。”再如，德国著名化学家里比希把氯气通入海水中提取碘之后，发现剩余的母液中沉淀着一层红棕色的液体。他也感到奇怪，但并没有放在心上，武断地认为这不过是碘的化合物，只在瓶上贴上标签了事。直到以后一位法国科学家证实是新元素溴，里比希才恍然大悟。他因此称这个瓶子为“失误瓶”以告诫自己。

四、培养求知欲

如果把好奇心看做是发展智力、培养创新意识的初衷，那么，求知欲就是培养创新意识的延续。如果对事物只停留在“好奇”层面，那么，将无法实现发展智力，培养创新意识的目标。

求知欲，顾名思义就是人们一种积极地、主动地探求新知的迫切心情和愿望。求知欲有与生俱来的一面，还有后天培养的一面。教师在教学中，一定要保护好、培养好学生的求知欲，想方设法让学生的求知欲保持下去。皮亚杰的平衡理论表明：个体保持认知结构处于一种稳定状态的内在倾向性，这种倾向性是潜藏于个体发展背后的一种动力因素。因此，教师在教学中应结合学生的年龄特点和心理特点，结合教学内容，鼓励学生多思考，多提问题，以培养和发展学生的求知欲，从而培养创新意识。

五、培养怀疑意识

培养怀疑意识是培养创新意识必不可少的重要因素。培养学生遇到数学问题不要人云亦云，应该多问几个为什么，应当有自己的独到见解。巴尔扎克曾经说过："打开一切科学的钥匙都毫无疑义是问号。我们大部分的伟大发现都应归功于逢事都问个'为什么'。"怀疑意识可以使人的思维更加深刻，可以使人的认识更加本质化，可以使人迸发出与众不同的思路和想法，继而萌发创新意识。例如，没有怀疑，爱因斯坦就不可能提出相对论，没有怀疑伽利略就不可能有比萨斜塔的经典实验，也就不可能推翻亚里士多德的结论。因此，教师要鼓励和培养学生的怀疑意识，让学生们多提问题，多提疑义，甚至鼓励学生大胆怀疑教科书上的某些内容，怀疑教师和权威人士提出的问题。例如，课程改革之前，笔者到基层学校听课调研。正式上课之前，教师让学生齐背教科书中公式、定义及计算法则等内容，当背到解应用题的基本步骤时，其中有一句话听得很清楚："列出算式，写出得时。"笔者无法理解这句话的含义，下课时便问数学教师"列出算式，写出得时"何意，教师满是疑惑且无可奈何地回答："我也不知是何意，我们也觉得有问题，可教科书中就这样写的，我们也不敢随便改动。"笔者随即从学生手中拿了几本教科书，书中果真这样写道"列出算式，写出得时"。有一定常识的人都知道，应该是"列出算式，写出得数"。此问题的出现，一定是教科书在校对印刷时出了差错，可怜的是教师过分"尊重"教科书，把教科书当成了圣经，居然没有一个人敢向教科书提出"为什么"。

没有一个人敢怀疑教科书。

六、培养批判意识

培养学生的创新意识，当然少不了要培养学生的批判意识。批判意识是创新的本质和前提，是创新意识形成的必要条件。批判意识主要表现为以下几种行为：

1. 善于抓住事物的本质属性和核心议题。
2. 善于判断证据的准确性和可靠性。
3. 善于把握批判推理的质量和逻辑的一致性。
4. 能够敏锐地察觉出那些已经明说或未加明说的偏见、立场、意图、假设等。
5. 能测出可能的结果。

教学中教师要克服传统教学中唯师、唯教科书的思想，这种思想严重地阻碍了学生自我意识的形成和批判精神的张扬。要鼓励学生敢于在数学问题的研究上说“不”，敢于在数学问题的研究上说出自己的观点和看法，并能用有效的论据说明自己的观点。

七、培养求异意识

求异意识是创新意识的重要表现形式，也是创新意识的直接动力。小学数学教学培养学生的创新意识，当然不能缺少求新、求异意识的培养和提高。教师在教学中要积极鼓励学生求新求异，遇到数学问题，不要满足最基本的分析和解决办法，要积极开动脑筋，从不同角度、不同侧面分析和研究解决问题的方法和策略，从而培养学生的创新性思维和创新意识。

第三章　培养创新意识的原则

“小学数学教学中培养学生的创新意识”有其特定的环境和范围，并有其特定的对象和领域。因此，在小学数学教学中培养学生的创新意识必须遵循一定的原则。

一、可行性原则

培养学生创新意识，应该是创新性教学中对学生创新素质培养中要求最低的一个层面，创新意识是创新精神、创新能力的最初级阶段，教学中教师要把握这样一个特点，结合具体内容，结合学生年龄特点，结合学生的心理特点，恰到好处地激发学生的创新意识，培养学生的创新意识。值得注意的是在数学教学过程中，对学生的所谓“创新”，不能要求过高，学生只要在创新方面产生兴趣，有了创新的愿望和动机，并能从不同角度、不同侧面、用不同方法去发现问题、认识问题和解决问题就可以了，不必追求真正意义上的“创新”、“发明”和“创造”。

二、基础性原则

小学数学教学中的“基础”主要指的是基础知识、基本技能、基本活动经验和基本思想，以上四个方面简称“四基”。小学数学教学中培养学生的创新意识必须在“四基”基础上进行，更要在基础知识的基础上进行。离开基础知识，培养创新意识将是空中楼阁。基础知识是培养创新意识的载体和桥梁，知识为创新提供了原材料，创新是知识的转换与整合。因此，教师在小学数学教学中要实实在在地让学生理解和掌握基础知识和基本技能，然后挖掘教学内容中的有利于培养创新意识的相关因素，用恰当的方法和策略，培养学生的创新意识。

三、整体性原则

培养创新意识，不是面向大多数学生，更不是面向少数学生，应该面向全体学生，“一个学生也不能少”。创新意识是每个人与生俱来的心理倾向，也是每一个人与生俱来的潜能。因此，在课堂教学中教师要面向全班每一个学生，让每一个学生最大限度地将自己的创新潜能发挥出来。当然每一名学生的创新潜能和创新意识是有差异性的，不能一个标准，不能“一刀切”，要因人而异，想方设法设置多样化的情景，采用多样化的活动方式，将不同层次学生的创新意识、创造潜能和创新素质开发和培养出来。值得注意的是教师不能武断的低估部分学生的创新潜能，不能忽视对这些学生的培养。

四、主体性原则

在培养学生创新意识问题上，要充分体现主体性原则，即让学生真正成为课堂上的主人。

长期以来教师垄断课堂，把课堂当成自己“传道、授业、解惑”的舞台，学生被动听，被动记，被动做练习的现象一直没能得到根本解决。20 年前小学数学改革就喊出了“教师为主导，学生为主体”的口号，直至今日我们的小学课堂也没能真正从本质上实现“学生为主体”。培养实践能力，培养创新意识的前提是学生能否真正成为课堂上的主人，能否真正成为课堂上的主体。当学生成为课堂上的主体时，学生才能把数学学习当成自己必须做的事情，否则就会把数学学习当成老师和家长强加在自己身上的负担，二者的数学学习效果截然不同。让学生成为课堂上的主体应该做到以下几个方面：

首先，教师要转变观念，转变角色，把自己由原来的高高在上的统治者、管理者，变为现在的合作者，成为学生的知心朋友，做到让学生喜欢数学老师，从而喜欢数学。克服学生在课堂上的拘束、压抑和恐惧心理。

其次，教师要改善和转变学生的学习方式，让自主学习、探究学习、合作学习和实践操作学习等学习方式成为课堂上的主要学习方式，克服单一的死记硬背、机械记忆、机械训练等不利于体现主体性的被动学习方式。

第三，教师要在课堂上给学生留有充足的尽可能多的学习时间。我们知道，山东省聊城市茌平县杜郎口中学的改革经验在全国引起了轰动，取得了惊人的实验效果。他们最成功的经验就是在各学科的课堂教学上，让学生真正成为课堂上的主人。初中一节课 45 分钟，而他们的课堂追求“10+35”，有时竟出现“0+45”，即一堂课中教师的引导、点拨、指导等最多不能超过 10 分钟，给学生学习的时间不少于 35 分钟，有时一节课竟完全由学生自己预习、研讨、汇报、总结。杜郎口中学的经验为小学数学教学改革提供了许多可借鉴的地方。

五、激励性原则

小学生天生争强好胜，在小学数学教学培养学生创新意识的过程中，抓住这一特点，鞭策、激励小学生经常提出与众不同的问题，经常质疑数学问题，经常用不同的方法和策略分析问题和解决问题，小学生的创新意识就会得到有效的培养和提高。鞭策、激励小学生的有效办法是：

1. 数学课新课伊始，巧设悬念，引发学生渴望得到数学答案的动机和欲望。

2. 将数学问题与学生身边的事物紧密的联系起来，让学生感受到数学的价值，并为自己能够用学过的数学知识解决实际问题而感到自豪和骄傲。

3. 设计开放性练习，让学生感到数学神秘有趣，变化无穷。

4. 评选先进学习小组，鼓励学习小组中每一名成员都有积极上进、努力学习的愿望，增强集体和团队意识。

六、直观性原则

数学具有严密性、逻辑性和抽象性等特点。而小学生的思维特点是以直观形象思维为主要形式，逐步向抽象逻辑思维过渡。因此，在小学数学教学过程中，教师要紧密结合学生的年龄特点和思维特点，充分运用多媒体，充分运用教具和学具，让学生的手、口、眼等多种感官同时参与数学活动，尽可能地展现学生获取知识的思维过程，尽可能地让学生知其然，同时知其所以然，从而更有效地培养学生的逻辑思维能力和创新意识。

七、开放性原则

在小学数学教学中，培养学生的创新意识，坚持开放性原则是至关重要的。只有开放，学生的思维才能放飞，只有开放，学生的创新空间才能扩大，只有开放，培养学生创新意识才能得到预想不到的效果。

首先，要开放教学内容。新课程强调，不能把教科书当圣经，教科书仅仅是教学的载体，即不能把教科书中的内容当成唯一的课程资源。教师要结合教科书中的内容，结合学生的生活实际，结合学生的认知规律，结合科技发展和社会发展实际，有效地开发课程资源，及时调整和补充课程资源，引导学生关注前沿内容。

其次，要开放教学过程。创新教育价值观认为，教学的根本目的不是教会解答，掌握结论，而是在探究和解决问题的过程中，思维得到训练，能力得到培养，好奇心、求知欲得到激发，从而主动寻求和发现新问题。因此，教师要开放教学过程，使教学过程更有利于学生创新意识的培养和提高。

再次，要开放思维训练。既要注重思维正确性、思维深刻性和思维敏捷性训练，更要注重思维发散性和思维创造性训练；既要注重学生的右脑开发，又要注重学生的左脑开发，使学生的全脑得到最大限度地开发和训练。另外，教师在设计提问、设计练习及设计考试试卷时，均要考虑开放性问题，从而更有效地培养学生的创新意识。

第四章　培养创新意识的教学方法与策略

一、课堂之外的教学方法与策略

1. 提高认识，自觉创新

在小学数学教学中培养学生的创新意识，教师是前提，教师是关键。教师如果对培养创新意识认识不到位，认识不充分，错误地认为“培养学生创新意识可有可无，只要把基础知识、基本技能落到实处足矣”，“创新是成年人的事情，创新是科学家的事情，小学生搞创新是无稽之谈……”那么，“在小学数学教学中培养学生创新意识”就是一句空话，永远不会落到实处。广大小学数学教师应当充分认识到，要培养出适应 21 世纪发展的创新型人才，必须从小做起，循序渐进、潜移默化地渗透和培养小学生的创新意识和创新精神。同时，我们还应该清楚地认识到，在小学数学教学中培养学生创新意识是教学改革的需要，是课程改革的需要，是素质教育的需要，是培养社会主义建设者和接班人的需要。具体言之，培养创新意识也是小学数学教学中的一项重要任务。因此，广大小学数学教师要高度重视在教学中培养学生的创新意识问题，把培养小学生的创新意识当作大事来抓，变成自觉行为，教学全程时刻不忘培养学生的创新意识。

2. 加强学习，有效创新

在“小学数学教学中培养学生的创新意识”这个问题上，教师只知道培养创新意识的重要性，只有培养学生创新意识的热情和激情是不够的。大家清楚“创新”是个大概念，有着丰富的内涵，至少包括创新精神、创新能力、创新素质……那么，在小学阶段应该从何处着手培养学生的创新意识，广大小学数学教师要虚心地、认真地借助网络，借助书籍和杂志，学习有关“创新”方面的理论，弄清楚什么是创新，什么是创新意识，紧密结合小学生的年龄特点、心理特点、认知规律、思维规律，紧密结合小学数学的具体内容，有针对性地培养学生的创新意识。

在“小学数学教学中培养学生创新意识”问题上，坚决克服形式主义、水过地皮湿的肤浅做法。坚决克服不切实际、好高骛远的急于求成之举，坚决做到切合实际，行之有效。

3. 确定目标，囊括创新

无论是《基础教育课程改革纲要》，还是《数学课程标准》，均明确指出，要培养学生的创新精神和实践能力。因此，培养学生的创新意识必须纳入小学数学教学目标之中。

小学数学的教学内容丰富多彩，算术、代数、统计、概率、几何……我们在备课过程中，要认真分析教学内容，深入细致地挖掘和利用培养小学生创新意识的因素，发现一点，总结一点，利用一点，让我们的数学教学内容真正成为培养学生创新意识的载体和桥梁，最大限度地发挥其作用。例如，在教学“三角形内角和”这一内容时，可挖掘出培养学生创新意识的教学目标：培养学生的发散思维。即培养学生从不同角度、不同途径观察问题、分析问题和解决问题。教师在教学中可引导学生：用量角器分别量出三角形的三个内角，然后逐一加起来，得出三角形的内角和；剪下三角形的三个内角，将其拼在一起，得到一个角，从而得出三角形的内角和；将三角形（纸片）的三个角想方设法折到三角形的一条边上，使其成为一个平角；……

总之，教师在把握创新意识丰富内涵的基础上，不放过教学内容中潜藏着的培养学生创新意识的有利因素，并将其挖掘出来，郑重其事地写进教学目标之中。目标是旗帜，指引着前进的方向。目标指挥行动，教学目标中有“创新意识”，教学过程中就不会淡忘，更不会迷失方向。

4. 开发资源，利于创新

培养小学生创新意识的途径许许多多，教师心中装有“创新意识”就会想方设法寻找出培养创新意识的渠道。

新课程强调要结合当地实际，学校和学生实际，合理有效地利用课程资源，从而让学生更能感受数学知识与生产实践的密切联系。除此之外，我们在开发和利用课程资源的时候，还应充分考虑培养学生的创新意识问题，尽可能地让开发出来并运用到课堂教学中的课程资源，在起到密切数学与生产、生活联系的同时，更有效地成为培养学生创新意识的载体，为培养创新意识发挥更积极的作用。

例如，在进行“年、月、日”教学时，教师为学生收集当年和更多其他年份的年历卡，让学生以小组为单位，观察分析年历卡上有哪些相同和不同，比一比，哪个小组发现的规律多。这样的课程资源，大大弥补了课本资源单一落后的弊端；为学生利用不完全归纳法总结“年、月、日”中的规律提供大量的有效的素材；这样的课程资源更有利于培养学生的创新意识，使学生的观察空间、思考空间更加宽阔，利于学生创造性学习。

5. 作业考试，纳入创新

作业和考试虽然不能作为评定学生学习成绩的唯一手段和途径，但作业和考试是小学数学不可缺少的提高数学教学质量的重要渠道。因此，作业和考试必须引起教师的高度重视。

作业包括课内作业和课外作业，考试包括形成性考试和总结性考试，作业和考试均要涉及题目设计。新课程强调要坚决克服单纯的知识积累，这一要求的落实除了体现在课堂教学中，还要体现在作业和考试题目的设计中。以往的作业与考试的题目，大都以单纯的知识、技能灌满全部内容，这样的作业和考试对学生的全面发展非常不利。因此，在设计作业和考试题目的时候，除了基础知识和基本技能以外，还要考虑知识技能与生产生活实际的联系，还要考虑实践与操作因素，更要考虑发展学生的思维，培养学生的创新意识。在作业和考试题目中经常设计一些拓展性题目、综合性题目和开放性题目。例如，一题多解、一题多变、答案不唯一等形式新颖多变的题目，纳入作业和考试题目中，让学生在作业和考试的过程中，创新意识得到培养和提高。

二、课堂之内的教学方法与策略

1. 培养兴趣，乐于创新

兴趣是最好的老师，兴趣可以使人乐此不疲，兴趣是完成一件事情的原动力。同样做一件事情，主动想做，乐于去做与不得已去做，被动去做，可想而知，两种态度的效率和效果会截然不同。电子游戏问题是一个社会问题，它让那么多中小学生、大学生荒废了学业，浪费了美好的学习时光，也让那么多成年人沉迷于此，业荒于此。我们何尝不想把我们的教学也变得像电子游戏那样，让所有的孩子“痴迷”，“沉醉”，乐此不疲呢。

兴趣可以转移，兴趣可以培养。在“小学数学教学中培养学生的创新意识”这个问题上，我们首先要培养小学生创新的兴趣，让小学生意识到“创新”和“标新立异”是一件光荣的事情，是老师和同学最欢迎和欣赏的事情，谁“创新”谁光荣，谁“创新”谁有“本事”。教师要在课堂教学中想方设法鼓励学生提出不同的看法和建议，用不同的方法和策略分析问题和解决问题，大胆地对教师和教科书提出质疑……教师对学生的“创新”要循循善诱，积极鼓励和支持，保护好学生“创新”的热情和火花。

小学生的“创新”是肤浅的，甚至是稚嫩可笑的，但它是“创新”的萌芽，是“创新”的初级阶段，是培养创新意识过程中不可缺少的一个阶段。在这个阶段中教师一定要善待每一个学生“创新’的涌动，哪怕是天真幼稚、啼笑皆非的“创新’,我们也要给予保护，绝不能草率行事，扼杀了学生们创新的意识和兴趣。培养创新意识的兴趣具体做法是：

(1) 创设问题情境，引发学生创新意识。教师在引入新课的过程中，精心设计问题，精心设计情境，使情境中的问题富有启发性，富有创新性，长此以往，学生便形成习惯，形成能力，遇到问题便会自觉地从不同角度、不同侧面看问题，想问题，解决问题。

(2) 鼓励提倡创新，让学生为创新而骄傲。教师在教学中要经常的、随时随地地引导学生创新，让学生在"创新"中寻找乐趣，为"创新"而兴奋，为"创新"而骄傲。

(3) 情感投入创新，乐在其中。苏霍姆林斯基说："儿童学习愿望的源泉是思维智力上的感受和情感分不开的，教学和认识周围世界的过程充满情感，这种情感是发展儿童智力和创造能力极其重要的土壤。"我们清楚，创新要有较好的智力基础和知识技能基础，情感对知识技能起着十分重要的作用，不可低估，不可小视，教师在教学过程中要经常给学生展示自我的机会。例如，在"初步认识分数"的教学中，当认识 1/4 时，教师可让同学们在自己的正方形纸片上画出自己喜欢的贴到黑板上，结果黑板上贴满了学生们的作品，教师充分肯定同学们的努力和成果，去保护和激励同学所有的创新欲望和尝试，教师用自己对学生良好的情感去引发学生积极的情感体验，同学们在课堂中经常会体验着参与的快乐，思维的兴趣，创造的愉悦。

2. 建立信心，勇于创新

凡事有了信心就成功了一半，信心是做成一切事情的前提，没有信心或信心不足是成事之中的巨大拦路虎。"小学数学教学中培养学生创新意识"，同样需要小学生有足够的信心和勇气去完成创新。在"小学数学教学中培养学生创新意识"问题上，培养和建立小学生创新的信心的具体方法是：

(1) 树立"我能行，我一定行"的思想。教师在教学中要经常培养学生克服困难，知难而进的精神。在数学学习过程中，遇到困难，教师要引导学生独立思考，一个方法不能解决再想另一个方法，实在无法解决，可以和同学、老师探究，不达目的绝不罢休。鼓励学生经常想，别的同学能做到的，我一定能做到，别的同学做不到的我有可能做到，要经常对自己说，也可以对别人说："我能行，我一定行！"

(2) 树立"我能做到与众不同"的思想，教师在教学过程中要鼓励和提倡"与众不同"，"标新立异"的思想，并暗示全班同学只要开动脑筋，积极思考问题，都能做到“与众不同”“标新立异”。

(3) 全力保护学生的创新萌芽和萌动。小学生的“创新”是微弱的、肤浅的、幼稚的，甚至是可笑的，作为教师一定要全力保护、鼓励和提倡，让有了“创新意识”的同学发自内心地感到，老师喜欢并欣赏自己的“想法”。教师在鼓励、提倡这种“创新”的同时，要循循善诱，将他们的“创新”引向更高、更宽、更广的层面，使“创新”不断走向成熟。

3. 创设情境，投入创新

单靠小学生自觉的创新、自发的创新是无法完成培养创新意识的教学任务的，更多更好的办法是由教师在教学预设过程中，设计出适合小学生年龄特点和学科特点、有利于培养学生创新意识的问题情境，引导学生积极地投入到创新活动中。具体方法是：

(1) 营造和谐氛围，让学生的思维更加活跃。心理学指出：紧张产生抑制。我们的课堂上一定要让学生感觉到宽松、和谐、民主，没有压抑感和恐惧感，让所有学生都能感觉到老师就是同学们的朋友，同学们无论提出什么问题，老师都会给予表扬和鼓励。有了这样的课堂氛围，同学们的思维才可以活跃起来。

(2) 结合教学内容，创设出难度适宜并且具有挑战性的问题情境。

小学数学教学中情境创设很重要，它不仅可以建立数学与生产生活实际的密切联系，同时也调动学生学习数学的积极性。情境重要，情境中的数学问题尤为重要，数学问题设计好了，既可以发挥学生的主体作用，又可以较好地实现数学问题的解决，同时还可以引发学生的创新意识。例如，在求组合图形面积时，教师设计这样的数学情境：亮亮家有一块地 (大头影出示)，却不知道这块地有多大，你能帮他算一算吗？

助人为乐是每一个小学生希望做到的，所以这样的教学情境，能够激发学生的学习动机，这样的情境很容易让同学们的思维进入到数学问题当中，为了拿出更好的解决数学问题的方法和策略，他们会冥思苦想，发挥创意，尽可能拿出与众不同的方法和策略。

4. 提倡质疑，鼓励创新

质疑是创新最重要的源头。教学过程中鼓励学生质疑，提倡质疑，对于培养创新意识尤为重要。培养学生的质疑能力的具体做法是：

(1) 撬开嘴巴，从零做起。小学生尤其低年级小学生，他们对质疑比较陌生，不懂质疑，也不会质疑。所以教师要经常问一些"为什么"，引发学生提出不懂的问题，刚开始阶段，别怕学生提出质量过低的问题，也别怪他们"能力水平"差，万事开头难，只要他们开口提问题，培养质疑能力就有了希望。

(2) 坚持经常，形成习惯。凡事贵在坚持，培养质疑能力也是如此。教师要在每一节课上抓住时机，引导学生质疑，，让学生感觉到质疑也是学习中的重要组成部分，逐渐的让质疑变成自觉行动，让质疑形成习惯。

学生学会了质疑，有了质疑的习惯，自然是一件好事。但是，教师面对学生提出的质疑，不能一味的听之任之，要引导并帮助学生逐渐提出一些让更多人感兴趣、有一定思考价值的问题，让学生感到，只有质疑是不够的，要认真思考，把最有价值的问题提出来。

(3) 提高能力，疑中求新。学生们有了质疑的习惯和能力，便不满足于常规学习，他们会在常规学习中发现非常规的问题，在发现非常规问题和解决非常规问题的过程中迸发出创新的火花，从而使创新意识得到培养。

5. 习题开放，诱发创新

课堂练习是小学数学教学过程中的重要环节，这一环节不仅可以巩固新知识，形成技能技巧，而且可以发展学生思维，培养学生的创新意识。为了达到练习环节的重要目的，教师要精心设计练习题。设计练习题的时候，除了设计具有完备条件和固定答案的封闭式题目，还要设计一些答案不固定或者条件不完备的开放式题目，这样的题目可以让学生用自己喜欢的方式解决问题，在解决问题的过程中，学生可以把自己的知识技能以各种方式结合，去发现新的思想方法，从而培养学生的创新意识。开放题目可以从以下几个方面设计：

(1) 答案放大。这样的题目有利于对学生思维深刻性的训练和培养。例如，同样的两堆煤，第一堆用去$\frac{1}{8}$，第二堆用去$\frac{1}{8}$吨，剩下的还同样多吗？这样的题目如果不认真审题，不认真分析，很容易做出错误答案——同样多。如果仔细审题，我们会发现两个“$\frac{1}{8}$”不一样，因此不能轻易给问题下结论，需要认真分析和讨论：当每堆煤小于 1 吨时，取出$\frac{1}{8}$的一堆剩得多，而取出$\frac{1}{8}$吨的一堆剩得少；当每堆煤刚好是 1 吨时，两堆煤剩得同样多；当每堆煤大于 1 吨时，取出$\frac{1}{8}$的一堆剩得少，而取出$\frac{1}{8}$吨的一堆剩得多。又如，在方框中 填上合适的数，12>□，学生如果具备了思维深刻性的品质，就会通过分析得出完整答案。

(2) 问题开放。问题开放指的是给出一定的条件，让学生根据条件思考可以提出哪些问题。这样的开放题有利于培养学生思维的发散性。例如，在六年级学生学会百分数进入复习阶段时，教师可以出这样的题目：六年一班有学生 45 人，六年二班有学生 47 人。请根据这两个条件提出尽可能多的、有意义的问题。这样的开放题可以放飞学生的思维，可以提简单的问题，也可以提复杂的问题，智力基础偏低的学生也可以完成。他们可以提出：①六年一班学生比六年二班学生少多少人？②六年二班学生比六年一班学生多多少人？③六年一班和六年二班一共有多少学生？……智力基础偏高的学生可提出一些有一定难度的问题：六年一班人数比六年二班少百分之几？六年二班人数比六年一班人数多百分之几？……

(3) 条件开放。所谓条件开放指的是问题相对固定，而解决问题的条件不固定，需要同学补充。这样的问题既可以培养学生思维的发散性，又可以培养学生思维的逻辑性。例如：有一个圆柱形油桶，____________。它的表面积是多少？学生看了这样的问题，一定会想圆柱体表面积的含义及表面积的求法，所以肯定会提出不同种方案：①给出底面积和高的具体数量；②给出底面半径和高的具体数量；③给出底面直径和高的具体数量；④给出底面周长和高的具体数量；⑤给出底面直径或半径，然后指出高与底面周长相等……

总之，练习题目的开放，打破以往条件唯一，答案固定的封闭式练习格局，练习题目的开放势必迫使学生开动脑筋，从多角度、多渠道分析问题，研究问题，解决问题。长此以往，良好的思维品质和创新意识一定会得到良好的培养和提高。

值得注意的是，开放性练习不宜搞得过多，过于集中，尤其新授课中的练习更需注意。常规练习占主体，拿出适当时间做开放性练习，这样做既不影响新知识的巩固和技能、技巧的形成，同时又培养了学生良好的思维品质和创新意识。

6. 发挥想象，引导创新

想象力是客观事物的表象重新组合，形成新的事物形象的过程，在人的社会实践活动中，它具有巨大的推动作用。正如伟大的科学家爱因斯坦说的："想象力比知识更重要，因为知识是有限的，而想象力概括着世界上的一切。"《数学课程标准》在数学的地位中明确指出："数学在提高人推理能力、抽象能力、想象能力和创造力等方面有着独特的作用。"在学习内容中也明确指出："数学学习的内容应该是现实的，有意义的，富有挑战性的，这些内容要有利于学生主动的进行观察、实验、猜测……"

由此可见，想象力在数学教学中有着重要的地位和作用，想象力对培养学生的创新意识同样有着重要的帮助。在小学数学教学中培养学生的想象力具体做法如下：

(1) 运用多媒体手段培养和丰富学生的想象力。在教学过程中充分运用多媒体教学，把更多的数学内容具体化、形象化、生动化，引导学生自由的展开想象，这不仅可以加深对数学知识的理解和认识，还可以使学生的学习活动变得生动、活泼、有趣，提高学生学习的积极性。

(2) 联系生活实际，培养空间想象力。现实生活是丰富多彩的，而数学是抽象枯燥的，若不把两者联系起来，学生必然感到枯燥乏味。对于小学生来讲，建立空间观念是比较困难的，必须借助学生从生活中获取的大量感性材料才能进行。所以，在教学中要引导学生经常运用图形的特征去想象，解决生活中的各种实际问题，培养和发展他们的空间想象力。

例如，在“观察物体”一课时，尽量创造条件，让学生把从课堂中所学到的知识和方法应用于生活实际中。如在教室里从不同角度拍出照片让学生观察比较，找出拍照的方位；在练习中找出几位正做好事的同学背影照片，让学生猜一猜，找一找是谁做的；把撕破的照片拼完整，并说说这张照片拍的是物体的哪一面；想一想从哪一个方位给别人拍照最合适等等。通过这些联系生活，实际应用的活动，使空间知识贴近了学生，同时也延伸了学习，从而使学生能从看到的物体的一个面，联想到整个物体的形状，培养了观察立体实物的能力，建立了初步的空间观念。

又如在学习“物体的平移和旋转”的最后一个环节，先安排学生把从生活中收集到的各种通过平移和旋转得到的漂亮图案在小组内交流，欣赏，然后引导学生应用所学知识以及学具、水彩笔、装饰用纸等工具设计一副美丽的图案这一实践活动。之后让学生看一看图案，想一想该图案是由哪个图案经过平移得到的，最后再让学生用平移的方法画一画，设计出不同的图案。通过这一活动使学生能从生活中获得感性材料，动手实践操作以及实际应用所学知识的过程中更好地理解平移，进一步发展空间想象能力。

(3) 创设情景，诱发猜想，培养学生的猜想能力。数学猜想实际上是一种想象，是人的思维在探索数学规律、本质时的一种策略，它是建立在已有的事实经验基础上，运用非逻辑手段而得到的一种假设，是合理的推导。数学方法理论的倡导者G.波利亚说过：“在数学理论中猜想是合理的，值得尊重的，是负责任的态度。”他认为在有些情况下，教猜想比教证明更重要。数学猜想能缩短解决问题的时间，使学生获得更多的数学发现的机会，锻炼学生的思维，并且运用猜想可以营造学习氛围，激发学生饱满的热情和积极思维，培养学生克服困难的坚强意志，自始至终地主动参与，体会数学知识的探索过程。比如，在学习“能被3整除数的特征”时，教师先出示一组数：1254、715、63、398、57、149、1506、21，然后提问：请同学们判断一下这些数中哪些能被2整除？哪些能被5整除？当学生完成这一复习内容后，教师再问：这里的数哪些能被3整除？学生们通过口算很快就说出了正确答案。此时，教师诱发学生猜想：“其实能被3整除数也有自己的特征，请大家猜一猜，它们有什么特征？”于是，学生思维的大门打开了，情绪被完全调动起来。同学们各抒己见，有的说：我猜个位上的数是3、6、9的数能被3整除。有的说：我猜一个数各位上的数字加起来的和如果是6、9、12、24的，这个数就能被3整除……不管学生的猜想是否正确，都是不可多得的，因为这是学生自己探索知识过程中迈出的重要一步。

由此可以看出，在教学中创设情景，不失时机地引导学生猜想，不但可以调动学生的思维，使其思维处于亢奋状态，还可使学生在猜想的过程中初步勾勒出知识的轮廓，从整体上了解所学知识内容。

(4) 创编故事情节，培养学生奇思妙想的能力。我们知道，学生的想象力越丰富，对知识的理解就越有创见。所以我们在教学中应充分利用一切可供想象的空间，挖掘发展想象力的因素，发展学生的想象力，拓宽学生的思维。因此，在应用题教学中要大胆尝试，将应用题中枯燥无味的文字叙述，通过想象改编成相关离奇的故事情节，引导学生从这个故事情节中所产生的某些结果出发，一步步地推想出导致这种结果的原因或必备的条件，从而找到解题的方法。

比如，有一位教师在一次三、四年级数学活动课上，给同学们出了这样一道题：鸡和兔关在一只笼子里，它们有30个头，有72

只脚。问鸡和兔各有多少只？根据全国优秀教师、北大附中特级教师周沛耕老师的解法，做了一番叙述："同学们，让我们闭上眼睛，想象一下，你就是哈利·波特，手里拿着一根魔棒。魔棒一挥，这30只动物就发生了变化：所有的鸡都飞起来——停在空中，所有的兔全都举起前脚站立起来。"

同学们笑了起来，听得很认真，感到有趣。于是他抓住时机立即发问："同学们，你能计算出此时站立在地上的脚有多少只吗"学生很快算出有72−2×30=12（只）。"这是谁的脚呢？""兔子的。"学生很快明白，"原来兔子有12÷（4−2）=6（只），鸡有24只。"此时，学生兴奋不已，以往对这类题深感头痛，如今竟有趣易解！这位教师告诉学生，只要你们展开想象，编一个故事情节，再加以推理，就能解决这类应用题。对于这个题你们也可以试着编一个故事情节来解答。学生的思维被调动起来，纷纷展开想象，像写作文一样编起故事来。其中一名学生是这样想的："假如我们是哈利·波特，我就让所有鸡的两只翅膀变成两只脚，这时站立在地上的脚就有4×30=120只，多出的120−72=48只就是鸡新长出的脚（即翅膀），所以鸡有48÷2=24只，于是兔有6只。"另一位学生所编的则是："假如我是屠宰场的老板，我就将30只动物每只砍掉两只脚去卖，这样未砍的脚当然就是兔子的，所以兔子就有（72−2×30）÷（4−2）=6只。"

这样的故事情节创编练习，不仅使学生的想象力得到锻炼，而且拓宽了学生的思路，也提高了学生的解题能力，从而使学生的思维从单一走向多维。创新意识自然便得到了培养和提高。

例如，在进行"圆的认识"一课教学时，一位教师用多媒体设计了这样的一个场面，四挂马车一同站在起跑线上，准备参加比赛。细看画面，四挂马车的车轮各不相同，第一挂马车的车轮是椭圆形的，第二挂马车的车轮是正方形的，第三挂马车的车轮是正六边形的，而第四挂马车的车轮是圆形的，大家想象一下，他们的马车跑起来会是什么样的？正常情况下，哪挂马车会跑得最快、最稳，其次呢，为什么？之后，教师耐心倾听每一名学生结合自己的丰富想象，用语言描述每挂马车的奔跑状态，从同学们的想象中发现同学们对数学问题的认识，引发和培养学生迸发出来的创新意识。

再如，在进行“克、千克、吨”的教学时，学生对“克”和“吨”两个重量单位很难把握，1 克的重量和 1 吨的重量到底有多重，学生会有很多种想象和猜测，教师也很难教学清楚，但是利用多媒体可以清楚地演示克、千克、吨三者之间的关系，给学生留下许多正确的表象，对体会克、千克和吨的重量，把握三者之间的关系都有很大帮助。

7. 改善方式，厚积创新

在小学数学教学中培养学生的创新意识，非常重要的问题是教师如何为了培养学生创新意识来改善教的方式，教师又如何引导学生改善并形成有利于创新意识培养、有利于小学生全面发展的新的学习方式。这两个问题解决好了，学生的创新意识和实践能力问题，学生的全面、和谐、可持续发展问题就迎刃而解了。改善和形成良好的教与学的方式的具体方法主要包括：

(1) 充分认识改善教与学方式的必要性。教师旧有的教学方式在头脑中根深蒂固，而且有那么多年纪比较大一些的教师，又不觉得旧的教学方式有什么不好，我们一代一代不都是在这种教学方式下成长起来的吗？因此他们不学习、不充电、不洗脑，很难意识到旧有的教学方式中有许多不利于素质教育，不利于学生发展，不利于创新意识培养的弊端。比如，旧有的教学方式，教师以注入式、灌输式、填鸭式、机械训练式为主要教的方式，而学生则以被动接受式、死记硬背式、被动练习作业式为主要学的方式，这样的教与学的方式长期运行下去，学生获得的只能是单纯的基础知识和基本技能，至于学生的解决问题能力，创新意识与实践活动能力问题，学生的情感态度问题，价值观问题，学生的全面发展问题都将丧失与泯灭，为 21 世纪培养合格人才就变成了一句空话。所以，教师一定要认真学习素质教育理论，认真学习新课程理论，认真学习和掌握《数学课程标准》的精神，充分认识到改善和形成教师教和学生学的方式的必要性和重要性。

(2) 转变角色，变教为引。教师通常被认为是课堂上的权威，是课堂上的统治者和主宰者，身份和地位神圣不可侵犯。这样的身份，这样的角色，不免让小学生惧怕几分。教育心理学认为，紧张容易使人的大脑产生抑制，不利于思考问题、分析问题和解决问题。因此教师要尽量做到以下几点：①让学生把教师当成朋友。教师应该成为小学生的朋友，应该让学生发自内心感觉到教师和蔼、亲切、友好，让学生没有任何恐惧感和紧张感。教师应成为小学生的合作伙伴，成为同学中的首席。学生在生活中、学习中遇到困难，能够发自内心的愿意与教师提出、交流，寻求解决问题的方法和策略。②让学生把教师当成数学活动中的“主持人”。我们的数学课堂完全可以理解成数学活动，在数学活动中，如果同学们把数学教师看成优秀主持人的话，那么每一节数学课、每一次数学活动，学生都会把数学教师看成是《非常 6+1》中的李咏，《开心辞典》中的王小丫，《星光大道》中的毕福剑……那么，我们的数学课堂该是多么的开心与快乐，该是多么的兴奋与亢奋。因此，我们的数学教师都要精心地打造自己，包括衣着打扮上，表情上，语言上，能力上，都要以李咏、王小丫、毕福剑等著名主持人为榜样，让小学生们接受、认可和喜欢。那么，我们的每一节数学课都一定会收到令人满意的效果。③让学生把教师当成学习过程中的帮手。古人云，师者，传道、授业、解惑也。新课程告诉我们，传道、授业、解惑要讲究方法和策略。要授人以渔，而不是授人以鱼。因此，教师在课堂教学中，不要轻易地把答案揭晓给学生，要巧妙地启发、引导、诱导学生，甚至要时不时地在学生面前装糊涂，以便更好地把学生的思维诱发出来引向深处，尽可能地让学生独立地分析问题和解决问题，体验成功的快乐。④让学生把教师看成是自己的合作伙伴。当学生在独立学习、同桌学习或小组学习过程中，教师可主动走近同学，让同学不会有任何的陌生感和回避感，就像看待自己的小伙伴一样。

教师可以倾听他们的学习情况，收集反馈信息，也可以参与他们的研究，引导和拓宽他们的学习思路，把学生的学习引向深入。⑤让学生把教师看成是他们成功与快乐的使者。评价是课堂教学中的重要组成部分，教师在40分钟的课堂教学中当然也少不了评价。客观公正的评价，积极的评价，赏识性的评价，能让学生增强自信，感受到成功与快乐，鼓舞士气和斗志，促进数学学习。反之，教师如果采用挖苦性评价、抱怨性评价、消极性评价，则学生会降低或丧失学习数学的信心，扼杀学生学习数学的积极性。作为学生当然喜欢前者，反对后者。掌握科学评价方法的教师当然会受到学生的欢迎，这样的教师弘扬每一个学生的长处和优点，缺点和问题一定会委婉、策略地指出，同学们会欣然接受，这样的教师当然会被学生看成是自己成功和成长的使者。例如，在做练习的时候，有一道题“16–7=9”，全班只有李亮一名同学做错了，他做成“16–7=8”。而李亮同学是全班数学学得比较差的一名同学，老师发现后脸色一沉，对全班同学说：“李亮啊李亮，你也太厉害了，这样简单的问题也能做错，你到底行不行呀?”李亮无地自容，全班同学哄堂大笑。这是一种效果。有经验的理性老师会这样评价：“李亮同学近一个时期数学学得非常刻苦，成绩也提高挺快，今天这道题他差一点儿就接近正确答案了，大家鼓励鼓励他，让他自己改过来好吗?”李亮想了一会，到黑板前把正确答案写了上去，大家又一次为他鼓掌。两种评价两种效果，哪个好，哪个差，不言自明。

(3) 竭力改善学习方式。以往的小学数学教学中，学生的主要学习方式是以更多的被动接受式学习为主，以被动练习，被动作业为主，很少有机会甚至没有机会展现自我，很难体现自主性和独立性。因此说，改善学习方式是课程改革的突破口，是培养21世纪创新型合格人才的核心所在。学生的学习方式不改善，不转变，就无法让学生全面、和谐、可持续发展，就无法培养学生的创新意识和实践能力，就无法培养21世纪的合格人才，当然，课程改革就不会成功。因此，教师一定要想方设法、历尽艰辛来改善学生的学习方式。

什么是学习方式呢？学习方式就是学习者相对稳定，持续表现出来的学习策略和学习倾向之和。学习方式与学习方法相比，学习方式是更为上位的概念，两者可以比作战略和战术的关系，学习方式相对稳定、持续，而学习方法则相对灵活、多样、多变。学习方式不仅包括学习方法、学习策略，还包括学习习惯、学习态度、学习品质等心理因素和心灵力量。

总体说来，小学生的学习方式应该是一个充满生命力的过程。学生要有充分从事数学活动的时间和空间，在自主探究、亲身实践、合作交流的氛围中解决困惑，更清楚地明确自己的思想，并有机会分享自己和他人的想法。在亲身体验和探索中认识数学，解决问题，理解和掌握基本的数学知识、技能、方法和基本的数学思想。在合作交流、与人分享和独立思考的氛围中倾听、质疑、说服、推广直至感到豁然开朗，达到数学学习的新境界。将数学学习过程变成学生主体性、能动性和独立性不断生成、张扬、发展、提高的过程。这种过程的形成会在很大程度上改变数学教学的面貌，改变数学学习的过程和结果，对促进学生的发展具有战略性意义。

改善和建立小学生新的数学学习方式是一项长期、艰苦的细致工程，首先要打破和改善学生旧有的不利于学生发展的学习方式，其次要在此基础上建立新的有利于学生全面、和谐、可持续发展的学习方式。改善和建立新的学习方式的具体做法是：

①学会小组学习。改善学生学习方式的重要目的就是要充分体现主体性，主体性体现出来了，学生的思维空间和活动空间才能放大，在此基础上培养创新意识和实践能力就不成问题了。组建相对稳定的学习小组，在课堂上实现卓有成效的小组学习，是体现主体性的重要途径。小组学习从形式上就已经将学生推向了主体地位，小组学习为学生独立学习，独立研究，独立分析问题和解决问题搭建了宽阔的平台。小组学习会逐渐使学生自觉形成集体意识和团队意识，学生们为了团队，为了集体也要努力地学习，从而会从心理

上把自己当成了学习的主人。

有效的小组学习会起到上述积极作用，无效的小组学习或形式上的小组学习不但起不到上述作用，还会使学生产生逆反心理。比如，有的教师心血来潮时或上公开课时偶尔采用一次小组学习，学生没有小组学习的习惯和能力，看上去只是走过场，给别人看。公开课上的小组学习，教师甚至事先安排每个学生在小组学习中的发言内容。这样的小组学习非但起不到把学生推向主体的作用，还会在学生的心灵深处留下阴影，认为老师弄虚作假，不真实。因此，我们要实实在在、真实有效地开展小组学习，让学生学会小组学习。实现真正意义上的小组学习应该从以下几个方面做起：

a. 组建相对稳定的学习小组。学习小组要由教师编排组建。分组的原则是组内异质，组间同质。也就是说，就一个小组而言，要兼顾不同层面的学生。既要有学习成绩优秀的学生，也要有学习成绩薄弱的学生，既要有“能说会道”的学生，也要有相对而然不善表达的学生。而组与组之间的学生要尽可能的保证质量相同，竞争水平相差无几，没有明显差异。小组确定下来之后，要相对稳定一个时期，让每一名学生充分感觉到我是这个团队中的一员，小组荣我荣，小组辱我辱。

b. 确定小组长。组长可由教师直接认定，也可由小组成员推荐产生。小组长的职责是：组织全组同学围绕学习任务独立思考、研究、讨论，调动每一个小组成员的积极性，让大家都能成为小组中的主人，为完成学习任务自觉地、主动地献计献策。

c. 确定记录员。记录员可由教师直接认定，也可由小组成员推荐产生。记录员的职责是：仔细倾听小组成员在汇报学习情况时讲述的每一项成果，用自己习惯的方式快速简要的记录下来。如果没记清楚，可以要求小组成员再复述一遍。总之，记录员要把小组成员研究、探索出来的所有成果统统记录下来。不能有遗漏。

d. 确定汇报员和补充汇报员。该角色同样可由教师直接认定，也可由小组成员推荐产生。汇报员的职责是：把小组成员研究出来的学习成果向全班同学汇报（汇报员也可由记录员兼任，因为记录员在做记录时已经较为全面的掌握了全组的学习情况）。补充汇报员的职责是：将汇报员没有汇报全面的地方补充上去。汇报员没有汇报全面的地方，可能由补充汇报员发现，也可能由组内其他组员发现后提供给补充汇报员。

②学会自主学习。

自主学生包括三个方面的含义：

a. 自主学习是由学习者的态度、能力和学习策略等因素综合而成的一种主导学习的内在机制。也就是学习者指导和控制自己的学习能力。

b. 自主学习是指学习者对自己的学习目标、学习内容、学习方法以及使用学习材料的控制。即指学习者在以上这些方面的自由选择程度。

c. 自主学习是一种学习模式。即学习者在总体目标的宏观调控下，在教师的指导下，根据自身条件和需要自由的选择学习目标、学习内容、学习方法并通过自我调控的学习活动，完成具体学习目标的学习模式。自主学习的特点：自主学习是学生在学习活动中自我决定、自我选择、自我调控、自我评价反思，发展自身主体性的过程。

自主学习具有能动性、独立性和差异性特点。

a. 自主学习的能动性。自主性学习是把学习建立在人类的能动性基础上，它以尊重信任，发挥人的能动性为前提。

b. 自主学习的独立性。自主学习是把学习建立在人的独立性基础上，自主学习的实质就是独立学习，独立性是自主学习的灵魂。要求学生能够不依赖别人，自主独立的开展学习活动。

c. 自主学习的差异性。自主学习要尊重学生的个别差异，克服一刀切行为。总之，自主学习是一种学生把自己置于主人地位上的学习。学习也就变成了自己的事，自觉自愿的事。

让学生学会自主学习的方法是：

a. 帮助学生树立自主学习的信心。大多数学生由于长时间采用接受式学习方式，对自己独立学习没有信心。因此，教师要经常创造机会和营造氛围，设计由浅入深的问题，尽可能地让学生独立分析问题和解决问题，鼓励和帮助学生树立独立学习的信心，让学生逐渐感觉到在独立学习的问题上“我行，我能行，我一定行”。

b. 教给学生独立学习的方法。学生有了自主学习的信心之后，教师要教给学生独立学习的方法，让学生逐步学会排除干扰，静下心来，冥思苦想，结合已有知识和经验寻找解决问题的突破口，选择合适的方法使问题得以解决。

c. 培养学生自主学习的兴趣和习惯。自主学习的真谛在于让学生主动地、发自内心地独立学习。所以，教师要想方设法调动学生学习的积极性，引发学生的好奇心和学习动机，让学生把自我学习、独立学习当成乐趣，形成习惯。使学生真正做到遇到任何问题首先做到独立思考，在此基础上再与老师、同学探究合作。

d. 培养学生自主学习的能力。能力需要在长时间的实践和大量的练习中形成。学生自主学习的能力，需要教师为学生提供尽可能多的时间和机会，让学生在独立学习的过程中得到锤炼，不断积累自主学习的方法和策略，从而形成自主学习的能力。

③学会探究学习。探究式学习，顾名思义就是探讨、探索、研究性学习。在小学阶段，探究性学习主要指以问题为前提，学生围绕问题，按照一定的方法研究探索，在教师的引导和同学的启发下，实现问题解决。值得提出的是对小学生来讲，探究性学习是相对的，小学生的探究学习必须在教师的引导、指导下进行。

指导小学生探究学习的主要做法是：

a. 激发探究的兴趣。兴趣是探究的起点，教师要营造良好的探究氛围，让学生置身于探究问题的情境中，以激发他们探究的欲望，使他们发自内心乐于探究。例如，教学比例尺时，课的伊始教师提问：我国国土面积是 960 万平方千米，这么大的面积却能准确无误地画在大小不同的纸上，你想知道其中的奥妙吗？唤起了学生探究学习的热情和愿望。

b. 指导探究方法。探究是学生运用已有的知识结构去寻找解决问题的方法，去发现规律，然而我们要清醒地认识到：小学生他们的知识技能还很稚嫩，综合运用知识的能力相对薄弱。因此，加强探究方法指导尤为重要。

指导方法首先要指导“问题生成”。“问题是数学的心脏”，探究性学习的内容是以问题的形式呈现的，没有问题，探究性学习就无从说起。只有有了问题意识，学生的探究才是主动的，才能带着问题思考。

问题从何而来？问题来源于疑问，有了“疑”才有“问”，小学生数学学习中，不明白、不理解的都能引发出需要探究的问题。另外，根据不同内容的不同特点，选择合理的探究方法，我们要让学生掌握这些探究方法：

操作——发现。即让学生通过自己动手操作发现规律，得出结论。小学数学中几何形体特征多数是通过操作去探究发现的。

猜想——验证。即先让学生对数学问题大胆猜想，再通过探究去验证。

观察——归纳。即让学生观察大量的具有相同本质属性的事例，再去探究规律，归纳规律。小学数学中的公式、法则、概念等多数是通过这种形式的探究发现出来的。

类比——联想。即让学生通过类比及联想，沟通新旧知识之间的联系，探究数学方法，解决数学问题。

c. 提供探究材料。学生只有探究激情，没有探究材料，可以比作无米之炊。小学生认知的规律是“感知—表象—抽象”，学生在探究之前，教师要为学生提供或让学生自己准备充分的感知材料（如实物、学具、图片、文具、统计数据等等）充分利用教具、学具、电化教学等现代化教学技术，从学生已有知识和经验出发，把学生在生活中积累的知识和经验转化为一种可供操作、讨论、思考的材料，为学生的探究学习创造条件。

d. 注重合作探究。合作探究是小学数学探究性学习的重要形式。学生在独立思考的基础上，通过小组合作、探究，充分展示自己的思维结果并进行交流，达到取长补短的目的。在小组里，学生的不同智力水平，不同思维方式，经过交流、整合，有的得到修正，有的得到提升。他们中间每个人都会是探究的主人，谁也离不开谁。团结合作，心智碰撞，使他们享受合作的快乐。

④学会合作学习。合作学习的基本含义是学生在学习群体中"为了完成共同的任务，有明确责任的互助性分工学习"。也就是说，开展合作学习，要给学生群体一个共同的任务，让每一个学生在任务中积极地承担个人的责任，学生在活动中相互支持、相互配合，遇到问题能协商解决，能通过有效的沟通解决群体内的冲突，对各人分担任务进行群体加工，对活动的成效共同进行评估，通过合作，提高学习效率，增强合作精神。合作学习由以下要素构成：积极的相互支持配合；积极承担在完成共同任务中个人的责任；所有学生能进行有效的沟通，小组成员之间的相互信任；对于个人完成的任务进行小组加工，以及对共同活动的成效进行评估等。其中，合作的动机和责任，是合作学习取得良好效果的关键。因此合作学习是一种具有实际意义的值得倡导的学习方式。

虽然合作学习的方式被得到了广泛认同，但是在实践操作中却存在着这样那样的问题。值得反思的是很多问题来自教师本身。具体问题是：

a. 合作学习形式化。实际教学中，一些教师不能正确理解合作学习的要旨，把它当成课堂教学的插花点缀，为合作而合作，过一会儿用一次，以显示课堂形式的多样和课堂表面气氛的热烈。或者是在进行小组合作学习时，担心不能完成教学任务而不依据学生的情况去调整合作时间，往往使合作学习蜻蜓点水，浅尝辄止。这是形式主义的表现，是一种典型的低效、无效学习。

b. 教师指导不到位。一些教师常在课堂上针对一些简单的问题（没有挑战性、探究性的问题）组织学生进行合作学习。合作探究的问题趋于简单化、浅显化。没有探究价值，自然不能引发学生思考，开启他们智慧的大门，激活他们的求异思维。合作任务学生一蹴而就，课堂就必然气氛沉闷，索然无味。

合作的目的是为了更好地解决问题，集中集体的智慧，培养探究的精神。可是在很多课堂上我们都不难看到这样的场景：老师在课堂中高声宣布："下面，请同学们四人一个小组，共同讨论一下这个问题。"于是，孩子们前后桌围成一团，教室里像开了锅一样热闹。这基本是大多数课堂合作学习的固定模式。合作学习是不是就等同于四人五人一小组讨论？当然不是。可是这却是最容易操作的形式，也是最懒惰的办法。它带来的后果是：学生会思考、有想法的自然说的多，没思考、没想法的还是没进步，热闹过后，一切如初。在组织学生合作学习时，教师不走下讲台，不俯下身子去聆听和指导学生，不进行必要的分工与要求，不和学生一起合作探究，学生往往随心所欲，应付了事。

另外从心理学的角度讲，学生的有意注意时间是有限的，同一形式使用的时间过长、次数过多，就会失去新鲜感，降低学习兴趣。实际教学中，由于诸多因素限制，许多合作小组长期不改变形式，加之班额过大，教师在指导上如不特别用心，则部分学生将讨论、合作变成了玩耍、嬉戏，导致小组合作学习低效甚至无效。

c. 学生参与不够。因为在合作学习中存在着时间分配不合理或是合作的问题不恰当等因素，所以也就出现了在课堂上进行的合作学习中，学生参与面不均衡，合作交流往往成为优等生"表演"的舞台，抢先发言，争着表现，而其他学生，特别是学困生却总是失去机会，或默默地坐着，或"袖手旁观"、"坐享其成"。

曾在一节公开课教学中，听到一个学生无奈的一句感慨："唉！又是他做组长。"接着，只见其情绪马上从激昂跌入冷漠，在接下来的教学过程中，他的兴趣消失了，小组活动时，也不与其他同学配合，只是做他自己的事。这从中我们可以感受到，授课老师在平时的教学中，虽说是分小组合作学习，但并没有很好地分工合作，学生的主体意识没有得到充分发挥。

在合作学习过程中，我们既要面向全体学生，又要关注个体差异。承认个体差异是个性化教学的前提。对于种种不平衡的现象，我们都要作具体研究，想出解决的办法，保证每个学生都有参与的机会。

在小学数学合作学习过程中，教师应参与到学生当中，共同体验，淡化教师的“身份”，去帮助学生建立一些有效的学习策略。如，在新课引入过程中、巩固练习过程中，可以采用游戏形式，特别是在低年级计算教学中，经常开展对口令、猜一猜、计算接龙、夺红花、夺红旗、小猫钓鱼、摘苹果、找朋友、小小邮递员等游戏，对学生更好的参与合作学习是非常有帮助的。我们不能单纯地把这些游戏只是当作游戏，因为在游戏里面有许多数学方法的存在，这其中不乏趣味性、情感化、价值观。引导学生合作学习的主要方法是：

a. 处理好“需要”与“合作”的关系，增强课堂教学实效性。作为教师，在备教材、备学生时一定要记住一点，我们探索的教学方式、学习方式不是为了作秀，而是真正为了学生的发展。那么，在进行合作学习的环节设计时，教师一定要考虑清楚“需要”与“合作”的关系，不能为了合作而合作，而是因为有需要，所以合作。全国著名特级教师吴正宪老师曾在她的讲座中讲起这样一节数学课：老师教授的内容是“统计”。上课初始，教师给学生放映一段录像片：在一个车流观测站，来往的车辆川流不息，科研人员要对过往的车辆进行数字统计。接着，教师布置任务：请同学们看录像，记一下一分钟里这个观测站走了多少种车？分别有多少辆？学生兴致很高，按照老师的要求去做，可是得出的结果各种各样。然后学生自己分析失败的原因是画面里公路上的车太多，车速又快。怎么办？分工合作。这是学生在面对具体问题时自己产生的合作需要。教师顺势安排合作小组，并进行分工，有的查小汽车，有的查摩托车，有的查货车等。很快，一分钟的统计结果出来了，正确无误。孩子们在合作中解决了问题，收获了快乐。

合作必须建立在学生的个体需要的基础之上。在合作学习中，教师一个十分重要的任务就是培养和激发学生的合作欲望，使其处于一种合作的冲动之中，培养学生合作的情感。教学过程中，教师应根据实际需要，选择有利于产生争论的、有价值的、而且是个人难以完成的内容，让学生在独立思考的基础上交换意见。关键是提出的问题能否提供合作的契机，是不是值得讨论的问题。如果提的问题过于简单，讨论将变成一种形式。

教师还必须选择恰当的时机进行，只有在学生个体经过独立思考遇到困难时、意见不统一时，才会有交流和帮助的需要，这时开展合作学习才是有价值、有成效的。

b. 提高教师的教学技能水平，增强课堂调控能力。教师除了更新教学理念对合作学习有正确的认识外，还要提高开展合作学习的教学技能水平。首先完成好教学设计。教师在进行课堂教学设计时要充分了解学生、把握教材，对课堂上所要解决的问题有一个基本的估计：哪些问题学生能独立解决，哪些问题需要学生之间的优势互补。筛选出具有一定难度、探讨价值、开放性的合作学习的问题。问题空间大，合作的空间相对就大。而且教师在设计问题时，一定要把问题落在学生的“最近发展区”，这样的问题才是最具探讨价值的。

例如，教学“平均分”时，让每个小组通过动手操作，将50根小棒分给组里每个成员（6人），学生在已有经验的基础上，通过小组交流讨论后，确定活动角色，就开始进行分工合作。从学生小组活动中，可以发现孩子数感的发展水平是不同的，如分小棒时，有的是一根一根地分，有的是两根两根地分……而这时，教师并不急于引导学生该如何分，而是让学生动手实际操作，充分地体验，并在探索思考中得出该如何分会更节省时间，更方便。此外，分到最后，“还剩下两个小棒，这时又该怎么办呢？”学生这时就开始畅所欲言了。有的说：“我们组有六个人，而只剩两根，所以这两根就不再分了。”这时，教师说：“那么可以分给其中的两个同学呀。”同学们齐说：“不行，这是不公平的。”这时，什么是“平均分”，学生就自然而然地理解了，根本不需要教师再多加说明。而且学生在自我亲身体验过程中，正确的情感态度及价值观也得到了潜移默化的培养。可见，任何知识的学习都要经历由不完整到完整的过程，而这是一个优秀的教师必须在教学设计时就要考虑到的。其次把握好教学时间。对课堂的每个环节大约用多少时间，特别是合作学习的用时要合理把握，时间不足和过度耗时都是不可取的，这需要根据教师执教的不同内容和班级学生的不同情况而定。但有一点需要明确的是：合作是一种学习的方式，合作的目的是为了解决学生需要掌握的问题。以此为原则可以较好地把握课堂上进行合作学习的时间分配问题。第三做好监督指导。在学生合作学习的过程中，教师不是旁观者，更不是局外人，应该是组织者、引导者、合作者。教师应尽量深入到每个小组，认真倾听大家的发言，适时的与小组成员进行交流，及时点拨，排除障碍。合作学习强调学生是学习的主体，强调学生的自主探究，并不是不要教师指导，也不是说教师可以撒手不管，更不能认为教师可以推卸教育学生的责任。学生讨论时，教师应该以听、看为主，把注意力集中在收集反馈信息上，在此基础上，迅速地加以思考，下一步的教学应该做哪些调整，哪些问题值得全班讨论，哪些问题需要教师讲解，教师要做出最恰当的选择。发现个别学生不能认真参与交流、做与合作学习无关的事情，或个别小组交流不认真时，要及时加以指导，提出明确的要求，确保合作学习能够顺利开展，并且避免流于形式。第四是及时反馈评价。合作讨论的结果运用应体现民主性、广泛性、检查反馈性。如果教师只安排讨论而不重视讨论结果，或者不把学生讨论结果进行科学的小结，学生就会觉得这种学习形式索然无味，因而降低学习兴趣。教师应注意发现有价值的问题进行总结评价，尽可能让更多的小组代表发表意见，以保证对学情的最基本了解，从而有效地指导教学。

c. 明确合作学习与独立思考的辩证关系。合作学习的过程是学生把自己的观点、认识和同伴交流、互助并共同获取认知的过程，是学生个体再学习、再认识、再提高的过程。新课改强调合作与独立并重，明确指出自主学习是合作学习的基础。分组解决某个问题之前，教师要让学生先进行充分的自主学习，让他们独立思考，发现问题，形成自己的观点认识。

强调合作学习并不是不要独立思考，独立思考是合作学习的前提和基础，合作学习是独立思考的补充和发挥。没有独立思考，就无法形成自己的思想和认识，在合作学习中只能是听众和观众。合作学习之前必须让学生先独立思考，给学生提供充分地独立思考的时间和空间，之后再进行探究交流，共同解决问题。这样做就给有思维惰性或学困生提供了进步的机会，对提高他们的学习能力有一定帮助。合作学习的深度和广度应远远超过独立学习的效果，多数学生能通过独立思考解决的问题，就没有必要组织合作学习。宜独宜合，应从实际教学出发。小组合作学习与传统的教学形式不是替代的关系，而是互补的关系，不讲原则的过多的合作学习会限制学生独立思考的空间。

d. 教会学生学会合作学习的方法。教育家洛克在《教育漫话》中说："导师应该记住，他的工作不是把世上可以知道的东西全部教给学生，而在使得学生爱好知识，尊重知识；在使学生采用正当的方法去求知，去改进他自己。"我们在课堂教学中，教给学生知识很重要，教给学生掌握学习的方法更重要。合作学习的过程中，一般我们都会采取任务驱动式来进行组织，给学生布置相关的学习任务，通过合作的方式来完成。要注意的是在这个过程中，教师的指导作用不可或缺，通过教师的指导，让学生明白怎样更好地组织实施，从而掌握方法或者在正确方法的指导下使合作学习的有效性产生最大值。

教师是合作学习的组织者、指导者、参与者。在合作学习的过程中，首先，教师要对全班进行分组，提出任务，明确责任；然后，教师要走下讲台俯下身子聆听，去做学生合作学习的伙伴，引导学生将自己的观点、认识在组内、组间进行交流，相互质疑，在互助学习中不断提升自己的认知能力。对有困难的小组，教师要进行必要的指导；对合作探究中产生的难以解决的新问题，若是因为学生的知识储备不够，教师则要补充讲解，进一步明确合作目标的方向，引导学生进行更深层次的合作探究。与此同时，教师还要指导小组长收集、整理合作信息，安排汇报员准备在全班交流汇报合作学习的成果。此外，对学生通过合作学习获得的成果，教师也要及时鼓励和表扬。同时，教师还要重视对学生的几项要求和训练。

一是小组长的培训。督促小组长积极主动地组织合作交流，使组员养成合作学习的良好习惯，培养合作学习的意识；指导小组长在组织合作交流活动时，要进行有序的安排。如鼓励组员大胆发言，让会说的先说，不会说的先听后说，促使不同的学生得到不同的发展；指导小组长在交流过程中进行灵活协调。如对回答正确的同学给予肯定，出现意见分歧时，小组长请组员说明理由。出现冷场时，组长带头先发言，起表率作用；指导组长善于收集组员在交流时对同一问题发表的不同意见，并及时准确地向全班汇报。从而培养小组长的组织、协调、归纳等能力，促进合作交流的有效进行。

二是引导学生学会友好相处。可以组织开展一些小组竞赛活动，使学生明白只有人人参与，团结协助，才能取得良好的成绩。使学生感到每个小组都是一个荣辱与共的群体，不能和小组成员友好相处或拒绝别人都是不可取的。

三是训练学生学会倾听。在合作学习的过程中，教师要培养与训练学生能听、会说、善辩的能力。对教师提问、同学发言，都要听完整，不随意打断，努力掌握别人发言的要点。当同学发言出现错误时，一定要等其把话说完，再用适当的方式指出不足，对别人的发言做出评价。表达自己的想法要有理有据，当别人提出与自己不同的意见时，要虚心接受，边听边修改自己的观点，同时听取意见时不盲从，做到有选择地接受。

四是引导学生学会质疑。听不懂时，请求对方作进一步的解释。

五是训练学生学会组织、主持小组合作学习，能根据他人的观点，作总结性发言。使学生在交流中不断完善自己的认识，不断产生新的想法，同时也在交流和碰撞中，懂得了沟通与包容、尊重与信任，一次又一次地学会理解他人，尊重他人，共享他人的思维方法和思维成果，健康的心理品质也得到了培养。

理想的课堂是师生真实自然的互动过程，更是一个在教师引导下学生合作交流、自主建构的过程。在这种理念的引领下，我们的课堂逐渐充盈着智慧、灵性，并由此萌发着勃勃生机。由于能合理地利用竞争机制，形成良好的人际关系，促进学生人格的健全发展，合作交流学习成为了新课程改革积极倡导的学习方式之一，而合作意识与合作能力要在学习中培养。在教育教学工作中，我们应该努力创设合作式学习的情境，为学生合作意识的养成与交往能力的发展搭建舞台。课堂上，应该更多地让学生之间互相交流、共同切磋；活动中，应该更多地让学生相互协作，共同参与；生活中，应该更多地让学生互相帮助、共同分享。使学生在充满合作机会的个体与群体的交往中，学会沟通、学会互助、学会分享，使学生在学习中学会合作，在合作中学会学习，在理解他人、欣赏他人的同时，也能更好地使自己得到他人的理解与欣赏。

⑤学会接受式学习。我们知道，在课堂学习中学生既具有能动性，又具有被动性，既具有独立性，又具有依赖性。因此，虽然自主探究、实践操作、合作交流是课程标准倡导的重要学习方式，但不能构成课堂情境中学习方式的全部外延。我们认为，基于小学生的年龄特点和知识经验水平，接受式学习还是必要的学习方式。但显然，新课程实施中的接受式学习也不该走回“满堂灌输、机械训练”的老路，而需要我们创造性地吸取其合理内核，实现与其他学习方式的整合优化。

a. 在感知体验的基础上接受知识。接受式学习也可以是自主的，一般来说，陈述性、事实性的知识是人类约定俗成的文化遗产，只能让学生接受学习。当我们把现行约定俗成的数学知识看做历史积淀结果的同时，也意味着这些知识经历着发生、发展和积淀的过程。定论是接受的，但应该让学生经历发现问题、尝试解决的过程。这样的学习，接受中有自主发现，发现中有倾听接受，唯有如此，才更符合学生课堂学习的科学规律。例如引导学生认识小括号，在学生联系生活实际明白了要先算“4+5–3”中的“5–3”后，教师完全不必急于告诉学生这里要加个小括号，可以先鼓励学生自己想办法:“你准备用什么方法来提醒我们小朋友要先算 5–3 呢?”放手让学生自己试试:有的小朋友在 5–3 的下面画了横线表示要先算 5–3，有的在 5–3 下面画了一串五角星，有的直接将 5–3 写到整个算式的最左边，有的把 5–3 圈了起来，等等。这时，教师可以适时介绍小括号。让学生试着想方设法来提醒先算 5–3 的价值，不在于指望学生自己能想到用小括号来表示运算顺序的改变，而在于让学生经历思考、尝试的过程，对符号产生的必要性以及符号的作用都有深切的体验。同时，也保护了学生的好奇心和探究欲望。

b. 让学生在已有知识经验的背景下接受知识，接受式学习也可以是有意义的。有价值的学习应该是有意义的学习，这是现代教育活动的基本理念。因为，只有有意义的学习，才能促使学生将所学的知识主动纳入自己的认知结构中。在接受式学习中，学习的主要内容基本上是以定论的形式直接传授给学生，学生没有经历探究和发现的需要，但这不妨碍学习者在新知识和原有认知结构之间建立非人为的实质性联系，即接受式学习也可以是有意义学习。例如有位教师引导五年级学生认识“分数的意义”，首先创设了两个开放的对话交流情境:关于分数，你已经知道了什么？关于分数，你还想知道什么?“已经知道了什么”，引导学生积极回忆、再现旧识，并通过相互补充，使学生进入学习抽象的分数意义应有的状态。“还想知道什么”，则巧妙地激活了学生认知结构在原有基础上向未知领域扩展的触角。之后，教师才安排了第三环节:自学教材，你对分数又知道了什么，并在小组里相互说说。自学教材虽然是接受式学习的一种方式，但由于学生们做好了学习的准备，又都带着自己感兴趣的问题，因此，自学教材的目的性强，获得的新知与旧知的联系紧密，大大提升了接受式学习的效果。

c. 让学生在积极的心态中接受知识，接受式学习也可以是愉悦的。美国学者纽曼从学生的活动方式角度提出，学习方式就是学生在教学活动中的参与方式。而学生参与课堂学习涉及行为参与、情感参与和认知参与等多个方面，学生的学习方式就是这多个方面的有机结合。其中接受、操作、探究、合作等只是学习方式的外在行为表现，是承载学习方式的平台。追求理解、深入思考、积极主动、兴奋愉悦等认知、情感因素才是学习方式的实质和内涵。我国学者孔企平的进一步研究表明:单纯的行为参与方式并不能促进学生高层次思维能力的发展，只有以积极的情感体验和深层次的认知参与为核心的学习方式，才能促进学生包括高层次思维在内的全面素质的提高。即，学生在学习过程中，知识是接受的，但只要认知、情感、态度上是投入的，同样不影响学生多方面素质的发展。这启示我们在教学中，要重视建设开放、民主、和谐的课堂心理氛围，让学生在愉悦、积极的心态中接受现成定论，通过情感、态度方面的积极参与来弥补接受式学习的缺陷，提升学习的品质。

d. 让学生接受来自学习伙伴的不同理解，接受式学习也可以是合作的。新课程的实施过程中，课堂授受的知识大体包括三个方面:教科书提供的知识，教师个人的知识，师生互动产生的知识。其中，师生互动产生的生成性知识，有相当一部分来自于学生。因此，在新课程的课堂教学中，要引导学生学会倾听其他学生的不同理解，以此启迪自己的思维，反思自己的看法，完善自己的认识，使接受学习的过程带上合作的烙印。新课程“解决问题”的教学，非常强调策略 (算法) 的多样化，这里尤其需要教师引导学生学会倾听、接受，继而理解其他同学的不同思路和方法，以达到丰富或者优化自己解决问题策略的目的。

8. 构建模式 稳固创新

在小学数学教学中培养学生的创新意识，不是一朝一夕的事情，广大小学数学教师必须牢记在心，常备不懈，时刻不忘。为了将培养学生创新意识纳入正常的教学轨道，为了将培养学生创新意识长期、稳定、有效地进行下去，我们应该根据培养学生创新意识的理论与实践，积极构建有利于培养学生创新意识的课堂教学模式。

一些教师一提到教学模式就会错误地认为："教学模式"会束缚教师的手脚，会使课堂教学程序化、格式化，会使教师自主和改革的空间缩小，不但不能培养学生的创新意识，反而会抑制和扼杀思维发展及创新意识。这些教师之所以有上述想法，一定是将课堂教学模式与"课堂教学模式化"等同起来，混为一谈。

教学理论要贯彻到教师的课堂教学中去，需要一个"中介"环节，而教学模式就是教学理论应用于教师教学实践的中介环节，是"桥梁"和"媒体"。

那么，到底什么是教学模式?对此国内外学者有不同的看法和表述，但一般可表述为:教学模式是指在一定教育思想指导下，在大量的教学实验基础上，为完成特定的教学目标和内容，形成稳定、简明的教学结构理论框架及其具体可操作性的实践活动方式。教学模式强调了教学理论与实践的结合。它不是简单的教学经验汇编，也不是一种空洞理论与教学经验的混合，而是一种中介理论，是教学经验的升华。它反映了教学结构中教师、学生、教材三要素之间的组合关系，揭示了教学结构中各阶段、环节、步骤之间纵向关系以及构成现实教学的教学内容、教学目标、教学手段、教学方法等因素之间的横向关系，是对课堂教学过程的粗略反映和再现。

模式具有明显的可操作性，它设计了依序运动、因果关联的教学程序，为人们在课堂教学中进行实际操作提供具体的指导。

数学课堂教学模式受到教学内容、教学目标和教学思想的制约，在具体的操作过程中还受到教师本身的素质、学生知识水平、能力结构，以及教师教学风格、学生学习习惯的制约。因此，教学模式应用本身并不是一种目的和内容，而是实现特定教学目标和内容的工具和手段。

清楚了教学模式的含义，再来为培养创新意识构建课堂教学模式就不难了。那么建立怎样的教学模式才能更有力于培养学生的创新意识呢？众所周知，改善和建立适应素质教育需要的新型学习方式是培养创新意识的重中之重，新型学习方式建立起来了，培养创新意识问题就迎刃而解了。广大教师可根据培养创新意识理论的理解及实践，构建出切合实际的、行之有效的、可操作性强的教学模式。笔者构建的课堂教学模式为《改善小学生数学学习方式的课堂教学模式》，见本书中的“附录一”。

9. 专题研究，深化创新

这里说的专题研究指的是将“小学数学教学中培养学生创新意识”问题，纳入教育科学研究领域进行研究，只有这样，才能更加深入、更加有效、更加科学的将小学数学教学培养学生创新意识问题落到实处，得到深化。

那么，什么是教育科学研究呢?从中小学教育教学领域而言，指的是教育教学的实施者为研究的主体，通过观察、调研、教育教学实验、文献分析和理论探索等形式，探讨和解决中小学教育教学领域中各种有价值的现实问题和理论问题或围绕寻求提高中小学教育教学质量的有效方法和策略，达到认识和解决中小学教育教学问题的一种科学的实践探索活动。

中小学教育科学研究的研究方法，主要包括准备、实施和结尾三个阶段。中小学教育科学研究的课题，结题时需要准备的材料主要包括课题立项文件性材料；课题研究的过程性材料；阶段性研究报告；课题研究成果性材料；课题结题时的综合性结题报告。

笔者 2006 年主持承担了辽宁省“十一五”教育科学规划研究课题——“小学数学教学中培养学生创新意识的研究”，现已运行两年多时间，在全体实验学校的实验者的共同努力下，已取得令人满意的成绩，达到了预期的实验目标，现正全力准备迎接辽宁省“十一五”教育科学规划研究课题专家组鉴定验收。该课题的具体实施过程及主要方法与策略见本书的“附录二”——《小学数学教学培养学生创新意识的研究实验方案》。

第五章　培养学生创新意识应该注意的问题

一、切莫不以为然

在小学数学教学中培养学生的创新意识是一项长期的软性工程，也是一项“良心工程”。也就是说培养学生创新意识短时间内很难看到成果，即使通过长时期努力，在培养学生创新意识问题上看到成果了，评价主体又很难做出客观量化的评价，只能做出主观模糊性评价。因此，有相当一部分教师淡漠和放弃了对小学生创新意识的培养，甚至对此不以为然，重新回到过分注重知识积累的老路上去，因为“双基”教学看得见，摸得着，只要下工夫背，只要下工夫练，考试成绩准提高。这些教师的思想和行为千万要不得。

我们清楚，江泽民同志在国家第三次全教会上明确指出“素质教育的重点是培养学生的创新精神和实践能力”，《基础教育课程改革纲要》和《数学课程标准》中也同时强调在教学中要培养学生的创新精神和实践能力。

综上所述，在小学数学教学中培养学生的创新意识不是可有可无的事情，更不能对此不以为然，它是小学数学教学中的一项不可忽视的、不可淡忘的重要教学任务，我们培养的建设者和接班人，不能没有创新意识，不能没有创新精神，不能没有创新能力。

我们每一名小学数学教学工作者一定要高度重视培养小学生创新意识问题，肩负起我们的责任，踏踏实实地、坚持不懈地、行之有效地做好培养小学生创新意识工作。

二、切莫顾此失彼

我们已经非常清楚在小学数学教学中培养学生的创新意识的重要性和必要性，但它只是小学数学教学目标中的一个方面，教学目标中还有基础知识、基本技能、过程方法、情感态度与价值观等方面。因此说，我们在小学数学教学中培养学生的创新意识，一定要把握好一个度，即千万不要顾此失彼。一节课 40 分钟，如果教师在培养创新意识问题上处理不当，就会占用过长时间，投入过多精力，因为“创新”的培养内容往往所占用的时间长，精力多，这样做容易忽视其他教学目标的落实，容易让学困生茫然不知所措，削弱学生学习数学的积极性。

总之，教师在小学数学教学中培养学生的创新意识要紧密结合教学内容，结合学生实际，挖掘培养创新意识的因素，潜移默化地、扎扎实实地落到实处。即在培养学生创新意识的同时，一定要顾及教学目标中的其他方面。在培养创新意识的探索过程中，每一节课不要求多求全，有一小点，一个小方面，让学生在创新意识方面得到了培养和提高，就是我们的成功。比如，让学生思考问题、解决问题的方法和策略多样化了，让学生的算法多样化了，让学生一题多解了，训练学生一题多问了，鼓励学生质疑了，让学生提出不同意见了……每节课的点点滴滴，积累起来就了不起。

三、切莫急于求成

前面提到培养学生的创新意识是一项软性的长期工程，短时间内难以见到成效。因此，切莫急于求成。

培养小学生的创新意识要结合数学教学内容和学生年龄特点及认知规律进行。我们知道小学数学教学内容丰富多彩，有数与代数的，有空间与图形的，有统计与概率的，还有实践与应用的，有的内容非常适合培养学生的创新意识，有些内容中却很少有培养创新意识的因素，面对这样的教学内容，就不必刻意地去追求培养学生的创新意识，只是从其他培养创新意识的方法与策略上注意一下就可以了。

四、切莫好高骛远

创新是无止境的，真正意义上的“创新”，小学生是很难实现的。因此，我们强调在小学数学教学中只培养学生的“创新意识”。创新意识在创新领域中是最低层面，是创新的启蒙阶段，是创新的基础，是创新精神的一个侧面。

我们清楚，创新意识主要是由好奇心、求知欲、怀疑感和批判精神等因素组成的。因此，我们在教学中只要围绕上述因素培养学生的创新意识就可以了。

值得注意的是教师对“创新意识”不要理解过高，不要在教学中拔苗助长。在小学阶段之所以提“创新意识”而没有提“创新能力”，就是考虑小学生的年龄特点和接受能力，从最基础的开始。因此，教师要认真领悟“创新意识”的内涵，紧密围绕好奇心、求知欲、怀疑感和批判精神等因素培养和提高小学生的创新意识，绝对不能违背小学生年龄特点和接受能力，在培养创新意识问题上提出过高要求，好高骛远，否则将事倍功半，适得其反。

五、切莫强求一致

一些教师在数学教学中总是恨铁不成钢，无论是在基础知识和基本技能方面，还是在数学思考、数学过程与方法方面，当然也包括创新意识、实践能力方面，张三能完成，能做得很好，你李四怎么就不行，怎么就这么笨，这么不开窍，甚至把教师气得不得了。总有一个愿望：全班同学步调一致，该做到的都要做到，该完成的都能完成，没有一个同学“不行事”，没有一个同学“扯班级的后腿”。

作为小学教师，上述思想切莫存在。这些教师疏忽了小学生的差异性。我们在教学过程中要充分尊重小学生的差异性。小学生无论在基础知识和基本技能方面，还是在数学思考、数学的过程与方法方面，当然也包括创新意识和实践能力方面，都存在着一定的差异性，教师如果考虑不到，就会使我们的教学违背科学规律，挫伤学生的学习热情和信心。

小学数学教学中培养学生创新意识问题，更需考虑学生的差异性。因为创新意识需要学生超常规、多角度、多渠道的看问题，思考问题，分析问题和解决问题。这些方面不是班级所有孩子一下子都能做到的。所以，教师在评价标准上、教学要求上都要充分考虑学生的差异性。对有不同层面表现的学生都要做出客观公正、恰如其分的评价，让每一名学生都能感受到，所有同学的努力和表现都能得到老师的赞赏和鼓励。

六、切莫胸中无数

在小学数学教学中培养学生的创新意识不是一件简单的事情，更不是轻而易举就能完成的。有些教师人云亦云，别人讲要培养学生的创新意识，他也培养创新意识，但为什么要培养学生的创新意识，创新意识的根本内含是什么，创新方面的基本理论是什么，数学教学中培养创新意识的目标、原则、策略及注意问题是什么，一概胸中无数。这样的教师培养学生的创新意识是不会收到良好效果的。

因此，教师要认真学习培养学生的创新意识的相关理论及实践方面的经验，认真研究学生的年龄特点和认知规律，深入挖掘教学内容中培养学生创新意识的因素，运用最有效的方法和策略培养学生的创新意识，切莫胸中无数。

附录一：

“小学生数学学习方式的研究”结题报告

课题名称：小学生数学学习方式的研究

课题组长：刁悟　铁岭市教师进修学院

研究时段：2004 年 9 月—2006 年 10 月

成果形式：研究报告

获奖等级：一等奖

内容提要：结合小学生的年龄特点，心理特点，认知规律和人才培养的需要，采用有效的方法和策略，构建新的有利于转变学生学习方式的教学模式，使学生形成以自主学习、探究学习、合作学习和实践操作学习为主要特征的学习方式。这样的学习方式更有利于学生的可持续发展。

关键词：课程改革　小学生　小学数学　学习方式

课题组成员：姜春玲　袁立明　满丽娣　庞　茹　隋玉峰　李国昌　秦国臣　李敬波　李广峰　张　晓　韩春明　王淑艳

一、问题的提出

1. 理论依据

江泽民总书记曾经提出“创新是一个民族的灵魂”，全国第三次教育工作会议所作的《深化教育改革　全面推进素质教育的决定》中强调，素质教育的重点是培养创新精神和实践能力。但是在目前中国基础教育中，学生的学习方式极大地制约了学生创新精神和实践能力的培养。可想而知把学生建立在人的客体性、受动性和依赖性的一面，经常采用单一、被动接受式的学习方式，学生的创新精神和实践能力怎么能得到培养?因此国家第八次课程改革强调，转变学生的学习方式是本次课程改革的主要特征，也是一个亮点。

2. 实践依据

我市小学生在数学学习的方式上存在的问题与全国大体相同。在长时间大量听课和调研基础上发现：小学数学的课堂上学生的学习方式存在的问题比较严重，大多数还是教师讲学生听，被动接受式的学习。有一些教师尽管给学生一些讨论、自学的时间和空间，但流于形式的现象比较严重，本质上还是以教师讲为主，不信任学生有自学和研究能力，百分之九十五以上的学生认为学习就是听教师讲课、记笔记、做练习、做作业等。学生长期在这样的被动学习方式下学习，创新意识和实践能力得到培养和提高是不可能的。基于上述理由，提出研究课题“小学生数学学习方式的研究”。

3. 课题的界定

学习方式是指学生在完成学习任务过程中基本的行为和认知的取向。学习方式不是具体的学习策略和方法，而是学生在自主性、探究性和合作性等方面的特征。“小学生数学学习方式的研究”这一课题，力图改变传统的单一、被动的学习方式，把学生的学习变成主体性、能动性、独立性不断生成、张扬、发展、提升的过程，从而建立起具有自主、探究、合作等特征的学习方式。

二、实验的假说

基于目前我市小学数学教学中学生的学习方式存在单一、被动接受等问题，如果按照现代学习方式的理论及国家新课改对学生学习方式的要求，实施“改善小学生数学学习方式的课堂教学模式”，就能够改变传统的不利于创新意识和实践能力发展的旧的学习方式，建立起以自主、探究、合作为主要特征的新的现代学习方式，为学生的全面、持续、和谐发展打下良好的基础。

三、实验目标

（一）研究目标

构建出科学、系统、可行的“改善小学生数学学习方式的课堂教学模式”。

（二）工作目标

1. 转变教师的教学观念，提高对建立新的学习方式重要性和必要性的认识。

2. 提高实验教师的科研意识，培养科研能力，发挥科研兴校、科研兴教的作用。

3. 培养一批科研型的骨干教师。

（三）育人目标

使学生建立起学好数学的信心，保持学习数学的兴趣，养成学习数学的良好习惯，具有现代的高效率的学习方式，为学生的可持续学习打下良好的、扎实的基础，提高学生学习数学的能力。

四、实验因子

（一）核心因子

创造性地实施"改善小学生数学学习方式的课堂教学模式"，即：

创设情境 提出问题

↓

自主探究 认识问题

↓

合理应用 解决问题

（二）其他因子

1. 实验教师学习关于建立新的学习方式的有关理论，包括《基础教育课程改革纲要》、《义务教育数学课程标准》、国内先进的教育教学杂志等，掌握理论依据。

2. 利用教学内容，结合学生的年龄特征和认识规律，培养学生学习的主动性。

3. 设计具有探索性和开放性的问题，引导学生自主学习，探究学习，合作学习等。

4. 设计具有开放性、探索性的练习题，让学生在练习中拓宽思路，扩大思维空间。

5. 明确学生的主体地位，努力使学生真正成为课堂上的主人，为学生创设观察、操作、讨论、交流、合作、猜测、归纳、分析和整理的机会，从中理解数学，学习数学，掌握数学。

6. 明确教师在课堂教学中的地位，按新的课程标准要求真正成为教学活动的组织者、引导者和合作者。

7. 为学生创设自主学习，合作学习的空间和探索问题的机会，鼓励学生质疑，教师巧妙设疑。

8. 引导学生主动参与学习活动，自觉成为学习的主人。

9. 引导学生由课内学习延伸到课外学习，培养学生主动获得信息的能力和自学能力。

10. 面向全体学生，使所有学生都能在数学学习中提高学习数学的兴趣，引发好奇心和求知欲，获得成功感，树立自信心，增强克服困难的勇气和毅力，真正做到“不同的人在数学上得到不同的发展”。

五、实验原则

1. 科学性原则

以马克思主义唯物辩证法和科学方法论为指导，尊重认识规律，尊重认识特点，以教育学、心理学及其他教育理论为基础，注重理论联系实际，实现实验全程科学化管理。

2. 整体性原则

实验要面向实验班全体学生，让所有实验班学生在学习方式方面都有不同程度的改善。另外，影响儿童发展的诸要素中的任何一个要素都会在儿童的整体发展中产生作用，因此要求实验要全面考虑，整体实施。

3. 主体性原则

学生素质的形成与发展，创新意识的培养，必须以充分实现学生学习的主体地位为前提，必须充分调动学生学习的积极性和主动性，使学生真正成为课堂上的主人。

4. 可行性原则

一切从学校实际、教师实际和学生实际出发，构建出简捷、明了、可操作性强的“改善小学生数学学习方式”的教学模式。

5. 发展性原则

教育的最终目的是实现全体学生诸方面素质与个性化的全面发展，实验过程中力求使全体学生在各个方面都有不同程度的发展。

6. 差异性原则

由于个体之间在兴趣、爱好、思维方式、知识基础等方面各不相同，要尽可能灵活多样地运用教学手段和策略，正确引导和促进不同个性学生的发展。进一步实现“不同的人在数学上得到不同的发展”。

7. 激励性原则

实验过程中运用激励性评价策略，要想方设法鼓励学生从不同角度，用不同方法思考问题、探索问题、解决问题。

六、实验对象、方法

(一) 对象

全市部分县 (市)、区的部分学校的部分学生。

(二) 方法

本课题研究采取行动研究为主，实验研究、调查研究为辅的研究方法。

以教师的常规教学为载体，以课堂教学为行动保证。

实验教师的个体实践为主，课题实验小组集体研究为辅。

各实验学校要确定子课题，按学期分校制定研究计划。

以完成常规教学任务为前提，以学生全面和谐发展为最终目标。确保实验结果真实有效。

七、实验过程

(一) 准备阶段 (2003.3—2003.7)

1. 申请课题，撰写实验方案。

2. 成立课题组。

3. 开题动员、培训。

（二）实验阶段（2003.7—2005.10）

1. 学习教育学、心理学、《基础教育课程改革纲要》及《全日制义务教育数学课程标准》等教育教学理论。

2. 进行实验的前期测试。（2003.9）

3. 深入实验学校，检查启动、落实情况，听、评教学实验课，初步研究、尝试建立小学生数学学习方式的方法和途径。（2003.9—2003.12）

4. 召开课题研讨会：总结成果，提交论文、阶段总结等文字材料，提出问题，研究下一步实验工作。（2004.3）

5. 初步建立小学数学教学改善学习方式的方法和途径，构建小学数学改善学习方式的教学模式，并进行中期测试分析，写出教学模式材料和测试分析报告。（2004.5—2004.12）

6. 中期研讨，召开实验总结会，研究实验中有关问题，布置实验的全面验收工作。（2005.5）

7. 进一步完善“小学数学改善学习方式的教学模式”，使其更加合理、完善，增强可操作性。（2005.6—2005.9）

8. 深入实验学校检查指导，督促做好验收前的准备工作。（2005.6—2005.10）

（三）总结阶段（2005.1—2005.10）

1. 档案材料整理。

2. 做好实验报告终端测试工作，写出分析报告。

3. 撰写实验报告及相关论文。

4. 申报验收。

八、核心策略实施

课题组全体成员，两年来紧紧围绕实验目标，围绕预设的“改善小学生数学学习方式的教学模式”进行研究和实验，取得了可喜的成果，学生的学习方式有了根本性改变，真正建立了以自主、探究、合作、实践操作等为特征的新的学习方式，学生的创新意识和实践能力有了明显的增强和提高。

经过两年的研究与实验，预设的“改善小学生数学学习方式的教学模式”得到了长足的改进与完善，构建出了一个较为科学、合理、操作性强、有效性强的改善小学生数学学习方式的教学模式。下面是该模式的流程及解读。

(一) 模式流程

改善小学生数学学习方式的教学模式

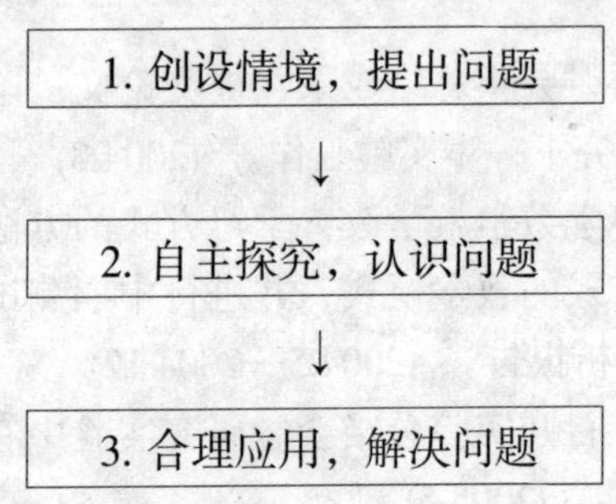

(二) 模式解读

该模式流程为小学数学课堂教学中的三个重要环节。三个环节逐层深入，紧密相连，不可分割。

1. 创设情境　提出问题

该环节指的是针对教学内容，结合学生的生活实际、认知基础及心理特点，将教材中抽象、单一的算式、文字题等教学内容转化成学生身边熟知的、喜闻乐见的情境，以调动学生学习的积极性，引发学习动机和欲望。数学问题可在情境中直接提出，也可以让学生围绕教师创设出的情境提出数学问题。学生提出的问题，如果是本节课需要解决的，就确定下来作为探究的重点问题。如果不是本节课需要解决的，简单的随即解决，复杂的记入教科书后面的“问题银行”栏目中，课后解决。该环节举例说明如下：

现行教材第九册 (人教版) “三角形面积的计算”这一教学内

容，教材本意只停留在引导学生推导出三角形面积的计算公式上，至于理解和掌握三角形面积有什么用，在新课学习之前没有体现。运用该课堂教学模式可以这样引入：教师出示一条鲜艳的红领巾，说："大队辅导员老师想自已为同学加工 500 条这样的红领巾，但不知道至少应买多少面积的布料，谁能为大队辅导员老师帮忙?"全体同学跃跃欲试，大部分同学想到："先求出一条红领巾的面积，再乘 500 问题就解决了。"老师继续问："一条红领巾的面积怎样求呢?能不能像平行四边形的面积那样，找到一个方法（公式）来求三角形的面积呢?"这样一来学生自主探究的动机便产生出来，同时也让学生真正感受到学习数学是有用的。再如现行教材第十二册（人教版）"百分数的一般应用题"这一教学内容，教材本意只是想通过例 1 让学生清楚百分数的一般应用题的分析方法和解题步骤而已，至于这样的应用题与其他的问题的联系和区别却没有考虑。运用该模式可做如下设计：

教师出示："六年级有 160 人，已达到《国家体育锻炼标准》的有 120 人，请根据这些条件提出你想要提出的问题。"学生提出了许多问题，当然也提到了百分数的问题，在解决问题的时候，学生更加明确了分数应用题和百分数应用题的本质联系和形式上的区别，从而加深了对百分数一般应用题的理解。

2. 自主探究，认识问题

该环节是体现数学学习方式的重要环节。自主学习、探究学习、合作学习、操作实践、接受学习等学习方式，都要在此环节中逐步培养、建立和形成。自主学习是前提，是基础。如果没有自主学习，那么探究学习、合作学习将无法运作。该环节以小组学习为主要形式。小组一般以 4~6 人为宜，每一小组要相对稳定。小组学习活动程序如下：在教师的组织下，围绕一两个数学问题借助一定的学习材料开展小组学习活动。每一活动小组要有组长，组长组织全组每一名学生进行各种方式的学习；每一活动小组要有记录员，记录员负责记录本小组研究出的简单或复杂的学习成果；每一活动小组要有汇报员，汇报本组的研究成果，其他成员做补充。组长、记录员、汇报员可以定期或不定期的调换，以调动更多人的积极性。

例如“圆的认识”可做如下设计：“以小组为单位画圆、剪圆、折圆片（沿着不同的方向对折几次），将对折的圆片展开，通过观察折痕你发现了什么问题，发现得越多越好，然后以小组为单位汇报。”在教师的参与、引导下，学生们经过足够时间的小组学习可以发现：“不同的长折痕都同样长，不同的长折痕都交于一点，还发现这一点平分每一条长折痕，即长折痕是短折痕的2倍，。短折痕是长折痕的二分之一。”教师在每一组汇报的基础上，归纳整理圆的特征。在该环节教学过程中应注意以下几个问题：

首先，小组学习的数学问题要有一定的难度和容量。过于简单或容量不够，学生觉得不解渴，而表现出不以为然；过于繁难或容量过大，学生无从下手，茫然失措，长此以往会失去学习数学的信心。因此，在为学生确定数学问题的时候一定要结合学生的认知基础、思维规律、年龄特点，慎重对待。其次，小组学习要给学生足够的时间，万万不可流于形式。第三，学生在以小组为单位采用多种方式学习之前，教师要为学生准备或让学生自己带足学习材料（实物、学具、图片、文具、表格等），以便适应学生的思维特点、认知规律，有利于对问题的研究和理解。第四，教师要在该环节中充分发挥组织者、引导者、合作者的作用，使学生的学习活动活而不乱。当学生在学习中遇到困难时恰当地点拨和引导，真正成为与学生平等的关系。不要把自己当成知识的主宰者，教师要装成自己也不懂的样子，鼓励学生充满自信、大胆研究、得出结论。第五，新的学习方式的建立要逐步进行，不能急于求成。不同的年级在改善学习方式的问题上要提出不同的要求。最后，接受式学习也是不可缺少的一种重要的学习方式。当遇到一些规定性的、非讲不可的数学问题时，教师该讲就讲，而且要讲清楚，让学生清晰地记忆在头脑中。

3. 合理应用，解决问题

该环节为练习与应用环节。练习与应用环节是小学数学新授课不可缺少的重要环节。通过练习与应用可以理解、消化和巩固所学的新知识；通过练习与应用可以逐步形成技能技巧；通过练习与应用可以让学生感悟到所学的数学知识真的有用，可以解决生活中的许多问题。练习与应用时应按照“基本练习——发展练习——思考练习”的程序进行。基本练习指的是全体学生应知应会的练习题目，难度较小。发展练习指在基本练习题目的基础上适当加深加宽，进行变式，让学生对本质属性的内容更加清楚。该层次的练习题目有一定的难度。思考练习需要综合运用所学数学知识解决一些问题。该层次练习难度比较大，所以数量不宜多。值得注意的是，在设计每一个层次的练习时，应尽量结合学生熟知的事物、身边的事物进行，充分体现所学数学知识的应用性。

九、研究的收获

1. 教师方面的收获

每一所实验学校的广大工作者已经对“科研兴校”“科研兴教”达成共识，热心课改，热心教改，积极参与教学实验的氛围已经形成。

另外，课题的研究与实验促进了教师的专业成长。教师在课堂上能正确把握自己的角色。基于对角色的正确认识，我们针对课堂教学现实提出了三要三不要：要用教师的教学热情营造良好的教学氛围，要为学生学习创设活动的、现实的教学情境，要善于捕捉课堂中生成的教学资源；不要轻易打断学生的发言，不要提琐碎的问题，不要做旁观者。

每一所实验学校的广大教师，在总课题组或子课题组的带领下，定期学习相关理论并摘录了读书卡片，开展写读书笔记活动，组织不同规模的“学术沙龙”研讨活动。在活动中一改平常课题组领导一讲到底的被动接受的学习方式，把讲台让给更多的实验工作者，让他们理论联系实际畅所欲言、各抒己见，讲出实验过程中的得与失。同时各实验学校经常开展专业引领、专题讲座等活动，使广大实验工作者的理论水平和科研素养得到了提高。新的目标观、学生观、教学观已深深印在课题组成员的心中。两年来，广大实验教师中获得国家级优秀课1节，省级优秀课8节，市级优秀课32节，在铁岭市小学数学新课程教学观摩评比活动中获第二、第三名。多篇教学实验论文在国家和省级刊物上发表。以课题为载体真正培养成了一支有能力、有觉悟的教师队伍。

2. 学校方面的收获

经过几年的实验工作，使实验学校的全体领导深刻认识到，小学数学教学培养学生创新意识的课题研究对学校来讲大有益处，不但使全体教师们在创新教学过程中发现了教学的真正乐趣，形成一支积极进取的教师队伍。同时优化了学校的教育，优化了学校的管理。使学校的教育与管理科学化。

3. 学生方面的收获

经过两年时间的实验，实验班的学生无论在对数学的情感态度方面，还是在数学学习方面，无论在基础知识方面，还是在解决实际问题的能力方面，都得到了长足的发展。实验班的数学课堂上，学生的学习热情十分高涨，自主学习、探究学习、合作学习、实践操作学习已形成习惯和能力，主动提出问题，分析问题，解决问题的意识明显增强，创新意识和实践能力得到了相应的提高。下面是实验班与对比班实验前、实验后的对比情况统计：

表 1 实验前后学生对数学情感态度方面的对比表

对比项目			对数学课的态度		提问题的情况		对小组学习的态度		小组学习发表意见		测试时间
			喜欢	不喜欢	经常	没问题	喜欢	不喜欢	能	不能	
实验前测	二年级	实验班	9	23	3	29	10	22	5	26	2003.9
		对比班	8	23	4	27	11	20	7	24	
	三年级	实验班	6	22	5	23	9	19	7	21	
		对比班	7	20	6	21	8	19	6	21	
实验后测	四年级	实验班	28	4	26	6	25	7	28	4	2005.9
		对比班	10	21	8	23	12	19	11	20	
	五年级	实验班	25	3	8	20	25	3	27	1	
		对比班	23	4	10	17	18	18	24	3	

表 2　基础知识与能力测试对照统计表

项目			平均分	最高分	最低分	及格率（%）	优秀率（%）	标准差	备注
实验前测	二年级	实验班	95.4	100	84	100	92	3.1	2003.9
		对比班	94.8	100	85	100	91.5	2.8	
	三年级	实验班	86.4	100	79	100	80.5	3.4	
		对比班	88.6	100	75	100	81.5	3.6	
实验后测	四年级	实验班	92.2	100	92	100	88.2	3.5	2005.9
		对比班	83.5	94	73	100	72.8	7.6	
	五年级	实验班	90.8	100	90	100	83.6	4.1	
		对比班	82.7	93	76	100	73.7	8.5	

十、结论

实践是检验真理的唯一标准。课题组全体人员经过两年时间的研究与实践证明：在小学数学教学中实施“改善小学生数学学习方式的教学模式”完全可以改善学生学习方式，彻底地改变了学生在课堂上被动接受、机械练习、完成作业等学习方式，实验班的数学课堂上，学生学习的热情高涨，自主学习、探究学习、合作学习，实践操作学习已成习惯和能力，学生真正成为了课堂的主人，为培养学生的创新意识和实践能力打下了坚实的基础。

十一、问题与反思

1. 在实验人员的队伍中，还需要进一步提高教育教学理论修养，增强教育科研的意识和能力。

2. 实验人员还需大力开发课程资源，让数学与生活、生产实际贴得更紧，对数学越发感到熟悉和亲切。

3. 课堂上学生新的学习方式已经养成习惯，形成能力，但少数学生在这样的学习方式下学习成绩下降了，怎么办?

(该课题为“十五”期间辽宁省教育科学规划重点课题之一，正式通过专家组鉴定，并获辽宁省优秀科研成果一等奖，也是“十五”期间铁岭市中小学领域唯一一个一等奖。该结题报告全文编入《辽宁教育科研报告》一书中，此书由辽宁教育科学规划领导小组办公室编辑，刘国瑞主编，辽宁民族出版社出版)

附录二：

小学数学教学培养学生创新意识的研究实验方案

由铁岭市教师进修学院刁悟同志主持并申请的“小学数学教学培养学生创新意识的研究”实验课题，是辽宁省“十一五”教育科学规划课题之一。该课题由铁岭市城乡部分小学校共同研究实验，预计从2006年6月—2008年12月两年多时间完成。

一、课题的提出

1. 理论依据

中共中央、国务院《关于深化教育改革、全面推进素质教育的决定》中明确提出：素质教育的重点是培养学生的创新精神和实践能力。江泽民总书记在“讲话”中指出：创新是一个民族的灵魂，是一个民族发展的不竭动力。李岚清副总理在第三次全教会上的报告中指出：实施素质教育的关键在教师，培养高素质的学生，必须有创新能力强的教师。实施素质教育是我国的改革方向，培养学生创新意识和创新能力是素质教育的核心目标和主要特征。创新的关键是人才的开发，“教育在培养民族创新精神和培养创造人才方面肩负着特殊使命”，基础教育尤为重要。

《基础教育课程改革纲要》中也明确提出：要“使学生具有初步的创新精神，实践能力”。

《数学课程标准》中的课程总体目标里面强调：要使学生具有初步的创新精神和实践能力，在情感态度和一般能力方面都能得到充分发展。

现行的《九年义务教育小学数学教学大纲》（试用修订版）在

“小学数学性质、任务”和“教学中应注意的问题”中两次强调：要培养学生的创新意识，并把培养学生的创新意识作为小学数学教学全过程的指导性原则。

综上所述，在小学数学教学中培养学生的创新意识意义重大，势在必行。

2. 实践依据

我国基础教育中普遍存在过于强调接受学习、死记硬背和机械训练问题。教育部有关调查结果表明：我国目前的教与学方式，以被动接受式为主要特征。突出表现为教学以教师为中心，以课堂为中心，以课本为中心，学生缺乏自主探究和合作学习的机会。

经过大量的深入课堂听课，与教师座谈等方式调查表明：尽管新课程启动以来，教师在观念和行为上有一些转变，但在本质上仍然存在上述问题，农村学校的教学存在问题更为严重。课堂上，学生几乎没有提出不同意见、提出疑问、发表自己独到见解的机会，极大地抑制和阻碍了学生创新意识的发展，对培养适应21世纪发展的合格公民带来许多不利因素。因此改革小学数学课堂教学，尽快建立起有利于培养学生的创新意识的教与学的方式十分必要。

3. 课题的界定

“小学数学教学培养学生创新意识的研究”，指的是教师在小学数学教学的领域里，结合学生的年龄特点、认识规律，结合具体的教学内容，采用一定的方法和策略，让学生在创新能力的浅层次方面，在创新思维品质方面和创新欲望方面得到培养和提高。

二、实验的目标和假说

(一) 实验目标

1. 科研目标

在研究和实验的的基础上，形成培养创新意识的方法与策略，构建出切实可行的“小学数学课堂教学培养学生创新意识的教学模式”。

2. 工作目标

(1) 通过研究实验，增强实验学校领导和教师的教育科研意识，提高教育科研的能力，提高对“科研兴教”“科研兴校”的认识。

(2) 通过研究实验，促进学校的教育教学工作，提高教学质量。

3. 育人目标

(1) 使学生的创新思维品质和创新意识得到培养和提高。

(2) 通过长时间的实验，培养出更多的不断探索求新，具有独立思考，善于发现问题、敢于提出问题、分析问题和解决问题的创新型的学生。

(二) 实验假说

基于素质教育对人才培养的需要和目前教学中关于培养创新意识方面存在的诸多问题，如果从小学数学课堂教学入手，结合小学生年龄特征、认知规律、思维特点，深入细致地研究培养创新意识的方法和策略，构建出“小学数学培养创新意识的教学模式”，就能有效地培养学生的创新意识，就能为培养创造型人才奠定坚实的基础。

三、实验因子

1. 课题组组织实验教师学习、掌握实验方案，学习关于培养学生创新意识领域的相关理论，提高对课题研究的认识。

2. 实验教师备课中深入挖掘教学内容中培养创新意识的因素，结合学生的实际，培养学生的创新意识。

3. 实验教师精心设计具有开放性和探索性的问题，引发学生的创新思维。

4. 教师巧妙设疑，鼓励学生质疑，疑中求异，异中求新。

5. 建立有利于培养学生创新意识的教与学的方式，明确学生的主体地位，让学生真正成为课堂上的主人。教师真正成为教学活动中的组织者、引导者和合作者。

6. 让自主学习、探究学习、合作学习、实践操作学习成为课堂主流。

7. 实验教师处理好教学预设与生成的关系，促进对学生的创新意识培养。

8. 让学生在情感态度中建立起以“与众不同”、“创新求异”为荣的思想。

9. 实验教师要创设生动、有趣、科学、合理的教学情境，不断引发学生的求知欲和好奇心。

10. 构建科学、有效的“小学数学课堂教学培养学生创新意识”的教学模式。

四、实验原则

1. 科学性原则

以马克思主义唯物辩证法和科学方法论为指导，尊重认识规律，尊重认知特点，以教育学、心理学及其他教育理论为基础，注重理论联系实际，实现实验全程科学化。

2. 整体性原则

实验要面向实验班全体学生，让所有实验班学生在创新意识方面都有不同程度的提高。另外，影响儿童发展的诸要素中的任何一个要素都会在儿童的整体发展中产生作用，因此要求实验全面考虑，整体实施。

3. 主体性原则

学生素质的形成与发展、创新意识的培养，必须以充分实现学生学习的主体地位为前提，必须充分调动学生学习的积极性和主动性，使学生真正成为课堂上的主人。

4. 可行性原则

一切从学校实际、教师实际和学生实际出发，实现实验过程的可行性。构建出的“小学数学教学培养创新意识的教学模式”，力求简捷、明了，可操作性强。

5. 发展性原则

教育的最终目的是实现全体学生诸方面素质与个性化的充分发展。实验过程中力求使全体学生在知识技能、情感态度和价值观等各个方面都有不同程度的发展。

6. 基础性原则

创新必须以一定的知识为基础，没有相应的基础知识和基本技能，人们的正确观点就难以形成。分析判断问题就缺少一定的依据，更难以有所发现，有所创新。在培养创新意识问题上，目标不宜过高，要立足基础，充分考虑学生实际。

7. 个性化原则

由于个体之间在兴趣、爱好、思维方式、知识基础等方面各不相同，要尽可能灵活多样地运用教学手段，来正确引导和促进不同个性学生的创新意识的发展。

8. 激励性原则

实验过程中运用激励性评价策略，要想方设法鼓励学生从不同角度，用不同方法思考问题、探索问题、解决问题。

五、实验的对象、方法及手段

(一) 实验对象

各县 (市)、区城里和农村的不同规模的学校中，1~6 年级的近 1000 名学生为实验对象。

(二) 实验方法

对比实验法：

1. 实验班学生与对比班学生对比。

2. 实验班学生的实验前、实验中、实验后不同阶段的纵向对比。

(三) 检测手段

对学习成绩、创新思维品质等方面进行卷面或口头测试。

六、实验过程

(一) 准备阶段 (2006.6—2006.9)

1. 确定实验学校。

2. 成立课题组。

3. 制订该课题的实验方案。

4. 报请辽宁省 “十一五” 教育科研专家组论证。

5. 开题并进行人员培训。

(二) 实验阶段 (2006.9—2008.11)

1. 学习教育学、心理学、创新教育理论及《基础教育课程改革纲要》、《数学课程标准》等。

2. 进行实验前测。 (2006.9)

3. 课题负责人深入实验点校，检查、研究实验落实情况，听课、评课、指导教学实验，召开小型座谈会。

4. 召开课题研讨会，总结成果：论文、典型教学课例、教学设计、阶段总结等文字材料，提出问题，研究下一步实验工作。

5. 初步确立小学数学教学培养创新意识的方法和途径，构建小学数学培养创新意识的教学模式，并进行中期测试分析，写出教学模式材料和测试分析报告。

6. 中期研讨，召开实验总结会，研究实验中有关问题，布置实验的全面验收工作。

7. 进一步完善“小学数学教学培养学生创新意识的教学模式”，使其更加合理、完善，增强可操作性。

8. 深入实验学校检查指导，督促做好验收前的准备工作。

(三) 总结阶段 (2008.11—2008.12)

1. 档案材料整理。

2. 做好实验终端测试工作，写出分析报告。

3. 撰写实验报告及相关论文。

4. 撰写专著《小学数学教学培养创新意识的研究与实践》。

5. 录制典型课例光盘 。

6. 申报验收。

七、保证措施

为保证实验顺利进行，首先慎重选择实验学校。学校领导重视、支持实验工作，师资水平较高并具备一定的实验条件。实验学校、课题组均应准备一定的经费，为课题研究做保障。

八、成果表现形式

1. 结题实验报告

2. 教学模式及论文集

3. 课堂教学课例

4. 课堂教学实录（光盘）

5. 课题成果专著《小学数学教学培养创新意识的研究与实践》(20万字)

九、课题组成员及分工

单　位	姓　名	职　称	课题分工

说明：“课题分工”中可填写“课题组主持人”、“实验学校主持人”、“执行人”、“实验教师”。

“小学数学教学培养学生创新意识的研究”总课题组

铁岭市教师进修学院小学理科教研室

2006年6月

实践篇

培养创新意识的理论与方法的实际应用

第一章　数与代数

第一节 低年级（一、二年级）

【1】“100 以内的加减混合运算”教学片段与评析

教学内容：

100 以内加减混合运算（笔算）

一、精选学生已有知识，为学习新知识打下基础

1. 口算：

A 组：13−4+5=　　12−5+6=　　7+8−9=　　12+6−8=

20+30−15=　　80−30+40=

B 组：30+（7+20）=　　5+（46−6）=　　80−（50+20）=

90−（80+10）=　　15−（6+7）=　　70−（30−10）=

2. 提问：

（1）像 A 组这样没有括号的加减混合运算的顺序是什么？

（2）像 B 组这样有小括号的加减混合运算的顺序是什么？

【评析】学生在一年级时学过 100 以内的有括号和没有括号的加减混合运算的口算式题，了解了其运算顺序。基于这一点，教师精心设计两组口算题和一组问题，目的在于让学生在做口算题的过程中，回忆和体会运算顺序，从而归纳运算顺序，为下一步学生自主学习、探索新知识扫除障碍，打下基础。

二、顺势导入，引发学习动机

师：100 以内的口算加减混合运算同学们掌握得很好，那么，100 以内的笔算加减混合运算该怎样计算呢？同学们自己看书能学会吗？

【评析】这样的导入，这样的设问，有利于新旧知识间的密切联系，有利于将所学知识纳入学生原有认知结构之中，有利于激发学生探索新知识的欲望和动机，这样做有利于培养学生的创新意识。

三、精心设计问题，指导学生学懂新知识

(一) 出示例3：68-29+51，让学生自己学习并思考下列问题：

1. 这道题应按怎样的顺序笔算?

2. 将书上的填空部分填写完整。

3. 简便写法为什么简便?

注意：不懂的地方小组研究、讨论。

【评析】学生的自主学习，离不开教师的启发和指导。教师在让学生自己学习例3的同时，认真思考教师精心设计的问题，为学生学懂例3指明了方向。学习例3的这一组思考题，既具有一定的逻辑性，体现了一种学习新知识的顺序和方法，又具有一定的容量和思考价值，同时也具有一定的探索性和深刻性。像这样既不高深莫测，又不过分浅薄的问题，有利于开动脑筋、启迪智慧、萌发创新意识，培养创新意识。

(二) 引导学生自主学习例4时，教师精心设计的一组问题是：

1. 例4“72-(47+16)”中有小括号，应该按怎样的顺序计算呢?

2. 算出第二个竖式的结果后，说一说计算这道题的运算过程。

3. 这道题有简便写法吗?为什么?

4. 完成做一做的两题，想一想有括号的加、减混合运算，什么情况下有简便写法?什么情况下没有?为什么?

注意：不懂的地方小组研究、讨论。

【评析】这一组精心设计的问题，除具备上一组问题的特点外，还有利于新知识的深化，有利于帮助学生探索问题的规律和特点，有利于培养学生从多角度思考问题、解决问题。学生的创新意识也得到了潜移默化的培养。

【2】“20以内进位加法”的教学设计与意图（练习课）

教学内容：

义务教育课程标准实验教科书(北师大版)一年级(上册)77页

教材分析：

这是一节学完9加几和8加几之后的练习课。将学过的“凑十法”迁移到7加几和6加几的计算中之后，在此基础之上，进行本节课有目的的练习，学生通过观察，发现规律，运用规律，并通过有目的的练习，提高计算20以内进位加法的正确率和速度。

学生分析：

学生们经历了8加几、9加几的计算方法（“凑十法”）的探讨过程，并已经掌握了8加几、9加几的计算方法（“凑十法”）。在此节练习课上，学生们会把“凑十法”迁移到7加几和6加几的计算上。此迁移过程对于学生来说不会有太大困难！困难是学生怎样通过练习发现计算的规律，运用规律提高计算的正确率和速度。

教学目标：

1. 在学生已掌握9加几、8加几的算法基础上，练习7加几、6加几。

2. 能正确、迅速地计算20以内的进位加法。让学生在问题情境中发现规律，巧计算，培养学生思维的敏捷性和深刻性，从而培养学生的创新意识。

3. 初步培养学生的观察能力和知识迁移能力，使学生善于观察、发现规律、运用规律的意识得到加强。

4. 能应用所学知识解决简单的实际问题。

教学过程：

一、回顾旧知，迁移新知

（意图：回顾9加几、8加几的计算方法，计算7加几、6加几，初步培养学生的迁移能力）

1. 口算：（复习9加几和8加几的计算方法）

抽卡片：（开火车）

9+4=　8+7=　9+9=　8+5=　9+6=　6+8=　3+8=

9+2=　8+4=　3+9=　9+5=　9+7=　8+9=　8+8=

小结：计算方法（凑十法等）

2. 7 加几、6 加几的计算。（意图：算法迁移）

板书：7+4= 6+5=

抽卡片：（指名）

7+7= 6+5= 4+7= 6+6= 7+5= 6+7=

导入：同学们，在今天的练习课上，看谁能够善于观察，发现规律，计算得又对又快。（意图：明确本课要求和目的）

二、引导观察，发现规律

（引导学生观察每组算式，发现规律，提高计算的正确率和速度。初步培养学生的观察能力，渗透规律意识）

1. 两个加数交换位置，和不变。（意图：复习加法交换律）

8+5= 9+6= 7+4=

5+8= 6+9= 4+7=

学生活动：观察每组算式的特点。（意图：让学生清楚两个加数交换位置，和不变）

2. 通过与自己熟悉的算式进行比较计算出结果。

(1) 6+6= (2) 7+7= (3) 8+8=

6+7= 7+6= 8+7=

6+5= 7+8= 8+9 =

学生活动：观察每组算式的特点，总结出计算方法（计算时，可以想自己熟悉的算式，再看多几就在结果上加几，少几就在结果上减几）

三、巧用规律，智力闯关（运用规律巧计算）

（意图：智力闯关的活动，激发学生的兴趣）

第一关：连线

(1) 7+4 8+7 (2) 6+6 9+7

7+5 8+3 8+8 8+5

9+6 8+4 7+6 9+3

学生活动：依据总结出的规律，进行计算。

第二关：填空

7　　8　　9　　4　　8　　6　　7

+　　+　　+　　+　　+　　+　　+　　5

(　)　(　)　(　)　(　)　(　)　(　)　(　)

学生活动：独立填写，在填写之前说明题意。

第三关：看图列式

书 77 页第 8 题

学生活动：指名说出题意，再进行列式计算。

第四关：看谁写得多

书 77 页第 9 题

学生活动：先独立完成，再集体反馈。（重在找到方法）

小结：神奇的数学王国还有很多奥秘等着聪明的你们去发现，我相信，只要你善于观察，勤于动脑，发现规律，巧妙应用，你就一定能征服它，在数学王国里尽情地遨游。

【3】“9+几”的教学设计与意图

教学内容：

义务教育课程标准实验教科书一年级“9 加几”

教学目标：

1. 通过对问题情境的探索，使学生在已有的经验的基础上自己得出计算 9 加几的各种方法；

2. 通过比较，使学生体验比较简便的计算方法；理解“凑十法”的道理；初步掌握 9 加几的进位加法的思维过程，并能正确计算 9 加几的口算；

3. 培养学生初步的观察、比较、抽象、概括能力，动手操作能力，提出问题、解决问题的能力，培养发散思维和创新意识；

4. 培养学生合作学习和应用数学的意识。

重点难点：

理解“凑十法”的思维过程。

教学准备：

教具：实物投影，投影片，小棒 18 根。

学具：每人准备小棒 18 根。

教学过程：

一、 情境引入 探究新知

1. 教师用投影出示课本的全景图。

教师说明：这是学校运动会的场面，从图中你看到什么？

(让学生自己看图互相说一说)

【意图】此处从情境入手，能使学生体验到生活中处处有数学，使学生感受到数学与现实生活的密切联系,增强学习和应用数学的信心。进而调动学生学习的积极性。

2. 学生回答后教师指出：运动会上，学校为了给运动员解渴，准备了一些饮料，已经喝了一些，比赛快要结束时小明问："还有多少盒?"

师：你们知道还有多少盒吗？互相说一说。

(学生互相说时，教师巡视，注意发现不同的方法)

学生可能出现三种算法：

(1) 数数法：1、2、3、4……12、13，一共有 13 盒。

(2) 接数法：箱子里有 9 盒，然后再接着数 10、11、12、13，一共有 13 盒。

(3) 凑十法：把外面的一盒饮料放在箱子里凑成 10 盒，10 盒再加上剩下的 3 盒，一共是 13 盒。

教师说明：你们说的几种方法都很好，这三种方法中你最喜欢哪一种?

【意图】允许学生用不同的方法计算 9 加几，充分尊重学生的选择，体现了课程标准中所提倡的"算法多样化"的新理念。

3. 学生回答后教师指出：刚才有的同学用数数的方法知道了还有多少盒饮料，也有的同学是通过计算的方法得到的。下面我们一起看一看这些同学是怎样计算 9 加几的。

提问：要算还有多少盒饮料怎样列式？ (板书 9+4)

师：9 加 4 该怎样计算呢？请同学们用小棒摆一摆。

教师指导学生进行操作：左边摆 9 根小棒代表盒子里的 9 盒饮料，右边摆 4 根小棒代表盒子外边的 4 盒饮料。

教师边提问边指导学生操作：盒子里的 9 盒再加上几盒就凑成了 10 盒？这个 1 盒是从哪来的？外边的 4 盒饮料拿走 1 盒后还剩多少盒？10 盒与剩下的 3 盒合起来是多少盒？所以 9+4 等于多少？

【意图】从情境中提出问题，并解决问题，使学生初步感知“凑十法”，并从中体验出“凑十法”是比较简便的计算方法。

师：谁能结合板书完整地说一说，刚才我们是怎样计算 9+4 的？

4. 利用课本右边的资源提出用加法计算的数学问题。

师：同学们接着看图，运动会上有 9 个踢毽子的，还有 6 个跳远的，要求踢毽子的和跳远的一共有多少人，应该怎样列式？（板书：9+6）

师：9+6 等于多少呢？自己用小棒摆一摆。

学生汇报后，教师启发：你们还可以提出什么问题？学生每提一个问题，教师就让学生说一说一共有多少人。对于 9 加几的问题，还要让学生说一说自己是怎样想的。

【意图】通过操作，使学生进一步形成“凑十”的表象，再把表象转化为图式，及时内化为计算方法，建立起相对稳定的数学模型。

二、运用规律 解决问题

1. 圈一圈，算一算。（“做一做”第 1 题）

学生独立看图说图意，并动手圈一圈，直接看图写出得数。

2. 看图列式。（“做一做”第 2 题）

学生独立看图填写，订正时可以让学生说一说是怎样想的。

3. 教师提问：通过今天的学习，你都会计算 9 加几了？

学生每说一个算式，就让学生说出得数。

【意图】运用“做一做”中的题目，分层次进行练习，不仅巩固新知，更重要的是让学生亲身体验 9 加几的思维过程，使学生主动参与学习，充分发挥主体作用。

三、反思全课 总结收获

今天我们学习的题目有什么特点？（板书课题：9 加几）

教师：那么通过 9 加几的计算这节课你都有哪些收获呢？

【意图】该环节的设计，既点出了本节课的学习重点，同时也给学生创设了反思的空间。学生可以在此环节反思知识技能方面的收获，也可以反思情感态度方面的收获。

第二节　中年级（三、四年级）

【1】“被乘数中间有 0 的乘法”说课设计

教学内容：

三年级“被乘数中间有 0 的乘法”

教材分析：

在一位数乘多位数的乘法中，被乘数中间有 0 的情况是学生学习的难点，所以教材把这一内容专门作为一段安排在学生掌握了一位数乘多位数的一般方法之后，以便学生集中学习：被乘数中间的 0，在乘的过程中的具体处理方法。

为了让学生处理好被乘数中间有 0 的乘法，首先应该让学生理解和掌握 0 和任何数相乘都得 0。所以教材在学习被乘数中间有 0 的乘法之前，应拿出一定的时间，让学生从不同角度体会、理解 0 为什么与任何数相乘都得 0 的道理，为学习被乘数中间有 0 的乘法扫清障碍，奠定基础。

教学目标：

1. 理解并掌握“0”与任何数相乘都得“0”，并能实际应用。

2. 使学生结合“0”和任何数相乘都得“0”和“一位数乘多位数”的计算法则，正确处理被乘数中间有 0 的乘法。

3. 使学生进一步了解“0”和任何数相乘都得“0”在实际计算中的应用。

4. 结合新内容及练习内容的教学培养学生的求异思维和创新意

识。

教学重点：

理解“0”和任何数相乘都得“0”的确切含义，掌握乘数与被乘数中间的“0”相乘时的处理方法。

教具准备：

3个盘子，6个苹果。（可用硬纸片制作）

教学过程：

结合这节课的实际，全课共分以下几个环节进行：

(1) 对比发现，提出问题；(2) 自主探究，认识问题；(3) 归纳总结，理性升华；(4) 应用新知，解决问题；(5) 回顾新知，总结收获。全过程具体操作如下：

一、对比发现，提出问题

(1) 板演：① 132×4 ② 321×5 （复习一位数乘多位数的法则，为学习例10打基础）

(2) 口算。与板演题同时进行，直接说得数，要求学生算得又对又快。口算内容及题量根据学生实际和板演题所需时间来定。（让板演的学生说算理，重点围绕一位数乘多位数的法则来说）

(3) 比较102×4与两道板演题有什么区别和联系？像这样被乘数中间有0的乘法你会做吗？

二、自主探究，认识问题

师：这节课我们共同来研究“被乘数中间有0的乘法”（板书课题）。这种导入方式，既让学生感到自然，引起学习动机，又将新知识与旧知识紧密地联系在一起，使新知识自然地纳入到学生原有的认知结构之中。

首先探究0与任何数相乘的结果。教师出示三个盘子，每个盘中放两个苹果，求3个盘子中一共有多少个苹果？让学生口头列加法和乘法算式，说出结果。然后拿掉盘中所有的苹果，问：这时3个盘中一共有苹果多少个？怎样列加法和乘法算式，结果是多少？学生回答，教师板书：0 + 0 + 0 = 0，0× 3=0。继续提问：0×5=?为什么？

0× 6=？ 0×7=？……结合上面的例子能概括出 0 乘以任何数的规律吗?引导学生讨论研究，很快会得出：0 乘以任何数都得 0。

然后教师出示 0×3=0，那么 3×0=？（提示学生根据以前学的，交换乘法中被乘数和乘数的位置、积不变，所以 3×0 仍然得 0)，接着让学生填写：0×9=□、9×0=□、8×0=□、7×0 =□、0×0=□，结合上面的例子，让学生研究讨论：任何数乘以 0 结果有什么规律？进一步引导学生将总结出的两条规律概括成：0 与任何数相乘都得 0。并让学生理解其中的“相乘”的含义。然后，在学生掌握“0 与任何数相乘都得 0”的基础上，探究被乘数中间有 0 的一位数乘法的计算方法。

出示“102×4”后，让学生观察出示的这道题与复习中的“132×4”相比，有什么异同点？（相同点：都是一位数乘多位数；不同点：复习题中被乘数中间没有 0，而出示的“102×4”中，被乘数中间有 0)，教师就此强调：既然都是一位数乘多位数，计算法则也应该是相同的，即乘的顺序和积的书写位置都是一样的，那么遇到被乘数中间有 0 的乘法时应该怎样处理呢？我们共同研究；竖式做 102×4 时，第一步“4×2”教师直接写出积，计算到第二步“4×0 时教师提出思考题：（1）这一步不乘可以吗？为什么？（2）“4×O”得几？为什么？（3）乘得的结果应写在积的什么数位上？为什么？通过这一系列有内在联系的思考题，使学生明确：只要被乘数中间的 0 处理好了，其他地方与一般的一位数乘多位数完全一样。接下来教师出示：1005×6。鼓励学生：这道题不仅被乘数中间有 0，而且还涉及进位问题，你能试一试吗？（黑板上也找一名学生试做)，做完后师生共同总结被乘数中间有 0 的乘法进位问题如何处理？

三、归纳总结，理性升华

探究的目的在于获取理性知识，所以该环节的意图在于让学生对探究的问题有一个理性的认识。本节课的理性知识包括：0 与任何数相乘都得 0；被乘数中间有 0 的乘法的处理方法。该环节采用的方法是：学生归纳，教师提示。

“探求新知”和“理性归纳”两个环节中意在充分发挥学生的主导作用，让全体学生成为课堂上的主人，积极、充分地参与学习活动，同时发挥好教师的主导作用，精心地点拨、启发、诱导等，体现运用素质教育的思想去指导教学。

四、应用新知，解决问题

该环节是加深理解和深化所学知识，初步形成技能、技巧的重要环节，同时也是应用所学知识解决实际问题的重要环节，所以必须合理、科学安排。具体题目如下：

1. 口算：

$0\times5=$	$5\times0=$	$5+0=$	$0+5=$
$25\times0=$	$308\times0=$	$0\times308=$	$4120\times0=$
$300\times8=$	$1000\times8=$	$4567+0=$	$4567-0=$

2. 前两题看竖式说出积的十位数，后两题看竖式说出积的十位、百位各是几。

(1) $\begin{array}{r} 203 \\ \times\ \ 2 \\ \hline \end{array}$　(2) $\begin{array}{r} 104 \\ \times\ \ 3 \\ \hline \end{array}$

(3) $\begin{array}{r} 1005 \\ \times\ \ \ 4 \\ \hline \end{array}$　(4) $\begin{array}{r} 3006 \\ \times\ \ \ 3 \\ \hline \end{array}$

3. 笔算（板前 4 人，其他学生在下面做）

$\begin{array}{r} 502 \\ \times 3 \\ \hline \end{array}$　$\begin{array}{r} 3004 \\ \times 2 \\ \hline \end{array}$　$\begin{array}{r} 807 \\ \times 9 \\ \hline \end{array}$　$\begin{array}{r} 2405 \\ \times 4 \\ \hline \end{array}$

4. 判断题（教材 20 页第 4 题）

5. 《水浒传》中有 108 位英雄好汉。如果他们平均每年每人做 3 件杀富济贫的好事，一年一共可以做多少件？

6. 结合生活实际编一道第一个乘数中间有 0 的一位数乘法问题。

五、回顾新知，总结收获

该环节可让学生自己谈一谈学习收获，包括知识技能、过程方法和情感态度方面的。

（此文发表在《辽宁教育》上，有改动）

【2】“用字母表示数”的教学设计与意图

教学内容：

北师大版义务教育课程标准实验教科书小学数学四年级下册“认识方程”中的“字母表示数”。

教学目标：

1. 结合具体情境，感悟用字母是可以表示数的，理解用字母表示数的意义。

2. 学会并能用字母表示数。

3. 学会并能用字母表示运算定律及相关图形周长、面积的计算公式。

4. 感受用字母表示数简单明了，提高抽象概括能力。

5. 结合小组学习及开放性练习，培养学生的求异思维和创新意识。

重点难点：

切实理解字母表示数的真正含义，能准确用字母或含字母的式子表示数。

教学过程：

一、 创设情境，引出新课

出示字母表：a b c d e f g h I j k l m n o p q r s t u v w x y z

师：谁能说出这些字母的作用？（引导学生说出：这些字母可以说英语、写英语，还可以用来读拼音、写拼音，还可以……）

师：这些字母还有一个重要作用，我们共同来研究、探讨，好吗？

大屏幕出示：许多大萝卜，每个大萝卜对应一个土坑。

1 个萝卜 1 个坑，2 个萝卜 2 个坑，3 个萝卜 3 个坑，4 个萝卜 4

个坑，……

师：你能用一句话说出他们的意思吗？（学生看到大屏幕上的字母表，结合萝卜与坑的关系，有可能想到用字母表示数，把他们的意思表达出来：a 个萝卜 a 个坑或 b 个萝卜 b 个坑或 c 个萝卜 c 个坑……如果学生想不到，教师可适当引导）

师：你们真了不起，终于发现了这些字母的又一个重要作用——用字母表示数。板书课题：字母表示数。

【设计意图】该环节充分运用学生熟悉的已有知识和经验，结合学生喜闻乐见的萝卜与土坑的情境，引出新课，学生会感觉自然流畅，没有生硬感。同时也让学生清楚，用字母表示数时，用哪一个字母表示都是可以的。

二、自主探究，深入理解

师：我们继续深入研究用字母表示数的问题，请看大屏幕。

1. 大屏幕出示：妈妈与淘气对话的情景。妈妈说："妈妈比你大 26 岁。"

师：仔细观察下面的表格内容，将括号里面的内容补充完整。然后思考智慧老人提出的问题：如果淘气的年龄为 a 岁，那么，妈妈的年龄是多少岁呢？以小组为单位研究讨论完成。

淘气的年龄（岁）	妈妈的年龄（岁）
1	1+26
2	2+26
3	3+26
（ ）	（ ）
（ ）	（ ）
（ ）	（ ）
…	…

【设计意图】该环节的设计，目的在于让学生在初步感知用字母可以表示数的基础上，进一步理解除了字母可以表示数以外，带字母的式子也可以表示数。为了让学生更好地理解用带字母的式子表示数，设计时特意在表格中加了三组小括号的内容，以便让学生更好地理解用带字母的式子表示数的含义。另外，此环节安排以小组为单位完成，充分体现主体性，充分体现改善学生的学习方式。

(学生汇报，教师引导，得出结论：淘气的年龄为 a 岁，妈妈的年龄就可以用 a+26 表示)

1. 活动:摆一摆，填一填，想一想

(每个小组准备若干根火柴棒)

大屏幕出示两个用火柴棒摆成的三角形。

师：摆一个这样的三角形需要 3 根火柴棒，摆两个这样的三角形需要多少根火柴棒？摆 3 个，摆 4 个呢？摆 8 个呢？摆 a 个呢？把算得的结果填在表格里。继续以小组为单位完成。

三角形个数	小棒根数
1	3×1
(　)	(　　)
(　)	(　　)
(　)	(　　)
…	…
a	(　　)

(学生小组汇报，教师引导，得出结论：a 个三角形是 a×3 根小棒)

师强调：* 在含有字母的式子里,数字和字母中间的乘号可以记作小圆点,也可省略不写。如 a×3 可以记作 3·a 或 3a，但要注意,在省略乘号的时候,要把数写在字母前面。

*任何字母与1相乘，1都可以省略不写，如1×b或b×1都记作b。

练一练：d×8可以写作（ ），x×9可以写作（ ），1×y或y×1都可以记作（　　）。

【设计意图】该环节继续体现以学生为主体，让学生动手实践，用火柴棒摆三角形，边摆边想三角形个数与小棒根数之间的内在关系，加深体会、理解用含字母的式子表示数的含义。另外，在处理数与字母相乘时如何书写这一规定内容时，教师直接采用讲授法是必要的，是有效的。讲授之后，立即配备练一练，加深学生的记忆和理解。

三、合理应用，解决问题

1. 大屏幕出示青蛙图。1只青蛙1张嘴，2只青蛙2张嘴，3只青蛙3张嘴，4只青蛙4张嘴…… 你能用一句话表示这首儿歌的意思吗？

2. 你能用一句话说一说下面这首儿歌吗？

1只青蛙1张嘴，2只眼睛4条腿；

2只青蛙2张嘴，4只眼睛8条腿；

3只青蛙3张嘴，6只眼睛12条腿；

……

______只青蛙______张嘴，______只眼睛______条腿。

3. 填一填：

（1）奥运会每4年举办一次，如果上届奥运会是在公元q年举办，那么下届是（ ）年，大下届是（ ）年。

（2）工人师傅平均每天生产48个机器零件，a天能生产（ ）个机器零件。

（3）一家水果商店有苹果256千克，卖出h千克后，又进苹果k千克。现在有苹果（ ）千克。

（4）12×h通常可以写作（ ），k×6通常可以写作（ ）。

4. 用字母表示公式：

长方形的长是 a，宽是 b，周长是 c，面积是 S。那么

c=（　　）　S=（　　）

5. 你知道加法的交换律和结合律吗？你知道乘法的交换律和结合律吗？你知道乘法的分配律吗？请试着用字母把他们表示出来。

【设计意图】该环节的主要意图是让学生用刚刚认识和掌握的用字母表示数的知识，应用到具体的事物和情境中，解决一些简单的实际问题。练习题的设计紧紧围绕教学目标进行，充分体现层次性、针对性、趣味性、综合性和开放性。

【总体设计意图】“用字母表示数”这一教学内容，看似简单，但对小学生而言，初次接触，也是一件不容易接受的事物。因此，在设计教学时，首先考虑学生已有的知识和经验，如何与字母表示数联系起来，即用最易接受的一一对应的萝卜与土坑的情境，让学生清楚字母除了可以表示英语和拼音等外，字母还可以表示数。从而让学生感受到：烦琐的话语，复杂的关系用字母表示就简单明了。

全面兼顾教学目标。教学目标涉及的内容，教学过程中无论是新课环节，还是练习环节，无论是“四基”内容，还是“情感态度”内容，都逐一落到实处。

全课教学设计充分考虑主体性和改善学生的学习方式。每一个重要环节，基本由学生以小组为单位独立完成。培养学生自主探究、合作学习的习惯与能力，教师在活动中只起组织者、引导者与合作者的作用。

【3】“常用的计量单位”教学设计与意图

教学内容：

常用的计量单位中的长度单位和面积单位

教材简析：

本单元涉及的所有的量与常用的计量单位在以前的各册教材中均已学过，学生都有一定的记忆和认识，对学生来说都不属于新知识。因此本单元的教学任务是让学生切实感受到量的计量源于生产

和生活实际，系统地整理、归纳、总结常用的计量单位，掌握相邻计量单位间的进率。

教学目标：

1. 使学生知道计量的产生，并能充分认识到计量在生产、生活中的重要作用。

2. 进一步理解和掌握常用的长度单位和面积单位的实际意义及单位间的进率。对每一种量的常用计量单位形成系统表象。

3. 通过“计量的产生”教学，让学生切实了解和感受数学来源于生产、生活实际，反过来数学又服务于生产、生活实际。

教学过程：

一、创设情境，深刻体会计量的产生

师：大家都知道，是前人为我们发明、创造了许多测量长度的计量单位。如，米、分米、厘米等，因此我们在测量物体或两地距离长短时就能非常容易地得出准确结果。那么同学们想一想，假设现在没有这些现成的长度单位，你会怎样测量物体或距离的长度呢？大家以小组为单位，想一想，试一试，研究研究，看哪个小组的办法多、办法好。(教师在学生小组探究过程中，深入到各个小组，倾听他们的研究过程和研究结果，同时要以合作者、参与者的身份引发学生思维，想出更好的办法来)

【设计意图】“计量的产生”这部分内容的教学，如果按常规做法，将教材上涉及的内容照本宣科地介绍给学生，结果只能是一听了之，学生不会留下深刻印象。该环节的设计，目的在于以长度单位为例，让学生在探求物体或距离长短的测量办法中，感受前人是怎样在长期的生产、生活实践中想方设法寻找一种更简便、更合理、更科学的计量单位所付出的努力和艰辛。同时也开动了学生的脑筋，引发了学生的创新意识，培养了学生的实践能力。学生可能会想出许多种办法：用一只手、用手指、用手指节、用拃、用身高、用步、用一根绳、用二根棍……做计量单位。这样做，学生对计量的产生会留下深刻的印象。

(一) 倾听每一组的汇报，并及时进行评议 (学生汇报完之后，教师要及时总结学生所想出的办法。

(二) 简介古人早期使用的计量单位。

(三) 简介我国早期使用的计量单位：尺、寸、分等。

(四) 简介我国现在使用的计量单位 (与国际接轨)。

二、自主探究，系统掌握计量单位

(一) 引言。

师：下面就来学习我国现在使用的常用计量单位。(板书课题：常用的计量单位)

师：在前面我们已经零散地学习过了常用的计量单位，现在我们来共同整理、总结学过的计量单位，加深对常用计量单位的认识。

师：同学们都知道，计量是对量而言的，不同的量要用不同的计量单位来测量，那么我们一共学了几种量呢?长度是一种量，我们还学过哪些量呢? (生：重量、面积、时间)，这节课我们共同学习有关长度和面积这两个量的常用计量单位。板书：长度单位、面积单位。

【设计意图】通过这一环节的教师引言，让学生清楚以下几个问题：一是让学生清楚我们学习的常用计量单位是同国际上使用的计量单位相一致；让学生清楚本节课的学习任务；让学生初步认识——量，知道长度、面积等都是量，同时体现了教师该讲的就讲、该揭示的就揭示。有些内容学生是无法学会，无法研究出来的。

(二) 提出问题。

师：下面以小组为单位，分工合作，认真回忆所有学过的长度单位和面积单位，并按照一定的顺序整理记录下来，看哪个小组整理记录的好。

【设计意图】合理、灵活处理教材，努力创设自主、探究、合作学习的空间，提出有一定思维容量的问题，让学生在独立思考、同组同学互补的基础上，归纳、整理、完善学过的常用计量单位：长度单位和面积单位。这样做要比把书本上现成的长度单位和面积单位表合盘端给学生的效果好。因为学生首先有一个冥思苦想、极力寻求完整答案的欲望。在此基础上听到同组同学提供了想要得到的答案，一定会印象极其深刻。另外小组之间在学习结果上还要进行评比，所以每一名学生都会为自己的团队努力争得一份荣誉。因此这样的学习方式有利于调动学生学习的积极性，引发学生的学习动机。

(三) 小组汇报。(每一组分别汇报学习结果，有实物投影的可在大屏幕上反映每一组的学习结果，并做出评议)

(四) 完善新课内容。(教师出示长度单位和面积单位表，并鼓励学生填出相邻单位间的进率)

三、科学练习，熟练运用计量单位

(一) 基本练习。

1. 写出所有学过的长度单位。

2. 写出所有学过的面积单位。

3. 在括号里填上相邻单位的进率。

平方厘米（　）平方分米，米（　）分米，千米（　）米，公顷（　）平方米，公顷（　）平方千米，毫米（　）厘米。

(二) 变式练习。

1. 填空。

5 千米=（　　）米；6 分米=（　　）厘米；

800 分米=（　　）米；60 毫米=（　　）厘米；

5 平方米=（　　）平方分米=（　　）平方厘米；

700 平方分米=（　　）平方米。

2. 在括号里填上两个单位间的进率。

米（　）厘米；分米（　）毫米；

平方厘米（　）平方米；公顷（　）平方米。

(三) 综合练习。

1. 目测教室的门，长、宽各是多少厘米，再实际测量它的长与宽分别是多少厘米。目测结果与测量结果相差大约 15 厘米为目测合格。

2. 目测桌面的面积是多少平方厘米，再实际测量后算出它的面积。目测结果与测量结果相差大约 2 平方分米为目测合格。

四、总结收获，加深理性认识

(教师鼓励学生总结本节课的主要收获，加深对常用长度单位和面积单位的认识)

【整体设计意图】第一，合理、灵活处理教材。该教学设计结合学生思维特点和认知规律，合理、灵活地进行了教材处理。没有像以往那样，完全按教材顺序向学生呈现，更没有照搬照抄教材，体现了课改及课程标准的新理念。第二，积极构建自主、探究、合作学习的新方式。深入研究教学内容，精心设计具有一定思维容量并具有一定思考性、研究性的问题，引发学生自主学习、探究、合作学习，充分体现学生的主体性，让学生真正成为课堂上的主人。第三，精心设计练习题。练习环节是巩固新知识，形成技能、技巧的重要环节。设计练习题时首先注意了全面性，即本节课涉及到的所有知识点，练习中都要考虑到不能有遗漏；其次注意层次性，即练习题呈现时充分体现由浅入深、由易到难的特点；再次注意了应用性和趣味性。比如练习中让学生估测、目测，然后再实际测量并进行比较。学生在追求估测、目测结果最接近实际测量结果的过程中，体会到了数学的应用性和趣味性。

【4】“年、月、日”的教学设计及设计意图

教学内容:

三年级 “年、月、日”

教学目标:

1. 使学生认识时间单位年、月、日。

2. 知道大月、小月、平年、闰年的知识。

3. 记住各月及平年、闰年的天数。

4. 初步了解平年、闰年的产生原因；能初步判断某一年是平年

还是闰年，帮助学生建立较长的时间概念。

5. 能应用学过的年、月、日知识解决相关的实际问题。

6. 培养学生自主学习、探究学习的习惯和能力，让学生获得学习成功的体验。

7. 结合练习内容培养学生的创新意识。

教学过程:

(在灵活处理教材的基础上；针对本节课教学内容，确立了五个主要教学环节)

一、提出问题　引发动机

知道你自己的生日吗?你还知道谁的生日？(名人的、直系亲属的、同学的……都可以。学生说出后，教师用恰当的体现人文思想的语言给予表扬)

谁知道有特殊意义的纪念日？(中国的、外国的都可以。如“六一”儿童节，新中国建国纪念日，“八一”建军节……)

师：上述问题大家已经感觉到了，都是围绕年、月、日提出的，那么关于年、月、日的许多奥秘你想知道吗?

(设计意图：用上述问题引入，生活味道浓，学生有话可说，感兴趣，由此引发学生对数学知识的学习动机)

二、合作交流　探究新知

1. 布置任务。

师：老师相信你们自己能学会，有信心吗?听清下面问题：以小组为单位学习，每组有五张不同年份的年历卡 (1999—2003 年)，小组的每名同学认真观察每一张年历卡，你发现年、月、日之间有什么关系?有什么特点?把你发现的所有内容在小组内交流，记录员记下组内每名同学交流的内容，汇报员把记下的问题进行整理，以便向全班汇报。

2. 小组学习。

【设计意图】给学生足够的时间进行小组学习。学生学习的过程中，教师以合作者的身份，深入到每一个小组，参与学生的学习，适时对学生进行启发、点拨、引导，同时搜集反馈信息。

三、汇报交流，统一见解

△比一比，看哪个组发现的问题多，发现的问题好。

△汇报员代表小组汇报本组的学习成果，本组其他同学可做补充或纠正；其他组的同学没听清或没听懂或有疑问，都可在老师允许下提出来，由汇报组的同学回答。

△学生能够或容易提出的内容包括：

所有年历中全年都有12个月；

一、三、五、七、八、十、十二月都是31天；

四、六、九、十一月都是30天；

	一月	二月	三月	四月	五月	六月	七月	八月	九月	十月	十一月	十二月
1991	31	28	31	30	31	30	31	31	30	31	30	31
1992	31	29	31	30	31	30	31	31	30	31	30	31
1993	31	28	31	30	31	30	31	31	30	31	30	31
1994	31	28	31	30	31	30	31	31	30	31	30	31
1995	31	28	31	30	31	30	31	31	30	31	30	31
1996	31	29	31	30	31	30	31	31	30	31	30	31
1997	31	28	31	30	31	30	31	31	30	31	30	31
1998	31	28	31	30	31	30	31	31	30	31	30	31
1999	31	28	31	30	31	30	31	31	30	31	30	31
2000	31	29	31	30	31	30	31	31	30	31	30	31

二月比较特殊，有的28天，有的29天；

全年有365天的、也有366天的。

△教师有条理地将学生汇报出的学习成果板书在黑板上，全体同学确认无疑后，赞赏学生们的学习能力，并告诉学生：通常把31天的月份叫大月，把30天的月份叫小月。

师：那么，这些大月、小月我们怎么来记住它呢?谁有办法?（给学生时间，让他们想出并说出自己的记忆方法，鼓励学生的记忆方法，然后教师再把书上的两种记忆方法交代给学生，最后让学生用自己喜欢的方法去记住大月和小月）

【设计意图】既给学生提供自己想办法解决问题的平台，又鼓励学生寻求解决问题的方法，策略多样化，承认学生中存在的差异性。

四、强化“双基”，深化思维

(设计意图：此环节在于完善学生在第一次学习中没有涉及的本节课的“双基”内容，如平年、闰年的产生原因，如何判断平年、闰年等)

师：那么二月为什么这么特殊呢?我们一起来研究一下好吗? (让学生阅读教材中83页分框中的一段话，然后汇报看不懂的内容，让学生初步弄清平年和闰年产生的原因)

让学生再阅读教材82页中间的一段话 (二月平年是28天——所以2003年的二月是28天)，同时观察附表内容，然后汇报阅读成果，找出平年、闰年出现的规律，掌握判断平年、闰年的一般方法，并会判断整百年份是否是平年、闰年。

【设计意图】在教师的引导下，学生通过自主、探究学习，将本节课涉及的所有知识点全部落到实处。

五、灵活应用，多向思维

1. 填空：一年有（　　）个月，31天的月份包括（　　），30天的月份包括（　　），二月是29天的那一年叫做（　　）年，平年的二月是（　　）天，平年的全年有（　　）天，全年有366天的那一年叫做（　　）年。

2. 平年和闰年的全年各有多少天?你用什么办法算的?

3. 今年的前三个月有多少天?明年的前三个月有多少天?为什么?

4. 在书上2003年年历上画出你的生日，那一天是星期几?再画出你感兴趣的几个特殊日子，说给同桌同学听。

5. 1999年、1982年、2000年、1956年各是平年还是闰年?为什么? (2000年应该强调它是400的倍数，因此它才是闰年)

6. 小丽在姥姥家连续住了两个月，她可能在姥姥家住多少天?

(设计意图：练习题的设计尽量贴近学生的生活实际，让学生感到熟悉、亲切；尽量体现针对性、目的性；尽量引发学生的多向思维)

【总体设计意图】本节课五个环节的设计，中心意图在于体现主体性，即让学生真正成为数学活动中的主人。突出在以下几个方面：一是大胆地处理教材，使其更加科学、更加适合学生学习。教材中只有一张 2003 年的年历，不如用许多年的年历来归纳年、月、日的有关规律效果更好，更容易体现由特殊到一般。教材中先涉及平年、闰年，再了解其产生原因，不如先了解产生原因，再涉及平年、闰年的认识及其判断。二是建立新的学习方式，让学生充分地自主学习、探究学习、合作学习，调动学生学习的积极性，为学生提供足够的学习时间，让学生尽情地阐述自己的观点和见解，从而实现主体性。三是教师转变角色，真正成为学生学习的促进者、组织者、引导者和合作者。

(此文发表在《辽宁教育》上面，有改动)

【5】“几分之一”的教学设计及设计意图

教学内容：

人教版《义务教育课程标准实验教科书·数学》三年级上册“分数的初步认识”第 92 页“几分之一”

教学目标

1. 结合具体情境使学生了解分数的产生及其重要作用。

2. 初步认识简单分数——几分之一。会读写简单分数几分之一。

3. 初步掌握比较几分之一大小的方法。能正确比较几分之一的大小。

4. 在小组学习中培养学生的探究学习、合作学习和实践操作学习的习惯和能力。

5. 使学生感受数学与生活的联系。

6. 结合教学内容培养学生的发散思维和创新意识。

重点难点：

初步理解几分之一的基本含义。在头脑中形成几分之一的表象，掌握比较几分之一大小的基本方法。

教具学具：

苹果4个、圆形纸片、长方形、正方形纸片若干张，白线绳若干条。

教学过程：

一、巧设悬念、引入新课

师：请你用学过的数表示相应的月饼块数。

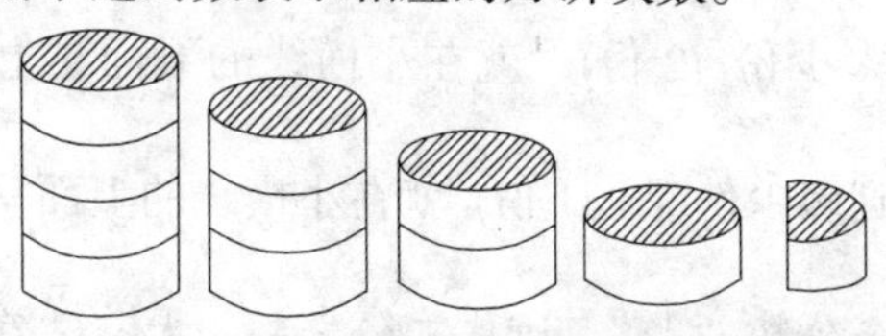

师：生产、生活中有些事物的数量不能正好用我们学过的整数表示，因此就产生了分数。那么什么是分数呢?这半块月饼用什么样的分数表示呢?我们共同来研究好吗？(板书：几分之一)

【设计意图】该环节的设计，既让学生感受到了新旧知识之间的内在联系。又抓住了新知识的生长点：既让学生感受到了分数产生的重要和必要，又激发了学生探求新知的兴趣和动机。

二、操作探索、认识分数

(一) 认识平均分

师：(取出4个苹果) 如果把这4个苹果分给2个小朋友，怎样分公平合理呢?如果把2个苹果分给2个小朋友，怎样分公平合理呢?

师：像这样每份分得同样多，这种分法就叫做平均分。

【设计意图】分数是在平均分的基础上建立起来的，在认识分数之前，充分认识、理解平均分的含义十分必要。

(二) 认识$\frac{1}{2}$

师：如果只有1个苹果要分给2个小朋友。怎样分公平合理呢?(引导学生说出：把苹果从中间切开，让两份同样多。也就是要平均分)

师：请拿出桌面上的一张圆形纸片，把它看成1个苹果，试着分一下，每个小朋友得到多少？(引导学生说出：把 1 个苹果平均分成 2 份。每个小朋友得到其中的 1 份，也就是每个小朋友得半个苹果)

师：同学们做得非常好，那么这半个苹果用什么数来表示?用整数当然不行。但是我们可以用分数来表示。大家回忆一下，我们是怎样分的 (平均分)，我们可以用一个小横线“—”表示平均分：我们平均分成了多少份 (2 份)，就在小横线的下面写上 2，即“$\frac{}{2}$”；每个小朋友得到多少份呢？(1 份) 就在小横线的上面写 1，即“$\frac{1}{2}$”。这样就得到一个分数“$\frac{1}{2}$”，读作二分之一，大家试着写一遍，读一遍。

师：大家回忆一下$\frac{1}{2}$的产生，想一想，说一说$\frac{1}{2}$表示什么意思呢？(引导学生说出：$\frac{1}{2}$的意思是把 1 个苹果平均分成 2 份，其中的一份是这个苹果的$\frac{1}{2}$，其中的另一份也是这个苹果的$\frac{1}{2}$；同时引导学生注意分苹果的时候一定要“平均分”)

师出示一个不是平均分成 2 份的圆形图提出问题：其中的 1 份是这个圆的$\frac{1}{2}$吗?为什么?

【设计意图】认识$\frac{1}{2}$是认识几分之一的基础和前提。所以教师要在学生操作、观察、思考的基础上，充分讲授$\frac{1}{2}$的形成过程，让学生尽可能理解“分子”、“分母”、“分数线”的含义，清楚其读法和写法。$\frac{1}{2}$的含义理解了，再来认识其他分数 (几分之一) 就轻而易举、迎刃而解了。

(三) 认识$\frac{1}{4}$

师：同学们拿起桌面上的一张圆纸片，仍然把它看做一个苹果。如果把它分给 4 个小朋友，怎样分公平合理呢?每个小朋友得到这个苹果的多少呢?想一想，分一分，写一写，同桌可以商量。(完成后汇报，选一名学生把分好的圆片贴在黑板上，并写出$\frac{1}{4}$)

(四) 认识几分之一

师：以小组为单位，拿出桌面上的正方形、长方形和圆形纸片、线绳，折一折、分一分，都能得到几分之一?小组的记录员把你们组得到的分数一一记录下来，比一比看哪个小组做得最好。(教师以合作者的身份深入到每个学习小组，了解他们的学习情况，发现问题及时引导、点拨，使小组学习进行得有序、有效。汇报时以小组为单位进行，调动小组的学习兴趣和激情)

师：每个小组表现得都很棒，分得很正确，得到了那么多预想不到的几分之一。同学注意看：像$\frac{1}{2}$，$\frac{1}{3}$，$\frac{1}{4}$，$\frac{1}{5}$，$\frac{1}{8}$……这样的数都是分数。你还能说出哪些几分之一的分数呢?

(五) 比较几分之一的大小

师：我们知道整数有大有小，那么分数当然也一定会有大有小。怎样比较分数的大小呢?

出示 (一)

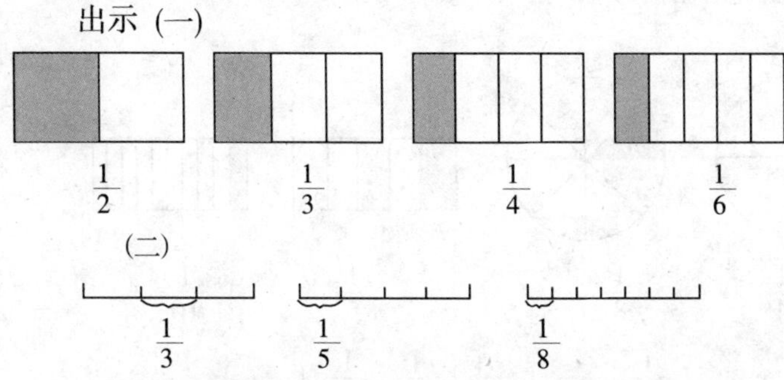

师：仔细观察上面两组图和相应的分数。你发现了什么?你能比较每组分数中两个分数的大小吗?同桌同学可以商量。

【设计意图】将教科书中的“例 3”改换成上述内容的优势在

于：上述内容既囊括了“例 3”的全部内容，同时又拓宽了学生的观察空间和思考空间，使学生更便于发现关于几分之一分数大小的变化规律，更容易比较它们的大小。与此同时也增加了做题的数量。例 3 中只有两组分数进行比较。而上述内容中会出现许多组分数进行比较。从而更加深了学生对问题的认识和理解。

三、巧设练习 巩固应用

(一) 填一填 (用分数表示阴影部分)

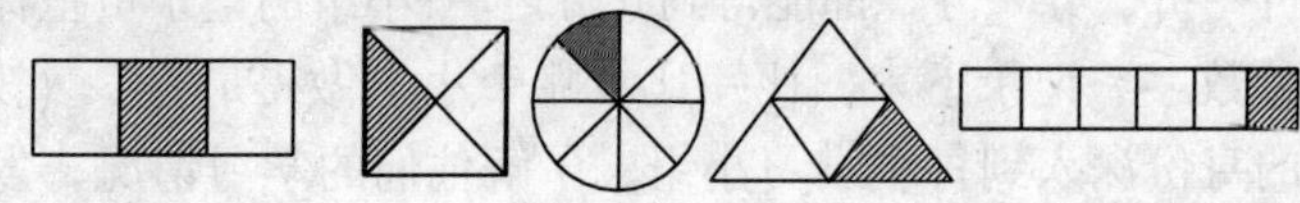

(二) 辨一辨 (用分数表示，对的画√，错的画×)

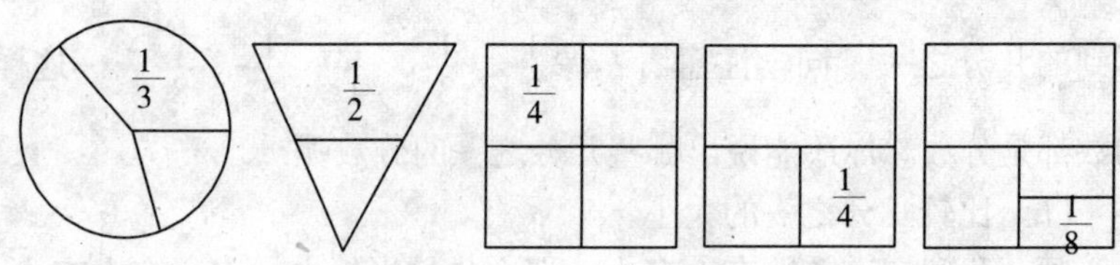

(三) 比一比 (在括号里填“<”或“>”)

(1)

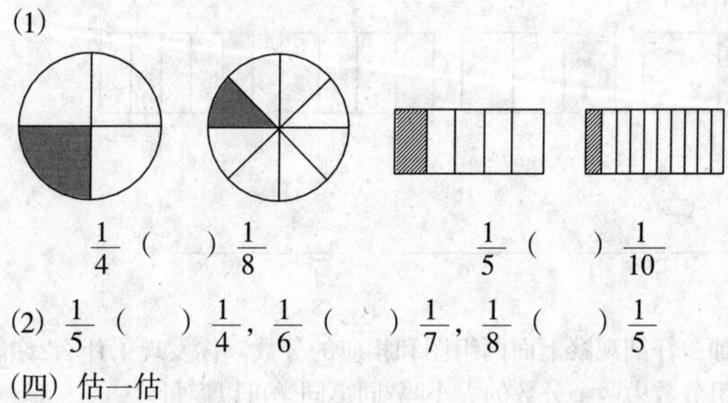

$\frac{1}{4}$ (　　) $\frac{1}{8}$　　　　$\frac{1}{5}$ (　　) $\frac{1}{10}$

(2) $\frac{1}{5}$ (　　) $\frac{1}{4}$，$\frac{1}{6}$ (　　) $\frac{1}{7}$，$\frac{1}{8}$ (　　) $\frac{1}{5}$

(四) 估一估

(1) 你的数学书放到桌面上，占了桌面的几分之一？

⑵ 你的中指长度约占手长的几分之一?

【总体设计意图】结合教学内容、学生的年龄特点和认知规律，选择恰当的学习方式进行教学。在全课设计中采用了接受学习、小组内的自主探究学习、合作学习、同桌的探究学习等方式。值得一提的是“接受学习”。它也是小学数学中非常重要且不可缺少的一种学习方式。比如在揭示“含义及形成过程”时，采用“接受学习”方式进行教学，比其他学习方式效果都要好。该教学设计的另一特点是结合学生实际，恰当地对教材中的例2、例3进行了处理，使学生的观察空间、思考空间更加开阔，更有利于学生对新知识的理解和掌握。

(此文发表在《辽宁教育》2008第七期上，有改动)

【6】“一分能干什么”的教学实录与意图

教学内容:

人教版义务教育课程标准实验教材三年级上册

教学目标:

1. 使学生认识时间单位时、分、秒。

2. 通过观察，清楚1分=60秒。

3. 通过多样化的实践活动，充分感受1秒、1分的长短，充分感受1秒、1分的意义和作用。

4. 培养学生遵守和珍惜时间的意识和习惯。

教学过程:

一、创设情境，激趣引入

1. 师：同学们，喜欢听音乐吗？我们一起来听一段音乐吧！边听音乐边观察钟面。（课件播放音乐并带有钟面，秒针走动一圈）

师：听了这段音乐，你感觉如何?

生1：我感觉太美了。

生2：我觉得像妈妈在唱摇篮曲……

生3：我感觉像回到了家里。

2. 师：老师也有同样的感觉，那你知道这段音乐有多长时间吗？

生：这段音乐播放了 1 分钟。

师追问：你是怎么知道的？

生 1：因为放音乐的时候，我看见秒针走了一圈，就是 1 分。

生 2：分针走 1 小格是 1 分。

生 3：秒针走 1 圈是 60 秒。

3. 师：钟面上哪根针是秒针呀？

生 1：又细又长的针是秒针。

生 2：走得最快的针是秒针。

师小结：钟面上又细又长，而且走得最快的针是秒针。

【意图】从学生喜欢的音乐引入 1 分，比较自然，而且能激发起学生学习的兴趣，并能真实地感受到时间就在我们的身边，数学就在我们的身边。学生观察得细致，说得也比较到位。

二、实践探索　学习新知

（一）发现分与秒的关系（钟面课件，不带音乐的）

1. 明确 1 分=60 秒。

师：让我们一起跟着秒针走一圈吧！请同学们随着秒针的走动，从 1 开始数数。（数到 60，分针、秒针停止）

师：你们发现了什么？

生 1：我发现分针走了 1 小格是 1 分。

生 2：我发现秒针走一圈是 60 分。

师：你们同意他们的说法吗？

（通过学生的再次回答，纠正前一名学生表达的错误之处：秒针走一圈是 60 秒）

生 3：分针走 1 格是 1 秒。（学生纷纷举手纠正这个学生的错误，老师给予肯定。）

随着学生的回答教师板书：1 分　　　　　60 秒

师：（指着板书）1 分和 60 秒，时间同样长吗？

生：时间同样长。

师追问：你们是怎样知道的？

生 1：我是数数知道的。（师：你是怎样数数知道的？生：我是秒针走一下数一个数知道是 60 秒）

生 2：分针走 1 分，秒针走了 1 圈。

生 3：分针和秒针是同时开始走的，又同时停的。

生 4：分针走了 1 小格，秒针正好走了 1 圈，60 小格。

师小结：分针走一小格是 1 分，同时秒针走了 60 小格是 60 秒，所以：1 分=60 秒。（教师同时板书）

【意图】通过学生自己观察、探究，明确 1 分=60 秒。体现学生学习的自主性，并充分挖掘学生的已有经验。虽然在回答问题时个别同学出现了表述上的错误，这更能引起其他同学的主意，更体现了学习的过程，即不断地改变认知错误的过程。

2. 体验“1 秒”有多长。

师：秒是比分还小的时间单位，通常用来记录比 1 分还短的时间。让我们再来感受 1 秒的时间吧。（课件出示钟面，秒针走动）学生随着秒针的走动数数，数到 7 停止。

师：我们每数一个数，时间大约是 1 秒，真的很短暂。60 个这样短暂的 1 秒就是 1 分。

【意图】学生能够明确 1 秒的长短，才能够更加准确、真实地知道 1 分的长短，为估计 1 分钟打基础。

3. 单位换算练习。

师：同学们知道了分与秒的关系，想做几道题检验一下自己的掌握情况吗？

生：想。（声音有点小）

师：同学们好像对自己没有信心。想不想啊？

生：想！（声音特别洪亮）

出示练习题。

师：看谁能在 1 分钟的时间全部做完，并做正确。准备好了吗？开始。（学生做题，教师巡视，及时发现学生出现的问题）

师：1 分钟到了，请同学们停笔。谁也不能再写了，一定要遵守规则。

师：谁愿意来说说你做的结果？

【意图】每个学生说一道题。其中 1 分 20 秒=（　　）秒；90 秒=（　　）分（　　）秒两道题，重点让学生说说是怎样算出来的。（这两道题学生都有出现错误的，先让错误学生自己分析错误原因，有一个同学不知道怎么错的。再让其他学生来发现错误，并帮助分析错误原因。这样把 6 道练习题全都解决了。但却花费了很多时间，比预计的时间多，占用了后边的时间。但我觉得这样是值得的。此环节如果想按预计的时间走，是没有问题的，完全可以叫做对的同学说答案，使自己的课堂很顺利。但是，教师上课最重要的不是教案走得怎样，而是要关注学生，尤其要抓住学生的错误资源，尽管这样会影响正常的时间分配。因此，我特意抓住了学生的错误，以引起大家的注意）

师：同学们真的很棒！都做对的同学为自己鼓鼓掌。

（二）体验 1 分有多长

1. 数心跳活动。

师：同学们，知道自己的心脏在哪吗？

生：知道。手放到了胸前。

师：摸一摸，感觉到它在跳动吗？

生：感觉到了。

师：你们想知道自己的心跳 1 分钟大约是多少下吗？我们来数一数。

师提要求：

根据自己的心跳来数数，心跳一下，数一个数。而且数的时候要绝对地安静和认真。准备好了吗？开始！（课件钟面计时。学生数心跳，教师同时数脉搏的跳动）

师：时间到。谁愿意来告诉大家你的心跳 1 分大约是多少下。

生 1：我的心跳是 1 分 60 下。

师：你的心跳 1 分只有 60 下，太慢了，你刚才可能是数慢了。

生 2：我的心跳大约是 1 分 120 下。（听课教师笑了）

师：你的心跳这么快，都快跳出来了吧！你可能是数快了。

生 3：我的心跳 1 分大约是 84 下。

生 4：我的心跳 1 分大约是 109 下……

师：你一定很紧张。我的心跳大约是 1 分 110 下。因为我现在也很紧张，其实，你们这个年龄的小朋友心跳通常是 1 分 70~90 下。特别紧张或者剧烈运动之后会跳得快一些。

生：老师，我爷爷是中医，他说人的心跳 1 分大约是 60 到 90 下，有时 70 到 90 下。

师：你懂的真多，老师刚才说的是你们这个年龄的小朋友，而不是所有的人。

（通过数心跳活动让学生初步感知 1 分的长短，贴近生活，体现了数学和生活的紧密联系。但由于孩子比较小，心跳数的不够准确）

2. 摸脉搏数心跳。

师：老师刚才说了自己的心跳，可是，我刚才把手放到这了吗？

生：没有。

师：那谁知道，我是怎样数出自己心跳次数的呢？

生：您把手放到了脉搏那。脉搏的跳动速度和心脏是一样的，您数的是脉搏跳动的次数。

师：他说得太好了！我们人体中脉搏和心脏的跳动快慢是一样的，你们知道脉搏在哪吗？

生：知道。（随即把手放到了手腕处）

（师告诉学生脉搏的具体位置，带领学生摸一摸，感觉到脉搏的跳动即可）

师：同学们可以回家之后，在爸爸妈妈的帮助下，再数一数自己的心跳或脉搏 1 分大约多少下。

3. 看 1 分动画片。

师：同学们，现在你们对 1 分有什么感受？

生1：觉得1分挺长的，数60个数。

生2：觉得1分长，心跳了那么多下。

生3：觉得1分也有点短。

……

师：同学们都有了各自的感受，让我们再来看1分的动画片吧！(课件播放动画片1分钟，学生观看。同学们看得特别认真，还不时发出笑声和议论声。1分钟到，动画片停。孩子们发出了惋惜的声音)

师：动画片看完了，你有什么要说的吗？

生1：时间太短了，还没看够呢。

生2：还想再看，没看够呢。

生3：这个动画片我看过，特别喜欢看。

……

师：同样是1分，为什么有时觉得长，有时觉得短呢？

生1：有的钟1分钟长，有的钟1分钟就短，我们家的钟和学校的就不一样。(这个回答是老师没有想到的)

师：1分无论对于谁都是一样长的，至于有的钟快，有的钟慢，那是钟表本身的问题。不会因为钟慢了，时间就不走了。

生2：喜欢做的事，就觉得时间过得快；不喜欢做的事，就觉得时间特别慢。

生3：我喜欢做的事就觉得时间很快，我不喜欢写作业，就觉得时间怎么那么慢呢。

师：看动画片很轻松，不用动脑筋，所以觉得时间过得很快；学习，写作业，需要动手，动脑，而且学习是一件很辛苦的事情，所以会觉得时间慢。

师：同学们，你们也有同样的感觉吗？看来，如果我们喜爱自己去做的每一件事情，就会过得很快乐。时间老人是公平的，它不会偏袒任何一个人，就看你怎样去利用它。比如，我们喜爱学习，就不会为每天写作业和上课而发愁了，就会愉快地度过每一天。

(让学生体验到1分很短。进而思考1分有时觉得长，有时觉得短的原因，同时对学生进行思想教育)

(三) 1分能干什么

1. 学习上1分能干什么。

师：看来，1分还真的很奇妙！那1分能干什么呢?

教师板书课题：1分能干什么

师：老师给同学们准备了一些事情：如折纸、画画、读文章、背乘法口诀、写字、做口算题……

每组的信封里都有为这些活动准备好的材料，请同学们选一件自己喜欢做的事情，看看自己1分能完成多少。看哪个小组的同学准备的最快，最安静。(学生在小组内选事情，做准备)

师：都准备好了吗?时间1分，到时间马上停下来，一定要遵守规则。开始！(学生活动，教师巡视，钟面计时)

(学生在小组选取事情时比较慢，而且有个别同学没有听清要求，选好了就开始做，耽误了一点时间。老师同时针对此现象对学生进行了注意倾听的教育)

师：时间到。谁愿意向全班同学汇报你的完成情况：你1分钟做了什么事情，做了多少?

生1：我1分钟读了1篇课文。

生2：我1分钟折了个小纸飞机。

师：还有谁选的折纸，把你们的折纸都举起来让大家看看，多漂亮。

生3：我选择的是画画，我1分画了一个向日葵形的钟。

师：举起来让大家欣赏一下。其他画画的小朋友也把你的作品举起来，让大家看看。还有做其他事情的吗?

生4：我选择的事情是背乘法口诀，我背完了1~9的全部乘法口诀。

……

师：听了大家的汇报，你想说什么?

生1：我想说他们折的纸很好看。（有些偏离主题）

生2：我想说他背的乘法口诀很快。

生3：我想说1分钟能干这么多事情，也挺长的。

……

要求：把刚才做的作品都压到数学书的下面。

2. 生活中1分能干什么。

师：学习上1分钟能干这么多事情，那生活中1分能干什么事情呢？

生1：1分钟可以踢毽子。

生2：1分钟可以帮妈妈刷碗。（你真是个爱劳动的好孩子）

生3：1分钟可以跑步。

生4：1分钟可以爬楼梯。

……

师：回家后可以在爸爸妈妈的帮助下，算一下，这些事情自己1分钟能做多少。

【意图】通过活动让学生体验到1分可以干很多事情。无论是学习上，还是生活中，都应该利用好时间，不能随便浪费掉1分1秒的时间。对学生进行珍惜时间的教育。

（四）估计1分有多长

师：同学们，现在你们对1分又有新的认识了吧！让我们休息1分钟，轻松一下吧。

请同学们选择自己喜欢的休息方式，估计到了1分就回座位做好，看谁估计得最准。（放音乐，学生休息，等全班同学几乎都坐好了，音乐停止）

师：你是最早回到座位的，是怎么估计这1分的？

生：我没有方法，就是凭感觉。

师：老师告诉你，你的感觉偏差有点大，老师看了时间，你大概在半分钟时就坐好了。

师：还有别的办法估计1分有多长的吗？

生：我是用数数的方法，数到60。

师：什么样的速度数的?

生：按照秒针走的速度数的。

师：用数数的方法来估计1分钟，又方便，有简洁，而且很准确。这位同学就是大概在58秒的时候坐好的。

(培养学生的估测能力，探讨估计1分的方法，明确最简单、准确、方便的估计方法)

(五) 1分钟记忆大赛

师：同学们，首都北京去过吗? 孙老师游览过北京的许多风景名胜，想看看吗?

师：老师用1分钟的时间播放一些景点，你们仔细看，快速记忆，看谁记得最快。(课件播放，学生记忆)

师：谁愿意来说一说。

生1：我记住了天安门和天坛。

师：谁还能补充?

学生进行补充，几个学生把所有的景点说全了。

(这一环节的设计意图是让学生进行比赛，看谁记忆的多，但由于时间很紧，就改变了初衷，而是让学生补充，合作把景点说全了。影响效果)

师：同学们真棒！把所有的景点都记住了。看来还是集体的力量大。老师希望同学们在以后的学习和生活中能够有合作意识，这样对自己的进步有很大好处。

(进一步使学生感受到1分钟的重要，可以看那么多的画面，可以记住那么多的东西。培养珍惜时间，利用时间的好习惯)

三、总结引导，课外延伸

师：四十分钟马上就要过去了，此时你想说什么?

生1：我觉得这节课过得太快了，还没上够呢。

生2：我觉得这四十分钟太快了，好像十几分钟。

……

师：你们都有这种感觉吗？举起手让老师看一看。（全班的小朋友几乎都举起了小手）

师：看来这节课你们过得很高兴！老师希望你们都能做时间的主人，快乐地度过每一天！这有两个关于时间的格言。（课件出示格言，师生一起读格言）

希望这些格言能激励你们快乐地成长！

（小结，让学生再一次感受到时间的重要，一节课过得很愉快，便会觉得时间很快。让学生真正体验到学习的乐趣。出示时间格言意在进行课外延伸，激励学生）

第三节　高年级（五、六年级）

【1】“百分数的意义和写法”的教学设计与意图

教学内容：

六年级“百分数的意义和写法”

教学目标：

1. 使学生在自主探究、研讨合作学习中，理解、归纳百分数的意义；在教师指导下能正确读、写百分数；通过比较理解百分数和分数的联系与区别。

2. 使学生充分体会百分数在日常生活中的广泛应用；能应用百分数解决生活和学习中的简单问题。

3. 培养学生的归纳、概括能力。培养学生自主、探究、合作学习的习惯和能力。

4. 结合教学内容及练习内容培养学生的创新意识。

教学重点：

在理解的基础上掌握百分数的意义。

教学难点：

切实理解百分数与分数的区别和联系。

教学过程:

一、联系生活，提出问题

(一) 放录像

播放超市里面花样繁多、琳琅满目的商品。(包括毛衫、T恤衫、内衣、外衣，以及橙汁、葡萄酒、啤酒、白酒，等等) 播放过程中不断将每一样商品的标签涉及百分数的地方打出特写镜头。

(二) 提问题

在播放的录像中你看到了什么?想到了什么? (引导学生回答：看到了许许多多的商品，而且每样商品中都涉及百分数。想到百分数在我们的生活中用处很大……)

(三) 引新课

师：同学们观察得很仔细，说得也非常好。的确百分数在我们的生活中经常可以用到，百分数与我们的日常生活密切相关。那么究竟什么是百分数呢?它的意义是什么呢?这节课我们共同来研究这一问题，好吗? (板书课题：百分数的意义和写法)

【设计意图】该环节的设计充分体现了"人人学有价值的数学"，"数学来源于生活"，"生活离不开数学"的新课程理念，也为激发学生学习数学的欲望打下基础。

二、创设情境，认识问题

(一) 出示信息

光明小学六年级五个班准备进行三分球投篮大赛。六年一班的李明和张强是全班的投篮高手。两个人的以往成绩如下表：

	投篮总次数	投中次数	
李明	20	16	
张强	25	18	

师：根据上面信息，怎样确定让谁参赛呢?为什么?

(二) 小组学习

师：下面以小组为单位，思考、研究、解决这一问题。(教师

深入各小组参与学生的学习活动，引导学生按正确的学习思路学习，帮助学生解决在学习中遇到的困难)

【设计意图】有效的小组学习，是改善和建立新的学习方式的最佳途径。该环节力图创设有一定容量和难度的问题情境，为实现有效小组学习打下基础。学习中利用同化和顺应原理，实现分数向百分数过渡。进而理解百分数的基本含义。同时也注重发挥教师在学生小组学习中的组织者、引导者和合作者的作用。

(三) 小组汇报

学生汇报以下内容：(1) 确定李明和张强哪名同学应该参加比赛。(2) 说明理由：李明投篮的结果用分数表示是$\frac{16}{20}$，即李明投中的球数是它投篮总数的$\frac{16}{20}$；张强投篮的结果用分数表示是$\frac{18}{25}$，即张强投中的球数是他投篮总数的$\frac{18}{25}$。而$\frac{16}{20}$与$\frac{18}{25}$两个分数不方便直接比较大小，因此，可以将它们通分后再比。通分后李明投中的结果是$\frac{80}{100}$，张强投中的结果是$\frac{72}{100}$，这样可以清楚地看出$\frac{80}{100}>\frac{72}{100}$，所以我们同意选李明参加投篮大赛。

(四) 揭示百分数意义

师：同学们注意，像$\frac{80}{100}$和$\frac{72}{100}$，都是百分数，那么，到底什么叫做百分数呢？结合下表内容，同桌同学归纳、总结一下。

	投篮总次数 (另一个数)	投中次数 (一个数)	分数	百分数
李明	20	16	$\frac{16}{20}$	$\frac{80}{100}$
张强	25	18	$\frac{18}{25}$	$\frac{72}{100}$

引导学生从两个分数的意义，过渡到两个百分数的意义，实现

“迁移”和“同化”，即$\frac{16}{20}$，$\frac{18}{25}$表示的都是一个数是另一个数的几分之几，而$\frac{80}{100}$，$\frac{72}{100}$则表示的都是一个数是另一个数的百分之几，所以百分数就是表示一个数是另一个数的百分之几的数。

学生汇报后板书：表示一个数是另一个数的百分之几的数，叫做百分数。百分数也叫做百分率或百分比。

(五) 百分数的写法

师：你见过百分数吗？怎么写的？试着写一个。

师：百分数通常不写成分数的形式，而在原来的分子后面加上一个百分号“%”。比如可写成 80% (强调书写百分号时的注意问题)，读作百分之八十。，那么怎样改写，怎样读呢？(一名同学黑板前完成，全班同学将两个百分数改写在练习本上，并读出来)

(六) 比较百分数和分数的异同

师：想一想，百分数和分数的相同点和不同点是什么？

引导学生：分数不仅可以表示数量间的关系还可以表示数量。而百分数只表示两个数量间的关系。

【设计意图】此环节充分体现以学生为主体，让学生真正成为课堂上的学习主人的教学思想，通过小组学习、同桌学习、独立思考等形式，让学生发现问题、分析问题和认识问题。

三、合理应用，解决问题

(一) 说出百分数的意义

师：大家在前面的录像中看到那么多百分数，现在能说出它们的含义吗？

1. 白酒标签中写到“酒精度：38%”

2. 橙汁饮料的标签中写到“橙汁含量不少于 10%”

3. T 恤衫标签中写到“羊绒：5%，羊毛：41.5%，天丝：31.3%，……”

4. 爱人果汁的标签中写到：“原果汁含量>40%”

【设计意图】该组练习充分体现新课程倡导的“来源于生活→转

化为数学→应用于实际”的思想。学生用学到的数学知识，真正解决了生活中的现实问题，使学生感受学到的数学是有价值的数学。

(二) 填写百分数 (每人一张题签，20 题，半分钟内完成)

$\frac{87}{100}$=（ ）；$\frac{101}{100}$=（ ）；$\frac{40}{100}$=（ ）；

$\frac{1.01}{100}$=（ ）；$\frac{72}{100}$=（ ）；$\frac{200}{100}$=（ ）；

百分之五十：（ ）；百分之一：（ ）；百分之三百（ ）；

$\frac{79}{100}$=（ ）；$\frac{97}{100}$=（ ）；$\frac{205}{100}$=（ ）；

$\frac{14.5}{100}$=（ ）；$\frac{20}{100}$=（ ）；$\frac{400}{100}$=（ ）；

$\frac{2}{100}$=（ ）；$\frac{9}{100}$=（ ）；$\frac{4.1}{100}$=（ ）；

$\frac{100}{100}$=（ ）；百分之零点五:（ ）。

师：时间到! 停笔。看投影对答案。回答：(1) 你做对了几道题?完成了百分之几?没完成的占这套题的百分之几? (2) 你做对了百分之几?做错了百分之几?其他同学猜一猜他做对了几道题?做错了几道题?

【设计意图】该组题既提高了练习效率，又增强了数学的应用性。

（三）判断对错 (对的画√，错的画×)

1. 一堆煤重$\frac{77}{100}$吨。（ ）

2. 一堆煤重 25%吨。（ ）

3. 一堆煤运走了 25%。（ ）

4. 分母是 100 的分数一定是百分数。（ ）

5. 百分比也是百分数。（ ）

（四）谈谈你在这节课上满意的程度占百分之几，遗憾的地方占百分之几，为什么?

(此文章发表在《辽宁教育》2008 第九期上，有改动)

【2】“比的基本性质”的教学设计与意图

教学内容：

六年级“比的基本性质”

教学目标：

1. 理解并掌握比的基本性质。

2. 理解“最简单整数比”及“化简比”的含义。

3. 能正确应用比的基本性质化简整数比和小数、分数比。

4. 弄清化简比与求比值的联系与区别。

5. 结合教学内容让学生了解事物之间的内在联系，培养学生的自主、探究学习能力和发散思维能力。

教学重点：

掌握比的基本性质并能正确应用比的基本性质解决具体问题。

教学难点：

弄清化简比与求比值的区别和联系。

教学过程：

一、温习旧知　引入新课

1. 想想填填

$\frac{36}{72}=\frac{9}{(\quad)}=\frac{(\quad)}{36}$，

$24\div12=48\div(\quad)=\frac{(\quad)}{(\quad)}=(\quad):(\quad)$

2. 想想说说

①除法的基本性质是什么？

②分数的基本性质是什么？

3. 总结“1”填空题，感知除法和分数基本性质的应用，并清楚除法、分数和比的关系。

【意图】以上复习准备内容。为导出比的基本性质打下了坚实的基础，因为比与除法、分数有密切联系。如果学生对除法和比的有关知识清楚了，以此为生长点，再学习比的基本性质就水到渠成了。

二、自主探究 同化新知

(一) 比的基本性质

1. 导言：除法和分数的基本性质我们都清楚了，那么比的基本性质是什么呢? (板书课题)

2. 对学生提出学习目标 (简要提出即可)。

3. 提问：分数和比的关系是什么?

(引导学生说出分数的分子相当于比的前项、分母相当于比的后项)

4. 提问：根据分数的基本性质你能试着总结出比的基本性质吗?

(给学生留有思考时间，可自己试着归纳，也可同学之间研究总结，必要时提示学生，把分数基本性质中的“分数”换成“比”；把“分子”、“分母”换成“前项”、“后项”，就可以得到比的基本性质)

【意图】这样做有利于促进学生把“比的基本性质”这一新知识，纳入到原有认知结构当中，使所学知识形成网络，便于学生理解和掌握。

5. 师生共同归纳概括出比的基本性质，并结合分数基本性质使学生理解比的性质中“零除外”的道理。

6. 在理解的基础上熟记比的基本性质。

(二) 比的基本性质的应用

1. 导言：学习比的基本性质目的在于应用它解决具体问题。应用比的基本性质可以把比化成最简单的整数比。

2. 那么什么是最简单的整数比呢?我们先来回忆一下最简分数的概念，由此导出最简比的概念：比的前后两项是互质数。

3. 判断哪些是最简比？哪些不是?

3:2；　$\frac{2}{3}$；　42:63；　$\frac{13}{17}$；　$\frac{36}{16}$

4. 导入化简比：那么不是最简比的“42:63”“$\frac{36}{16}$”等，我们可以应用比的基本性质化成最简单的整数比。

5. 学习例 1，把下面各比化成最简单的整数比。

(1) 42:63　　(2) $\frac{36}{16}$

(可让学生独立完成，完成后引导学生讲清如何应用比的基本性质将比化简的，并强调结果的写法和读法)

6. 学习例 2。

(1) 导言：整数比我们会化简了，那么小数比和分数比应该怎样化简呢?

(2) 例 2，化简下面各比：

1.35 : 9；　$\frac{1}{6}:\frac{2}{9}$

(可先让学生看书自学，理解教材中的化简思路，然后指名汇报学习收获，最后教师强调，不是整数比的，要先应用比的基本性质，把它们化成整数比。然后再按照整数比的化简方法进行)

【意图】这样总结可把分数比、小数比与整数比紧密联系起来，使知识再一次形成网络。

(3) 例 2 的两个比也可以采用其他方法进行化简。

7. 新课小结：在应用比的基本性质化简比时。可以采用各种方法进行，或者采用分数约分的形式，或者采用除的形式等都可以。但化简的结果必须写成比的形式，必须按比的读法去读。

三、应用新知　解决问题

(一) 填空

1. 比的前项和后项都（　），这叫做比的基本性质。

2. 比的前项和后项是（　），叫做最简单的整数比。

3. 除法里的（　），分数里的（　），比的（　），都不能为零。

4. ①4 : 2 的最简比读作（　），比值（　）。

②2 : 4 化简后是（　），读作（　）；它的比值是（　），读作（　）。

(二) 化简下列各比：

(1) 21 : 63　(2) 35 : 120　(3) 3.4 : 0.85　(4) $\frac{1}{2}:\frac{1}{3}$

【意图】此组题安排学生板演，进行半独立性练习，让下面的同学不会做时有参照。动笔练习的开始阶段这样做是必要的，符合学生的认识规律。板演同学做完题后，要选择有代表性的题目，让学生说出化简比的思路，让全体学生对化简比的思维过程有一个再认识。

(三) 化简各比 (独立完成)

(1) 2.2 : 12.1　(2) 4.5 : 12.6　(3) $\frac{5}{6}:\frac{15}{24}$

(4) $\frac{6}{0.75}$　(5) $3\frac{1}{3}$：$2\frac{1}{2}$

(四) 化简下列各比

4 厘米 : 2.2 米　4 小时 : 30 分钟

【意图】通过此组题练习，让学生明确，化简比时同类量比的前、后项的单位必须统一，然后才能按化简比的方法进行化简。

(五) 判断下列各题是否正确 (对的在括号里画√，错的画×)

(1) 12 : 24 化简后是二分之一。（ ）

(2) $\frac{1}{2}$: $\frac{1}{3}$的最简比是$1\frac{1}{2}$。（ ）

(3) 求比值与化简比有时方法相同。（ ）

(4) 0.2 : 0.3 不是最简比。（ ）

(5) 比值与最简比的读法不同。（ ）

【意图】此组题的设计，意在训练学生对化简比、最简比、求比值等知识的深化，从而熟练掌握这部分内容。

(六) 已知比值能求出两个数的比吗?

(1) 甲数与乙数的比值是 0.8。

(2) 长方形的长与宽的比值是 5。

(此文发表在《辽宁教育》1996 第一期上，有改动)

【3】“能被 3 整除的数的特征”教学设计与评析

教学内容:

人教版《九年义务教育六年制小学数学》第十册第 55~56 页内

容

教学目标:

1. 使学生掌握能被 3 整除的数的特征，能正确、迅速地判断一个数能否被 3 整除。

2. 通过学习培养学生观察、操作、分析、概括、归纳等能力。

3. 培养学生的探索精神，在探索中体验成功的喜悦。

4. 结合探究内容和练习内容培养学生发散思维和创新意识。

教学重点:

探求并理解能被 3 整除的数的特征。

教具学具:

数字卡片、数位表等。

教学流程:

一、创设情境　激趣导入

师：老师不用计算就能知道哪些数能被 3 整除，哪些数不能，你们信不信？试试看好吗？你们说数，老师来判断。

(学生们纷纷举出愈来愈大的数，老师对答如流，准确无误。并把能被 3 整除的数写在黑板上，学生们惊奇了，这里到底有什么“诀窍”呢?此时教师及时导入)

师：难道老师有什么魔法吗?到底怎样判断一个数能否被 3 整除?能被 3 整除的数有什么特征呢?你们一定很想知道吧！这节课我们就来探究“能被 3 整除的数的特征。” (板书课题)

【评析】“兴趣是最好的老师”。教学一开始就把学生带入积极探索的情境之中，求知若渴的情绪被激发起来。学生迫不及待地期望找出答案，从而成为主动探索者。正所谓“一石激起千层浪”。

二、动手实践　探究新知

(一) 小组合作，实践探究

师：下面以小组为单位，同学们动手实践，利用老师发给你们的材料袋① (材料袋“①”里面是写有若干个数据的字条，这些数分别是 48、64、76、87、102、111、125、186、257、321、360、

655、675、732、952、1100、1285、3050、4335、5006) 想办法弄清楚这些数字哪些能被 3 整除?这些数有什么特征?哪些数不能被 3 整除?整理后写下来。再利用老师发给你们的材料袋② (材料袋“②”里面是数字卡片，第一组标有 1、2、3 的三个卡片，第二组标有 1、2、4 的三个卡片) 用每组的三个卡片组数。看每一组三个卡片上的数都组成了哪些数?哪一组的三个数组成的数能被 3 整除?这些数有什么特征?小组同学认真研究、密切合作，比一比看哪个小组用时短，问题解决得好。开始动手吧!

(小组学习过程中，教师以引导者、合作者的角色深入到各个小组之中，倾听和了解他们的研究情况，收集反馈信息，发现问题及时启发、引导和点拨)

【评析】知识、经验的积累来源于大量的实践，只有经过亲历才能获取感性的体验，才能加深对知识的理解。学生学习数学的重要途径和方法之一是动手操作。本环节中，采用小组合作学习的方式，注重让学生在动手实践的过程中去体验、感悟、发现。在这个亲历的过程中，学生需要操作、需要研究、更需要合作。教师通过设计给数据分类、用卡片组数的活动，帮助学生探究哪些数能被 3 整除。通过这样的活动，充分发挥了学生学习的主体性，让学生积极主动地获取知识，学生的实践能力、创新精神得到了培养。同时。通过有效的小组合作学习，又培养了探究意识和合作意识，实现了在活动中体验和学习数学的目的。

(学生探究后，小组间交流收获和发现)

(二) 汇报展示

师：哪个小组愿意向同学们展示一下你们的研究结果?汇报时要注意说清楚你们组选用的是哪种材料袋，是怎么做的，得到了什么结论。没说清楚的，本组其他同学可以补充。开始吧!

学生可能汇报出：

1. 能被 3 整除的数有：48、87、102、111、186、321、360、675、732、1785、4335。

2. 不能被 3 整除的数有：64、76、125、257、655、952、1100、

3050。

3.用集合图表示：能被 3 整除的数　　不能被 3 整除的数

能被 3 整除的数	不能被 3 整除的数
48、87、102、111、186、321、360、675、732、1785、4335	64、76、125、257、655、952、1100、3050

4. 可能会用卡片组出 123、132、213、231、312、321、124、142、214、241、412、421 这些数。

5. 还可能汇报出：

(1) 用 1、2、3 三个数组成的数能被 3 整除。

(2) 用 1、2、4 三个数组成的数不能被 3 整除。

6. 还可能概括出：

(1) 这些数各个数位上的数字相加的和都是 3 的倍数。

(2) 这些数都有约数 3。

(3) 这些数各个数位上的数字之和都能被 3 整除。(教师将小组汇报的内容简要地写在黑板上。并适时点评)

师：同学们真的不简单！能够用不同的方法探究出了能被 3 整除的数的特征。为自己出色的表现鼓掌加油!

(教师边点评边用彩色粉笔将黑板上已写出的能被 3 整除数的特征圈画出来)

(学生边读边理解特征)

【评析】学生经历了从具体到抽象的过程，由感性认识上升到理性认识，便于理解和接受。突出了重点，给学生知识建构的机会和时间。在汇报展示的过程中培养了概括、推理和合作交流的能力。

三、巩固应用　强化新知

1. 判断下面的数哪些能被 3 整除。

29，655，2016，5988，45600。

2. 请写出三个能被 3 整除的数。

3. 下面说法对吗?说说理由。

(1) 能被 3 整除的数都是奇数。　( )

(2) 能被 9 整除的数，都能被 3 整除。　( )

(3) 个位上是 3、6、9 的数都能被 3 整除。　( )

(4) 510 这个数能同时被 2、3、5 整除。( )

4. 364 和 1040 这两个数能不能被 3 整除?怎样改动一下使它能被 3 整除?

5. 在下面每个数的 □ 里填上一个数字。使这个数有约数 3。各有几种填法?

□8 ， 5□2 ， 23□1

6. 动手写一个能被 3 整除的四位数，在这个四位数中不出现 3、6、9 三个数字。

7. 下面是一位学生做的题，你能很快地判断出这两题算得对不对吗?

6493×3=19379；6493+3=2165。

【评析】学生对数学概念的理解、规律的认识和掌握不是一次完成的。对知识的理解总是经历了一个不断深化的过程。因此，设计巧妙、精当的练习显得尤为重要。练习中，既有运用新知的直接判断，更有不断变化的变式练习，体现了趣味性、层次性、针对性、开放性和发展性。对促进学生牢固掌握新知，灵活运用新知起到了很好的作用。

四、评价反思　感受成功

1. 引导学生回顾本课学习内容，说一说学到了哪些知识，是怎样学的?

2. 引导学生说说这节课学习的感受，谈谈自己最成功、最自豪的是什么。

【评析】由学生总结所学内容，有利于促进学生的知识建构。“说一说是怎样学的”，既总结了学法又体现了“重结论更要重过程”的理念；“谈感受”，旨在让学生体验成功的喜悦，感受学习数学的快乐。

【总评】《数学课程标准》明确指出："动手实践、自主探索、合作交流是学生学习数学的重要方式。"本设计能立足于学生的主体发展，重视学生的主动参与，创设学生自主实践的活动空间。整个设计可以看出，教师把课堂当作学生学习知识的展示台，提供给学生充分的学习时间和机会，放手让学生探究，尽可能地让学生去动手、去操作、去实践，并通过有效的小组合作学习，引导学生在实践和论证中学习知识。在探究和交流中掌握规律。在发现和思考中发展能力。在体验和感悟中培养情感。

(此文发表在《辽宁教育》2008 第三期上，有改动。作者：袁立明 刁悟)

【4】"分数乘以分数"的教学设计

教学目标：

1. 使学生理解并掌握分数乘以分数的计算方法，并能正确计算分数乘以分数的试题。

2. 训练学生思维，培养学生积极动脑、勇于探索问题的精神。

重点难点：

正确理解单位"1"的一部分的几分之几是单位"1"的几分之几。

教具学具：

教师学生分别准备长、正方形纸片各一张，多媒体及实物投影等。

教学过程：

一、理解几分之一乘以几分之一的含义

通过长、正方形纸片初步理解单位 1 的几分之几的几分之一是这个单位 1 的几分之几。

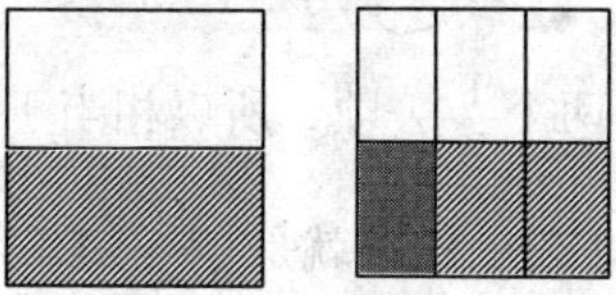

教师出示一个正方形（如图），然后问学生："阴影部分占正方形的$\frac{1}{2}$，那

么阴影部分的$\frac{1}{3}$相当于这个正方形的几分之几?”指导学生得到上图，即阴影部分的$\frac{1}{3}$是这个正方形的$\frac{1}{6}$。

再请每名学生将准备好的长方形纸片折出$\frac{1}{3}$，涂上斜线，再折出涂斜线部分的$\frac{1}{2}$向另一方画出斜线。得到两种折法如图：并说一说这个“$\frac{1}{2}$”相当于这个长方形的几分之几?

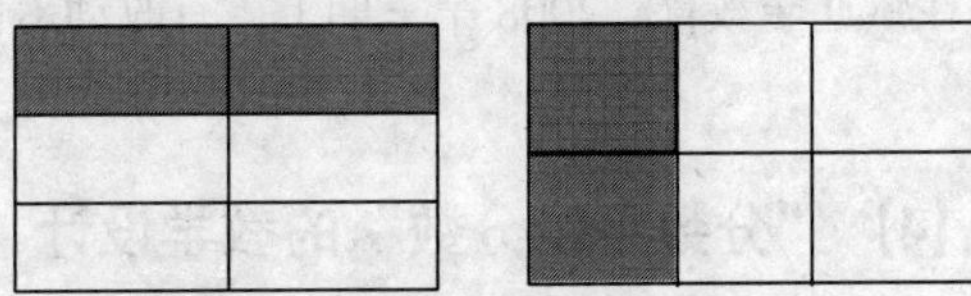

二、深入理解分数乘以分数的含义

在上面问题的基础上，让学生理解例题：

一台拖拉机每小时耕地$\frac{1}{2}$公顷，$\frac{1}{5}$小时耕地多少公顷？$\frac{3}{5}$小时耕地多少公顷?

师生研究讨论：1 小时耕地$\frac{1}{2}$公顷（如图示)，求$\frac{1}{5}$小时耕地多少公顷，实际就是求$\frac{1}{2}$公顷的$\frac{1}{5}$是多少?

根据分数乘法的意义，列式为$\frac{1}{2}\times\frac{1}{5}$，用图来表示如下图：

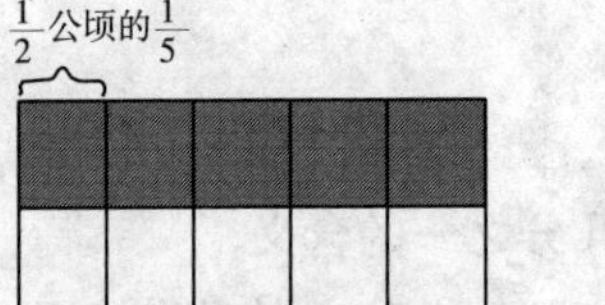

就是把$\frac{1}{2}$公顷平均分成 5 份，取其中的 1 份，因为 1 公顷中有两个$\frac{1}{2}$公顷，所以相当于把 1 公顷平均分成了 (2×5) 份，取其中的 1 份，结果就是$\frac{1}{2\times5}\times1=\frac{1\times1}{2\times5}$。所以 $\frac{1}{2}\times\frac{1}{5}=\frac{1\times1}{2\times5}=\frac{1}{10}$ (公顷)。

求$\frac{1}{2}$公顷的$\frac{1}{5}$我们会推算了，那么求$\frac{1}{2}$公顷的$\frac{3}{5}$该怎样推算呢？实际上就是把$\frac{1}{2}$公顷平均分成5份（把1公顷平均分成“2×5”份）取其中的3份，即 $\frac{1}{2}\times\frac{3}{5}=\frac{1\times3}{2\times5}=\frac{3}{10}$ （公顷）。

答：（略）

例题中的思考过程可借助学生手中的长方形纸片，边操作边思考，有利于学生对问题的理解。

结合例题与学生共同总结分数乘以分数的计算方法，即：

分数乘以分数，用分子相乘的积做分子，分母相乘的积做分母。

三、练一练

1. 用大投影演示：单位“1”一部分的几分之几是单位“1”的几分之几？

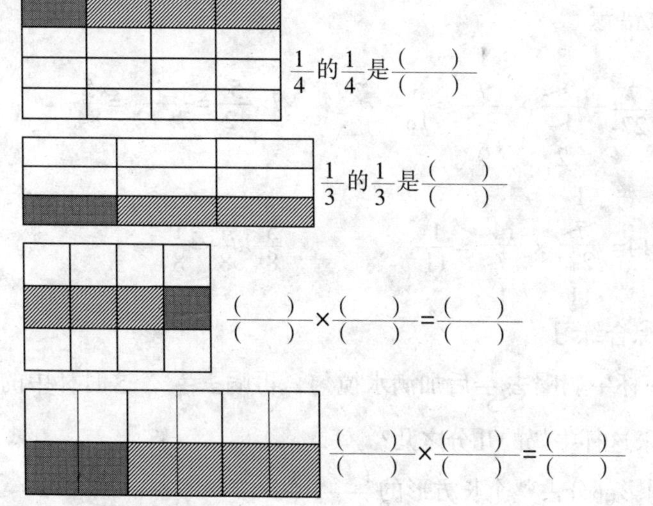

四、练习与应用

（一）基本练习（将书中例4的内容安排在此，既省时又有利于培养学生独立思考的能力）

前两题学生遵循计算法则计算，不会出现问题，第3小题有可能出现下面几种情况：

① $\frac{3}{4}\times\frac{8}{9}=\frac{3\times8}{4\times9}=\frac{24}{36}$，　　② $\frac{3}{4}\times\frac{8}{9}=\frac{\overset{1}{3}\times\overset{2}{8}}{\underset{1}{4}\times\underset{3}{9}}=\frac{1\times2}{1\times3}=\frac{2}{3}$

③ $\frac{3}{4}\times\frac{8}{9}=\frac{3\times8}{4\times9}=\frac{\overset{2}{\cancel{24}}}{\underset{3}{\cancel{36}}}$，　　④ $\frac{\overset{1}{\cancel{3}}}{\underset{1}{\cancel{4}}}\times\frac{\overset{2}{\cancel{8}}}{\underset{3}{\cancel{9}}}=\frac{1\times2}{1\times3}=\frac{2}{3}$

总结时，教师就第 3 题强调计算时能约分的要先约分，然后再乘，这样比较简便。计算熟练以后可直接用第四种方法计算。

计算前教师可提示学生：任何整数都可以看成分母是 1 的分数。所以整数与分数相乘，也可以看成分数与分数相乘。

(一) 混合练习

$\frac{1}{8}\times\frac{5}{6}$　　$\frac{7}{12}+\frac{5}{24}$　　$3.25\div0.5$　　$12-3\frac{1}{2}$

(2) 改错题

$\frac{9}{14}\times\frac{7}{27}=\frac{\overset{3}{\cancel{9}}}{\underset{2}{\cancel{14}}}\times\frac{\overset{1}{\cancel{7}}}{\underset{9}{\cancel{27}}}=\frac{3}{18}$　　$7\times\frac{5}{12}=\frac{5}{7\times12}=\frac{5}{84}$

$\frac{7}{22}\times14=\frac{\overset{1}{\cancel{7}}}{\underset{11}{\cancel{22}}}\times\frac{\cancel{14}}{\underset{1}{\cancel{7}}}=\frac{1}{11}$　　$\frac{5}{8}\times\frac{4}{8}=\frac{1}{8}$

(三) 综合练习

(1) 一杯牛奶喝去$\frac{1}{5}$后加满水搅匀，再喝去$\frac{1}{2}$，这时杯中的纯牛奶占原来这杯牛奶的几分之几?

(2) 阴影部分占整个长方形的$\frac{(\quad)}{(\quad)}$。

(该组题可向学生做些提示)

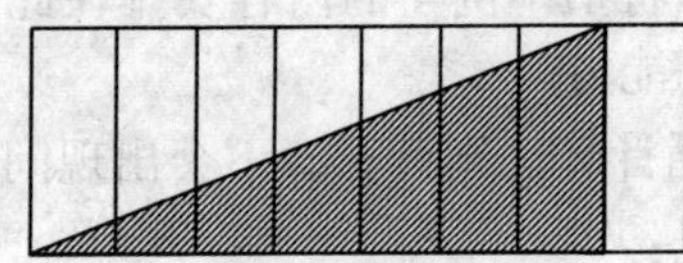

第二章　空间与图形

第一节　低年级（一、二年级）

【1】“左右”教学实录与评析

1. 师：好玩吗?你们知道吗，“左、右”在生产、生活中的作用可大了，生产、生活中离不开“左、右”的常识，你想真正认识和掌握“左、右”吗?我们现在就开始研究左右。(板书课题:左、右)

举起手来我们一齐写一个左字，再写一个右字，观察一下左和右这两个字有什么差别呢?

生：横撇下面加“工”字的就是“左”字，横撇下面加“口”字的就是右字。

2. 师：同学们看一看，想一想，结合教室的环境用上“左、右”说一句话。

生：我右边坐的是李晓艳，左边坐的是张丹。

生：我的右手比左手更灵活。

生：我的左边有两行桌子，右边有一行桌子。

生：……

3. 师：我们再来做个游戏好吗?游戏的名字叫“快速抢答不出错”。我们一齐先来按要求摆文具，再来抢答。(一名同学到黑板上摆文具模型) 准备好了吗?最左边摆橡皮，最右边摆格尺，右边数第二位摆卷笔刀，左边数第二位摆铅笔，中间摆文具盒，摆完了吗?我们一齐来观察黑板上的同学摆放得对吗?你和他摆的一样吗?

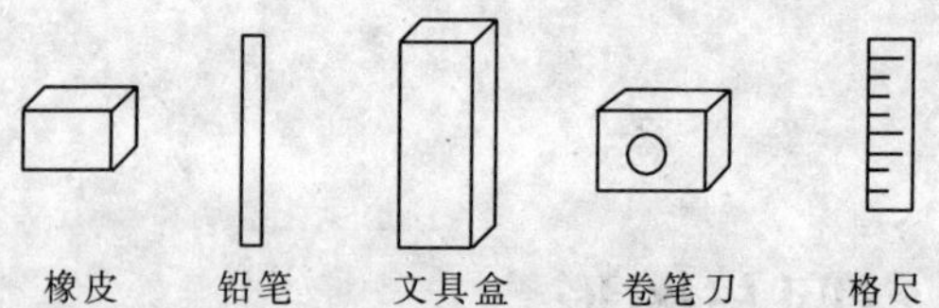

师：抢答开始，想出答案的同学无需举手，直接抢答，没抢答上的同学做裁判。

师：左数第三位摆的是什么？(生：文具盒)

右数第三位摆的是什么？(生：文具盒)

左数第二位摆的是什么？(生：铅笔)

右数第四位摆的是什么？(生：铅笔)

左数第四位摆的是什么？(生：转刀)

橡皮在哪儿？(生：左数第一位，或右数第五位)

转刀在哪儿？(生：右数第二位，或左数第四位)

铅笔在哪儿？(生：左数第二位，或右数第四位)

格尺在哪儿？(生：右数第一位，或左数第五位)

师：下面以小组为单位，互相提问题，互相回答。(教师以参与者的身份深入到各个小组之中，引导、指导，搜集反馈信息)

【评析】：通过学生亲自动手操作，通过大量的各种不同问题，通过各种方式的抢答，同学们对左、右位置及左、右顺序问题有了较深刻的认识和理解，同时也较充分地体现了以学生为主体的自主、探究、合作式的新型学习方式。

4. 师：大家帮助小明解决一个问题。(课件出示图片：小明上楼后不知哪一家是同学乐乐家，正在低头看纸条挠头。纸条上写着：三楼左数第一家)

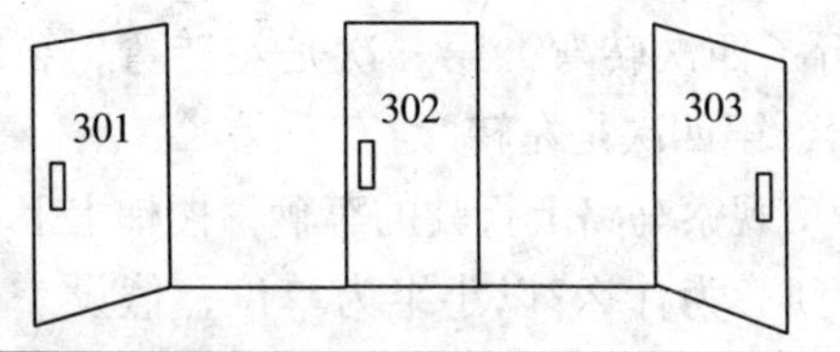

师：你知道哪个是乐乐家吗?

【评析】这样设计既让学生进一步体验到了数学就在生活中，就在身边，又提倡了助人为乐的好品质。

5. 师：左右的位置是永远不变的吗?分组实验、讨论，然后派学生代表到前面汇报。

生：左右不是永远不变的，当我面向黑板时左侧是张亮，右侧是李雪，当我背向黑板时左侧是李雪，右侧是张亮。

师：通过上面的汇报说明，你发现了什么?

生：左右的位置不是永恒不变的，左右与人站立的方向有关，站立的方向不同，左右的位置就随之发生变化。

【评析】左右的相对性，既是教学难点，也是教学重点，学生理解起来比较困难，教师充分认识到了这一问题，精心安排小组活动，让全体学生亲自体验左右的相对性。通过小组汇报充分认识左右的相对性，切实掌握左右是同人的站立方向有关的。

★ 活学活用 解决问题

1. 师：想一想，小丽进门时将鞋脱在了门的左侧，小丽出门时到门的右侧取了一双鞋穿在脚上。小丽取鞋、放鞋是一个地方吗?判断不出的同学可以到教室的门口试一试。

2. 师：握手时通常伸出右手，而对方伸出的手是左手还是右手呢?试试看。

3. 师：找一名同学来开这辆漂亮的跑车 (模型)，大家观察，他进行了几次转弯?每次转弯的方向是怎样的?

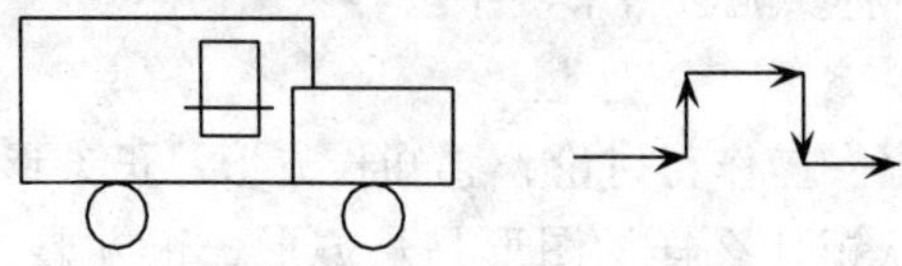

生：共进行了四次转弯，第一次是左转弯，第二次是右转弯，第三次是右转弯，第四次是左转弯。

4. 看录像：(观察马路上行驶的车辆，楼梯上上、下的行人) 他们都是右侧通行吗?为什么?以小组为单位，假设一块地方为马路、楼梯，分别走一走，试一试，然后汇报，现在开始。

学生汇报：(略)

★ 回忆整理 总结反思

师：通过这节课的学习，你们都有哪些收获呢?

生：(略)

【总评】整节课充分体现了“让学生成为数学活动的主人，教师只是数学活动的组织者、引导者和合作者”的基本理念。在教学过程中，首先做到密切联系学生的已有知识和经验，围绕“左右”的基本内容。提出一些问题，做一些游戏等，让学生对“左右”感兴趣，对“左右”有一些初步的认识和了解。其次做到密切联系学生的生活实际，合理开发课程资源，选择学生熟悉的事物开展教学，让学生备感亲切。再次，做到结合学生的认识规律，让学生动手实践，亲身体验，多种感官参与学习活动，加深印象，记忆牢固。第四，努力建立新的学习方式，发挥小组合作学习的作用。营造自主、探究、合作、实践操作的学习氛围，让学生在良好的课堂教学氛围中，学有所得、学有所获。

(此文发表在《小学数学教育》2007 第五期上，有改动。作者：张继华　刁悟)

【2】“认识图形”的教学课例与评析

教学内容:

义务教育课标实验教科书一年级“认识物体”

教学目标:

1. 通过观察、操作与讨论，感知长方形、正方形、三角形和圆的特征；初步认识什么样的图形是长方形、正方形、三角形和圆；

能根据它们的特征从具体的情境中辨别这四种图形。

2. 通过摸、画、找、说等活动，初步体会到解决问题的方法和策略的多样性，并在小组活动中培养探索意识和协作精神。

3. 通过创设情境，在实际操作活动中体验学习数学的乐趣，激发学生积极探索新知和学好数学的欲望，培养求异思维和创新意识。

教学过程：

一、创设情境，游戏导入

师：小朋友们喜欢搭积木吗?现在想试试吗?那我们就把自己带来的盒子当成积木，合作搭一件作品。现在小组里商量一下准备搭什么，可能用到哪些形状的盒子？(教师可以控制一下时间) 开始完成你们的作品吧！ (小组合作)

师：你们的作品是什么?搭建时用到了哪些形状的物体?

找两个小组介绍，引导学生发言 (学生说时，教师将其用到的形状贴到黑板上)。

二、引导探究 学习新知

(1) “画”面

①吸引学生注意力

师：看看老师做了什么？(取盒子) 这是老师最喜欢的盒子，你也拿一个你喜欢的盒子给老师看看 (老师边摸其中的一个面边说)，请你也摸摸你拿的物体的一个面，有什么样的感觉?

师：怎样才能得到你刚才摸的那个面呢?你来想个好办法。

(学生们想出了许多办法：画的方法、在沙滩上盖的方法、印章的方法等)

师：小朋友们真爱动脑筋，想出了这么多种方法，请你现在选一种合适的方法得到你刚才摸的那个面吧!

学生操作，教师搜集作品。

②智力游戏

师：老师邀请小朋友一起来玩一个智力竞猜的游戏。 (教师出示一张作品，问：猜猜看，这个图形是从什么形状上画下来的?你知

道它是什么形状吗)

这就是我们今天认识的四位新朋友：正方形、长方形、圆和三角形。请你观察一下，今天认识的图形与以前认识的物体有什么不同?

师：今天我们学习的图形都是平平的，只有一个面。我们把这样的图形叫做平面图形，我们就一起来认识这些图形。

(2) “找”面

师：其实现在我们身边就有这些图形，不信我们找找看。看看从你的桌子上能不能找到一个长方形。

师：(拓展内容) 小朋友，看你还能不能从桌子上其他形状的物体上找到其他图形。

(3) 我说你想，试试你的本领

老师说一个图形的名字，请你闭上眼睛想一想它的形状，然后用手画一画。

三、恰当应用，解决问题

(1) 让我们到生活中去看一看，(出示课件) 你看到了什么?老师把它搜集一下，你能从这些标志中发现什么数学问题?你知道这些标志是什么意思吗?它提醒我们要注意交通安全。

(2) 讨论：生活中在哪里还见过这样的图形?

(3) 涂颜色。指导学生发现图形，并按要求涂颜色。

四. 课内知识，引向课外

师：回家给家里人展示一下你的本领。找找看，你们家里面有哪些今天认识的图形，说给你的家里人听。

【评析】这节一年级的几何知识教学，教师紧密结合一年级学生的已有知识和经验，结合学生的心理特点，在拼摆长方体、正方体盒子的游戏中，逐步感受面在体上，逐步感受面和体之间的关系。将物体上的面如何“移”到纸上面这个问题上，教师给学生一定的想象空间，学生想出了许多好办法，培养了学生的求异思维和创新意识。在认识圆、长方形、正方形、三角形时，教师采用多种训练方式，让学生加深对每一种平面图形的本质属性的理解和认识。除此之外，教师努力做到将本节课的数学知识与学生身边的、熟悉的事物紧密地结合起来，让学生感受数学与生活的联系，感受数学的价值。

【3】“观察物体”教学课例与评析

教学内容：

人教版义务教育课程标准实验教材·数学二年级上册

教学目标：

1. 正确辨别从不同位置（正面、侧面、背面）观察到的简单物体的形状。
2. 知道在不同位置上，观察到的物体的形状是不同的。
3. 借助动手操作，发展学生的空间观念及和同伴合作意识。
4. 联系生活实际，使学生体会到数学知识来源于生活。
5. 帮助学生树立从小仔细观察事物，认真思考的好习惯。
6. 对学生进行保护珍稀动物、关心集体的情感教育。

教学重点：

在实际的观察活动中，感受到在不同位置观察到的物体的形状是不同的。

教学难点：

辨认从不同侧面（左侧面、右侧面）观察到的物体的形状。

教学准备：

自已制作的课件，玩具恐龙 5 只，雕塑照片 20 张，数码照相机一台。学生 8 人一组围桌而坐。

教学过程：

一、创设情境、激趣感知

1. 从实际切入。

激趣：小朋友们，你们照过相吗？哪位同学给别人照过相？老师今天带来了一台照相机，谁想给大家拍照呢？（鼓励学生从不同

角度拍照）

谈话：你可真像个小摄影师！同学们想不想看看他拍的怎么样！（教师操作、屏幕出示刚才在不同位置拍摄的照片）

提问：大家觉得拍的怎么样？你最喜欢哪一张？这张他是站在什么地方拍的？拍的是这位同学的哪一面呢？（学生讨论、回答，课件点击，对应的照片放大）

生 1：我最喜欢正面的，站在她的前面，拍的是她的正面。

生 2：我最喜欢侧面的，站在她的旁边，拍的是她的侧面。

2. 导入新课。

讲述：同学们说的真不错，要想拍出好照片，就要仔细观察物体，找到最佳位置才行。今天我们就来学习观察物体。（出示课题）

【设计说明】良好的开端是成功的一半，以学生喜闻乐见的拍照活动巧妙引入，新颖有趣，充分调动了学生的积极性，使学生立刻进入了学习的状态，让学生初步感知新知。

二、师生互动、探究新知

1. 构建新知。

（1）本位观察

谈话：（出示玩具恐龙）这是什么？你们知道都有哪些恐龙？大家看，老师手里的这只恐龙是什么样子的？

生 1：背上有尖尖的刺，锋利的牙齿，白白的肚皮，手细细的，有尖尖的爪子。

生 2：眼睛是翘起来的，样子很凶猛。

要求：老师为每一组也准备了一只恐龙，请每个同学仔细观察，你看到了这只恐龙的哪一面，是什么样子？（课件出示从正面、左侧面、右侧面、背面拍摄的恐龙照片）

提问：你看到了什么？和屏幕上的哪张照片是一样的？

生 1：我看到了正面，它有尖尖的爪子、粗粗的腿。和第二幅图是一样的。

生 2：我看到了侧面，它有粗壮的腿。和第四幅图是一样的。

生 3：我看到了背面，它有尖尖的刺。和第一幅图是一样的。

谈话：同学们观察的真仔细，老师想统计一下人数，请看到恐龙正面的同学站起来。看到侧面的同学也站起来。没有站起来的同学，你们看到的是哪一面？

(2) 换位观察

要求：听老师口令，全体起立。请每组同学按照顺时针的方向（教师做手势表示）走到本组的下一张位子上去。你们现在看到的恐龙的形状和刚才一样吗？那你现在看到了恐龙的哪一面？

生 1：我看到了侧面，刚才看到了前面。

生 2：我看到了背面，刚才看到了侧面。

质疑：为什么大家现在看到的和刚才不一样呢？这是怎么回事？（学生讨论，交流）

生 1：我们绕了一圈。

生 2：我们绕了一圈，我们一大组的同学位置都改变了。

小结：对！原来我们换了位子，位置发生了变化，观察的角度也不同了，所以看到恐龙的形状也不一样了。

(3) 全面观察

谈话：同学们想不想自己找一个位置观察恐龙？好，那你们想到哪个位置就到哪个位置去观察吧！（学生自主选择喜爱的位置去观察）

提问：你到哪个位置去观察的？和刚才看到的一样吗？

说明：这是老师绕着恐龙一圈拍摄到的录像，我们来看一看吧！（课件展示玩具恐龙旋转一圈的画面、可以定格）

(4) 课间小歇

教师：刚才我们观察了恐龙，你们想不想到恐龙生活的地方去看看呀？看看恐龙都在干什么！（课件演示恐龙电影场景片段）

(5) 情感交流

教师：看过之后，你都想对恐龙说些什么？

生 1：那些小恐龙真可爱，我都想养一个。

生 2：恐龙的世界真漂亮，我都想去看一看。

谈话：你们知不知道现在有没有恐龙了？由于自然的原因，恐龙已经灭绝了，可是还有一些动物也快要灭绝了，我们应该怎么做呢？

2. 巩固新知。

(1) 做一做

谈话：（课件同步）这时，开来了一辆汽车，恐龙们都很好奇，围着这辆汽车，想看个究竟。（课件出示恐龙围着汽车图）这是汽车的哪一面？（逐一设问）这四只恐龙分别看到了汽车的哪一面？同座两人相互说一说。（注意左侧面和右侧面的区别）

(2) 摆一摆

教师：同学们，在我们身边有很多熟悉的物体，比如说：书、书包、铅笔盒……你观察过吗？现在，请每组的小朋友把自己的数学书放在一起，理成一摞。看一看，数学书都是什么样的？你看到数学书的哪一面？你能看到几个面？（学生操作，回答）

生 1：我看到了侧面，我能看到 3 个面。

生 2：我看到了正面，我能看到 2 个面。

(3) 找一找

实例：大家知道吗，开学以来，只要我们班级的桌椅坏了，总是有一位同学把它修好，可是却没有留下姓名。老师一直调查不出来。在星期六的时候，老师正好看到了这位同学和他的爸爸一起为班级修理课桌，老师悄悄地拍下了这些镜头。你们想不想知道他是谁呢？（课件演示班级学生修理课桌的场景只有背影和侧面）你们能猜出来吗？（学生议论纷纷）为什么这么难猜？那我们只要看到他的哪一面就知道他是谁呢？（课件演示正面）

小结：我们大家应该向他们学习，为大家服务。

【设计说明】我采用学生喜爱的玩具恐龙为素材，通过 3 个层次的观察活动即本位观察、换位观察、全面观察亲身体验到观察的角度不同，看到的恐龙的样子是不同的。由实物到照片，形象直观。

遵循了儿童由浅入深，逐步推进的认知规律。在巩固阶段，创造性地使用了教材，把教材的练习1进行了改造，使得新课教学以恐龙为主线展开。并且以好人好事为教学资源，进行了思想教育，也让学生感受数学知识与生活的紧密联系。

三、体验成功、实践新知

1. 实地观察。

教师：老师还拍下了几张我们学校的照片，你们看，这是哪儿？（出示学校雕塑）我们学校的雕塑漂亮吗？你仔细观察过吗？今天我们学的就是观察物体。就让我们一起去观察我们学校的雕塑吧！（教师带领学生走出教室观察学校雕塑）

2. 操作实践。

教师：咦，还有几张照片，老师想起来了，不小心撕坏了就在你们的桌子上，你能帮助老师把它拼出来吗？就让我们来一次比赛，根据刚才观察到的雕塑的样子把它们拼好！（学生两人一起拼图）

提问：这张照片拍的是雕塑的哪一面，是站在雕塑的哪一面拍的？

生1：我们拼的这张照片是雕塑的正面，站在大门口拍的。

生2：我们拼的这张照片是雕塑的侧面，站雕塑的侧面拍的。

3. 活动小结。

今天我们学会了从不同位置观察物体，知道了在不同的位置观察到的同一物体的形状是不一样的。在生活中，我们处处都要留心观察，做一个勤于思考的好孩子，你们能做到吗？

【设计说明】在实践部分，组织学生实地观察后用所学的知识解决实际问题。以拼图的活动为载体，只有经过仔细观察，才能完成任务。让学生感到形式活泼、新颖，使学生真正体验到学数学、用数学的乐趣。

【总体说明】本节课努力遵照新课程标准所提出的新理念，力求充分体现教材编写意图。教师自己制作的多媒体课件整合于教学之中，使教学锦上添花。纵观本节课，有以下几个特点：

1. 创设情境，激发兴趣。

本节课的教学以儿童喜爱的生活情境“拍照片”导入，符合儿童的年龄特点和心理特征，唤起了学生的学习兴趣。实践表明，学生对情境中问题很感兴趣，能够积极主动地参与学习，课堂气氛活跃。导入的设计先声夺人，既帮助了学生根据已有的生活经验为新课的学习搭建了认知平台，也抓住了学生的心理特点。

2. 主体参与，探索新知。

新教材强调“以人为本”，发展人的主体性。基于此，新课以观察恐龙活动为主线展开教学，分三个层次观察恐龙，依据课本又拓展了课本，创造性地使用了教材。设计时始终围绕着“自主参与，深刻体验”的学习活动，让学生在活动中增强了自主意识，从而主动地探索新知。并且注重个性化教学。如鼓励学生选择到自己喜爱的观察位置去观察；再如让学生看完了恐龙录像，你想说什么？等等。

3. 联系生活，实践运用。

生活是现实的，丰富的，数学是抽象的，如果不把两者联系起来，学生必然感到枯燥、乏味。本节课大量地创造条件，让学生把课堂中所学的知识和方法应用于生活实际中。如上课开始的拍照、找一找是谁做了好人好事、拼照片等，贴近了学生，延伸了学习，从而使学生能从看到的物体的一个面，展开联想到整个物体的形状，培养了观察立体实物的能力，建立了初步的空间观念，让孩子充分感受到数学和生活的联系，数学确实就在我的身边！

第二节　中年级（三、四年级）

【1】“长方形的周长”的教学设计及设计意图

教学内容:

三年级“长方形的周长”

教材简析:

“长方形的周长”这一内容的教学，是在学生掌握了长方形的边长特征、初步理解了平面图形周长的含义、掌握了正方形周长的计算方法的基础上进行的。

教学目的:

1. 进一步理解和掌握平面图形周长的概念。

2. 在认识长方形周长概念的基础上，理解并掌握长方形周长的计算方法。

3. 能正确计算长方形周长，并能解决生活中相关的简单实际问题。

4. 培养学生探究、合作、实践操作的学习意识、习惯和能力。感悟数学是有价值的，体验做数学的乐趣，增强学好数学的信心。

5. 结合算法多样化及一题多解的练习，培养发散性思维品质和创新意识。

教学重点:

理解并掌握长方形周长的含义、计算方法，正确计算长方形的周长。

教具学具:

一件金线花边实物；每组两把30厘米长的直尺。

教学过程:

一、创设情境，提出问题

师：屏幕显示 (或幻灯屏幕、或挂图) 一个漂亮的小女孩，手里拿着一本与同学手中一样的数学书，思索着说：“我想在数学书的封面四周粘上一条美丽的金线花边，但又不知道至少应该用多长，急死我了!” (小女孩头的上方出现花边金线的想象图)

师：我们班的同学非常喜欢助人为乐，咱们帮一帮这个漂亮的小女孩好吗?

【设计意图】该环节的设计，首先，体现人文性，提倡助人为乐；其次，体现数学就在我们身边，就在生活之中，生活中需要数学，数学是有价值的；第三，灵活处理教材，合理开发课程资源，选用最贴近学生身边的事物（数学教科书）来呈现新课内容，使学生感到更加熟悉和亲切；第四，起到了激发学生兴趣、引起学习动机的积极作用。

二、探究合作，认识问题

（一）明确要求。

师：小女孩的数学书与我们手中的数学书是完全一样的。我们以小组为单位，利用手中的数学书，利用老师为你们准备的长直尺，小组同学互相合作，研究出好的方法，为小女孩解决问题。现在开始！（学生学习的同时，教师以合作者的身份深入到各学习小组之中，参与学生的小组学习，观察他们的学习情况，必要时给予适当的引导、点拨和启发）

（二）小组学习。

【设计意图】该环节是体现学生学习的主体性，让学生成为数学学习的主人的重要环节。教师应积极引导学生，带着帮助别人解决困难的心情，运用新的学习方式，充分地自主学习、探究学习、合作学习、实践操作。该环节要给学生留有足够的时间。

（三）小组汇报。

小组选派代表，到黑板前汇报自己小组的学习情况，汇报内容预设如下：

（1）求数学书封面的一周粘花边金线至少需要多长，实际上就是求这个长方形封面的周长。

（2）求周长时，将四条边的长度分别测量后记录下来，将四条边的长加在一起，就是这个长方形封面的长，也就是买花边金线至少需要的长度，即：146+208+146+208=708（毫米）（不同地区的教材可计算出不同的数值）。

（3）求周长可先测量出长方形的长边，再测量出它的短边，因为长方形对边相等，所以将长边乘以 2，再将短边也乘以 2，并将两次乘得的积加起来就是数学书封面的周长。即：146×2+208×2=708

(毫米)。

(4) 求周长可先测量出长方形的长边，再测量出长方形的短边，长边与短边之和刚好是周长的一半，所以要求长方形的周长，需将长、短边之和乘以 2。即：(146+208) ×2=708 (毫米)。

(四) 理性升华。

师：你认为长方形周长共有几种求法呢?

师：在今后遇到求长方形周长的问题时，同学们喜欢用哪种方法就用哪种方法。

师：我们帮小女孩解决了问题，听一听小女孩是怎样说的。出示小女孩头像："谢谢大家的帮助，我不但知道了买多长的花边金线，还和大家学会了求长方形周长的好方法。太感谢你们了!"

【设计意图】本环节将繁杂的意见统一起来，并提升为理性认识，起到了落实基础知识的作用。同时，让学生清楚我们提倡解决问题方法的多样化、计算方法的多样化。另外，在小女孩的感谢声中，让同学们感受到助人为乐的成功感。

三、科学练习，解决问题

(一) 先说计算方法再求周长。

(1) 一个长方形的长是 6 厘米，宽是 4 厘米，它的周长是多少厘米?

(2) 篮球场是一个长方形，长 28 米，宽 15 米，它的周长是多少米?

(二) 计算下面长方形的周长：

(三) 求出下图的周长：

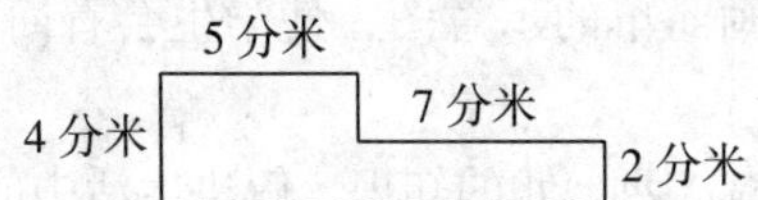

(四) 一个长方形花坛，它的周长是 24 米，长是 8 米，宽是多

少米?

(五) 小组合作计算出课桌面的周长。

【设计意图】该环节是消化、巩固新知识的重要环节。设计时，力图做到具有针对性、层次性、应用性和趣味性。同时，借此环节培养学生解决实际问题的意识和能力。

【总体意图】本节课的教学宗旨是借助现行教材，认真贯彻课程标准理念，充分体现主体性，让学生真正成为数学学习的主人。教学过程中，想方设法结合学生实际创设情境，并给学生足够的时间尝试新的学习方式。教师为学生提供有一定难度、有一定容量的数学问题，让学生充分地自主学习、探究学习、合作学习、实践操作，让学生充分体验做数学、学数学的过程。相信学生，让学生概括数学的理性内容，使学生从中体验成功与自信。教师在教学活动中仅充当组织者、合作者和引导者。这样的教学，对学生的发展、对培养学生的创新意识和实践能力，必将大有益处。

(此文发表在《辽宁教育》2004 第七期上，有改动)

【2】“位置与方向”的教学设计及设计意图

教学内容:

人教版《义务教育课程标准实验教科书·数学》三年级下册“位置与方向”(第一课时)

教学目标:

1. 结合生活实际培养学生辨认方向的意识，进一步发展空间观念。

2. 结合具体情境认识东、南、西、北，并能用给定的一个方向确定其他三个方向。

3. 能看懂并能画简单的示意图，使学生会看简单的线路图，并能描述行走的路线。

4. 能应用东、南、西、北的知识，解决生活中的简单问题。

5. 通过实践活动让学生感受和体会数学就在生活当中及数学的

价值。

6. 在引导学生结合生活实际寻找东、南、西、北的过程中，培养学生的创新意识。

教学重点：

结合生活实际认识东、南、西、北，能合理运用所学知识解决简单的实际问题。

教学媒体：

大投影或幻灯、指南针。

教学过程：

一、创设情境，提出问题

利用大投影或幻灯播放祖国各地风光：海南岛、北京、南京、山东、山西、辽宁、西藏……

师：各地风光非常美丽，那么这些地方的地名有什么特点呢?(学生可能说：每一个地名中都有一个方向，或东、或西、或南、或北)

师：那么你身边的事物中有哪些含有东、南、西、北呢?（生可能说：东楼、南楼、西墙、北墙，太阳从东边升起，从西边落下，东屋、西屋，一江春水向东流，东风、北风、南风……)

师：大家说得非常好，东南西北在生活当中十分重要，认识东南西北能帮助我们解决许多生活中的问题，为我们带来许多方便。想了解和认识东南西北吗?

【设计意图】紧密结合学生熟悉的、身边的事物引出东南西北，了解东南西北的重要作用，使学生产生对所要研究问题的兴趣和欲望。

二、自主探究，认识问题

师：下面以小组为单位自己来认识东、南、西、北，每组同学积极动脑，联系自己平时对东南西北的了解，认真研究，密切合作，借助桌面上的指南针和其他生活常识，想出确定东、南、西、北的办法来。比一比看哪个小组的办法多、办法好?研究时可以离开座位，进行实验和演示，现在开始。

(小组学习过程中，教师以合作者、引导者的身份深入到各个小组之中，倾听他们的研究情况，收集反馈信息，发现问题时及时给予引导、点拨和启发，使学生对问题的研究方向始终保持正确)

【设计意图】结合教学情境，结合学生的实践操作，让学生学习研究新课内容，既考虑了学生的思维规律和认知特点，又能让学生感受到数学就在生活中，数学真的很有用。另外，教师在深入到各个小组学习的同时充分发挥课程标准提到的合作者与引导者的作用，让学生真正把老师当成伙伴、当成朋友，在这样的氛围中，学生才能真正放下包袱，向老师吐露心声，把自己不懂、想问的问题提出来。

(学生在充分的自主探究学习的基础上进入汇报环节)

师：下面以小组为单位汇报学习情况。汇报时说清楚你们组一共研究出了几种方法，每种方法都要演示清楚，没说清楚的，本组其他同学可以补充。哪一组先来汇报?

学生可能汇报出下列几种情况：

(一) 当看到太阳升起时，那个方向就是东；当面向东方站立时，背对的方向就是西；水平伸出的右手方向就是南；水平伸出的左手方向就是北。

(二) 当看到太阳落下时，那个方向就是西，其他三个方向用方法“(一)”可以确定 (略)。

(三) 当晚上看到北极星时，那个方向就是北，其他三个方向用方法“(一)”可以确定 (略)。

(四) 指南针水平摆放时，可以确定南方和北方，其他两个方向用方法“(一)”可以确定。

(五) 阴天时可以观察树叶，树叶茂密的一面就是南，其他三个方向用方法“(一)”可以确定。

(教师将每一组研究出来的方法简要地写在黑板上)

师：同学们真的非常了不起，研究出了这么多确定东、南、西、北的好方法。我们比一比，哪个小组的方法多、方法好呢? (民主评议，排出名次来)

【设计意图】调动每一个小组、每一名同学的积极性，增强小组的合作意识和团队精神，让每一名同学都能感受到学习不单单是自己的事情，也是小组的事情、团队的事情，要尽心尽力付出更多的努力。

师：请同学们观察黑板的方向图：

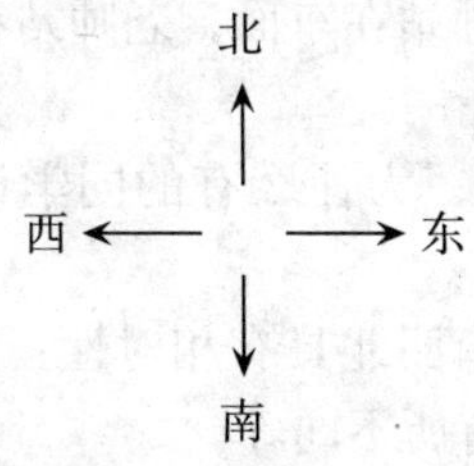

这四个方向有什么特点呢?

引导学生说：南北永相对，东西永相对，东——南——西——北总是顺时针方向。

师：这是明明画的育才小学的操场示意图：

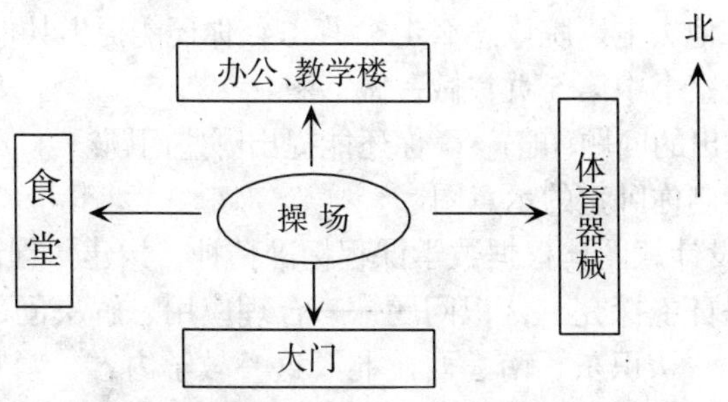

你能看明白吗?说一说操场的各个方向都有什么?

师：地图通常是按上北、下南、左西、右东绘制的。下面请同学们把自己学校的操场示意图画下来，边想边画，想不完整的可以到窗前观察后再画。

【设计意图】结合学生的认识规律，灵活处理教材，让学生画示意图之前，首先学会观察示意图，并且让学生在画示意图前明确，通常情况下画示意图要上北、下南、左西、右东。体现了教师该讲授的内容一定要清清楚楚地讲授给学生，讲授也是不可缺少的一种教学手段和方式。

(学生画完后，汇报评议)

师：老师请四名同学到前边来，分别站在东、南、西、北的位置上，谁来？(学生站好后，教师站在四个孩子的中央)

师：请四名同学分别说出老师站在你的什么方向。

生一定分别说：老师站在东面，老师站在西面，老师站在南面，老师站在北面。

师：老师没有动啊，为什么有的同学说老师站在东面、有的……

(师生共同总结东南西北具有相对性：观察的人站立的位置不同，看到物体的方向就有所不同。)

三、合理应用，解决问题

(一) 给出一个方向，确定其他三个方向。

(二) 观察书中第 5 页图。

1. 如果他去体育场该怎么走？　　2. 如果他去医院该怎么走？

3. 如果他去电影院该怎么走？　　4. 你还能提出其他问题吗？

(三) 观察书中第 5 页“做一做”图。

书上提出的问题 (略)。　你还能提出哪些问题？

(四) 绘制你卧室的示意图。

【总体设计意图】根据数学课程标准精神，构建“创设情景、提出问题——自主探究、认识问题——合理应用、解决问题”三环节教学模式。“认识东、南、西、北”这一教学内容，紧紧围绕这一教学模式，努力使学生建立以自主、探究、合作及实践操作为特征的新的学习方式，让学生真正成为数学活动中的主人。教师真正起到组织者、引导者和合作者的作用。

(此文发表在《辽宁教育》2006 年第一期上，有改动)

【3】“长方形、正方形面积的计算”的教学设计与意图

教学内容：

四年级“长方形、正方形面积的计算”

教学目标：

1. 进一步理解面积的含义。

2. 初步感知不完全归纳法，理解长方形面积公式的推导过程。

3. 掌握长方形、正方形的面积公式，并能正确求出长方形、正方形的面积。

4. 为学生创设自主学习和探究学习的空间，培养学生自主学习、探究学习的习惯和能力。

5. 培养学生运用所学知识解决简单实际问题的意识和能力，并培养学生初步的空间观念。

教学重点：

理解并掌握长方形和正方形的面积公式，能应用公式解决一些实际问题。

教学媒体：

1. 电子实物投影。

2. 每个小组三张长方形硬纸片：一张长为 3 厘米，宽为 2 厘米；另一张长为 5 厘米，宽为 3 厘米；第三张长为 6 厘米，宽为 4 厘米。

3. 每组准备 50 余个边长为 1 厘米的正方形硬纸片。

教学过程：

一、创设情境，引出问题

师：李伯伯家有一块地是长方形的。它的长是 80 米，宽是 20 米。李伯伯计划在这块地里栽果树。果树专家指导李伯伯，每平方米的地方栽一棵。李伯伯发愁了，我应该买多少棵果树苗呢?小朋友，你能帮李伯伯解决这个问题吗?说说你的办法。

(学生可能说：用边长是 1 米的正方形量出它的面积，然后再除以 1 就可以知道买多少棵果树苗了。学生也可能说：……)

师：同学们的办法都不错，但操作起来比较麻烦，而且不容易量准。如果我们能研究出一种方法，就像求长方形周长那样的公式，来求长方形的面积，那该有多方便呀，你们有信心研究出来吗?

【设计意图】该环节能够灵活处理教材，合理开发和利用有效的课程资源，结合学生实际，以李伯伯栽果树的真实情境呈现新课内容，激发学生学习动机，引发自主、探究学习的欲望，让学生进一步感受到学习和掌握数学知识是能够解决实际问题的。

二、自主探究　认识问题

(一) 明确小组学习的内容及要求

师：下面我们以小组为单位来学习和研究长方形面积的计算方法，比一比看哪个小组学习、研究、合作得最好。

师：每个小组的桌面上都有三个大小不同的长方形，用小正方形量一量，他们的面积分别是多少?

师：摆满小正方形，求出它们的面积之后，全组同学认真观察，仔细想一想：小正方形的总数量 (面积)，与每个长方形的长和宽有什么关系呢?然后想办法总结出计算长方形面积的方法来。听清楚了吗?

【设计意图】小组学习之前，说清内容，提出具体要求十分必要。如果教师准备不充分，在小组已经开始学习后，再叫停，或边学边提一些要求，增加一些内容，都会影响小组的学习效果，降低学习质量。

(二) 小组学习阶段

通过教师的参与和引导，在小组长的带领下和小组中每个成员的配合下，完成好下列任务：

1. 用边长是 1 厘米的小正方形摆满每一个长方形。

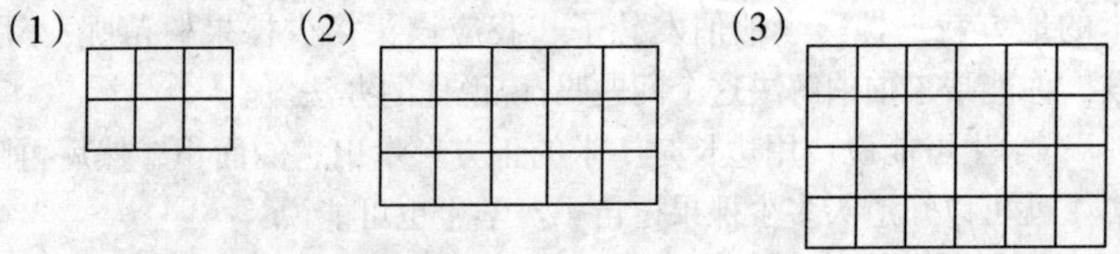

2. 求出每个长方形的面积。

(1) 第一个长方形的小正方形总数是 6 个，所以面积是 6 平方厘米。

(2) 第二个长方形的小正方形总数是 15 个，所以面积是 15 平方厘米。

⑶ 第三个长方形的小正方形总数是 24 个，所以面积是 24 平方厘米。

3. 小正方形的总数与长方形的长与宽的关系。

⑴ 6 个小正方形，长是 3 厘米，宽是 2 厘米 (6=3×2)；

⑵ 15 个小正方形，长是 5 厘米，宽是 3 厘米 (15=5×3)；

⑶ 24 个小正方形，长是 6 厘米，宽是 4 厘米 (24=6×4)。

4. 总结计算长方形面积的方法。

(三) 小组汇报阶段

师：下面我们以小组为单位汇报学习成果。

(小组中的汇报员和助手，将三个摆满小正方形的长方形拿到前面的实物投影上面，没有实物投影的小组汇报员可以指着教师贴在黑板上的教具进行汇报。汇报员汇报结束时同组的同学可以做补充，其他组的同学可以提出不同意见)

教师板书：总数 (面积)　长 (厘米) ×宽 (厘米)

6 (平方厘米)　3×2

15 (平方厘米)　5×3

24 (平方厘米)　6×4

长方形面积=长×宽

师：通过上面的实验，我们不难发现，所有的长方形都存在这样的规律，我们就可以断定：长方形的面积=长×宽。有了这样的方法，所有的长方形只要我们知道了它的长和宽就可以求它的面积，对吗?那么，我们马上动手帮李伯伯解决问题好吗?

【设计意图】实现了情境设计的连贯性。让学生切身感受“来源于生活——转化为数学 (建立数学模型) ——应用于实际”的过程。另外在长方形面积公式的推导过程中，克服了教材中只用一个例子得出结论的不足，给学生充足的素材，合理使用不完全归纳法，水到渠成地总结出长方形的面积公式，印象十分深刻。

(四) 研究正方形的面积公式

师：一个正方形的边长是5厘米，它的面积该怎样求呢?能根据长方形的面积公式总结出正方形的面积公式吗?同桌同学商量一下。

【设计意图】因为问题比较简单，在独立思考的基础上，同桌同学之间稍加研究便可得出结论。

板书：正方形的面积=边长×边长

(五) 教师小结

同学们真了不起，经过你们的独立思考，小组研究，实践与合作，总结出了长方形和正方形的面积公式。希望你们继续努力，研究出更有价值的数学问题。

三、合理应用，解决问题

(一) 量一量，算一算，面积是多少?

(1)　　　　　　　　(2)

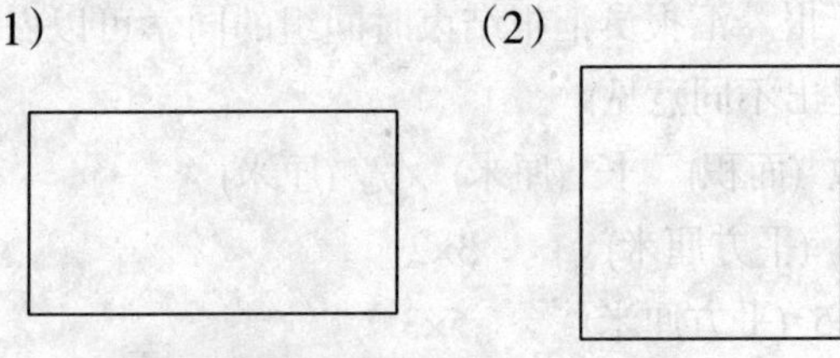

(二) 数学书封面的面积是多少?

(三) 课桌面的面积是多少?

【总体设计意图】着力体现课改理念，合理、大胆地处理教材，无论在新课的呈现方式上，还是在教学内容的研究上都有较大的突破。对学生的发展都有较大的益处。注重改变学生的学习方式，努力创造让学生自主学习、探究学习和实践学习的机会，充分体现主体性，使学生真正成为课堂上的主人。整节课上，所有问题的研究，所有结论的得出，所有问题的解决，都力求让学生独立完成。教学设计着力体现数学的应用性，无论是情境中的问题，还是练习内容的设计都充分与学生的身边事物及实际生活相联系，让学生感受到数学的价值。

(此文发表在《辽宁教育》2006第七期上　有改动)

【4】“三角形的内角和”教学设计与意图

教学内容：

人教版《义务教育课程标准实验教科书·数学》四年级下册第五单元中的“三角形的内角和”

教学目的：

1. 理解“三角形的内角”及“三角形的内角和”的基本含义。

2. 让学生在充分实践操作的基础上，推理、归纳出三角形的内角和是180°。

3. 在已知三角形的任意两个角度数的前提下，能应用“三角形的内角和是180°”这一结论，求出三角形的第三个角的度数。

4. 让学生在实践操作及实验等一系列“做数学”的过程中，感受自信、感受成功，培养学生观察、操作及应用数学知识解决实际问题的能力，培养学生的求异思维能力。

教学重点：

引导学生推理、归纳“三角形的内角和是180°”。

教具学具：

1. 教师准备三张三角形硬纸片（分别为锐角三角形、直角三角形和钝角三角形），一把剪刀。有条件可制作成多媒体课件。

2. 为每组学生准备多张上面画有不同三角形的纸片。

3. 为每组学生准备三张不同的三角形硬纸片（包括含有锐角、直角、钝角的三种三角形），一把剪刀。

教学过程：

一、激发兴趣，引出问题

师：大家在生活中经常可以看到多种多样的三角形，对三角形也有了许多了解（教师边说边在黑板的适当位置画出一个醒目的三角形），谁来说一说，关于三角形你都知道哪些特征呢？（学生可以看着黑板上的三角形说出：三角形有三条边，三个顶点，三个角……）

师：我们通常所说的三角形的角，指的是三角形的内角（师边说边在黑板上的三角形中用弧线画出一个内角），那么三角形一共有几个内角呢？(三个内角)，大家注意看，这三个内角的和我们通常就称做“三角形的内角和”，同学们记住了吗？(学生边理解边记忆，教师边板书课题——三角形的内角和)

师：那么不同的三角形，它们的内角和相同吗?都是多少度呢?三角形的内角和到底有什么奥妙呢?我相信同学们一定能在操作、实验、研究的基础上解决这个问题！你们有信心吗?

【设计意图】精心设计与学生的谈话内容，紧密结合学生关于三角形的已有知识，激发学生的学习积极性，使之理解和掌握三角形的“内角”及三角形“内角和”两个概念的含义，自然、及时地提出本节课的核心数学问题——三角形的内角和是多少度?为学生在新的学习方式下学习打下了基础。

二、自主探索，认识问题

(一) 测量并计算三角形的内角和

师：每一组同学的桌面上都有一些纸片，上面画有三个不同的三角形。小组同学分工合作，利用量角器量出每个三角形的三个内角的度数，然后计算出每个三角形的内角和各是多少度。听清楚了吗?现在开始！ (教师深入各组参与小组活动，搜集反馈信息，并进行及时必要的学习指导)

学生测算的内容：

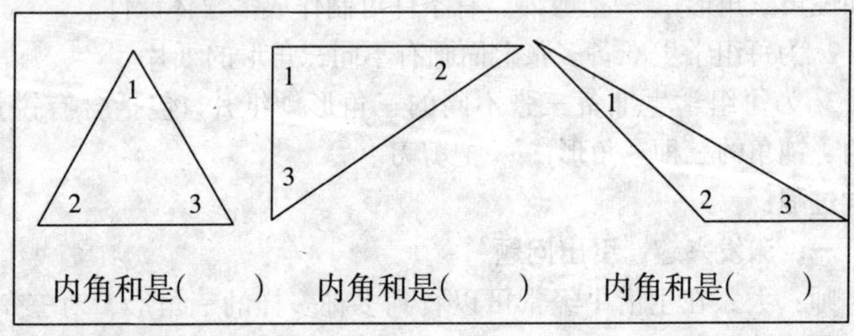

小组汇报测量和计算的结果。

以小组为单位进行汇报。得到结论：每个三角形的内角和都非常接近 180°。

(二) 通过实验来验证三角形的内角和

1. 布置实验任务

师：那么三角形的内角和到底应该是多少度呢?我们共同来做一个实验好吗?

2. 小组实验验证

小组长拿出你们组的三张不同的三角形硬纸片。再拿出剪刀，怎么办能很清楚地验证出三角形的内角和是多少度？(教师及时深入各组参与、指导学习活动，并搜集反馈信息)

3. 小组汇报实验结果

师：哪个小组先来汇报实验情况？(小组汇报时。每个小组可以指派两名同学到前面，边操作、边合作。三角形硬纸片的三个角分别剪下来放到实物投影仪上或贴在黑板上，再将这三个角组成一个平角。最后得出结论：三角形的内角和是 180°)

师：你认为所有的三角形内角和都是 180°吗？为什么？

师：那么我们在测算三角形内角和时得到的结果为什么不能刚好是 180°呢?

【设计意图】在学生通过实验验证三角形内角和是 180°之后，教师又提出上面两个问题，目的在于充分发挥教师“引导者”的作用，将学生的思维引向深入，更全面、更深刻地理解和掌握三角形的内角和是 180°。

(板书：三角形的内角和是 180°)

(三) 应用“三角形的内角和是 180°”解决实际问题

师：“三角形的内角和是 180°”这一结论，在实际生活中，在今后的数学学习中有着广泛的应用。

请同学们想一想，你能猜出藏在信封里面的一个角是多少度吗?为什么?

【设计意图】在教科书中有关练习内容的基础上，合理开发有效的练习内容，更能调动学生的学习兴趣，引发学生的学习动机，更能深入理解和运用好“三角形的内角和是 180°”这一结论。

(四) 鼓励学生，总结归纳

三、合理应用，解决问题

(一) 求未知角的度数

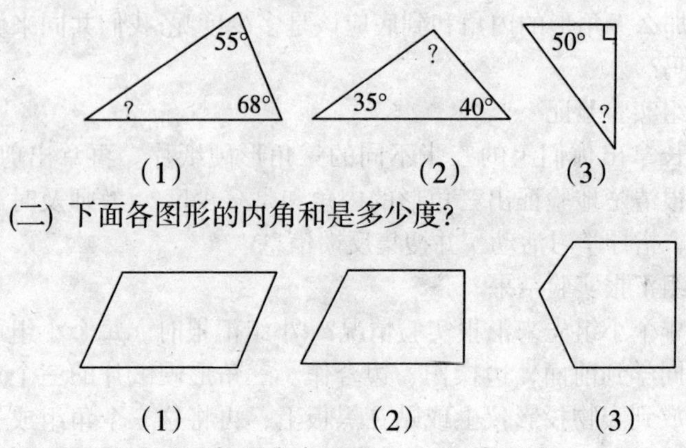

(二) 下面各图形的内角和是多少度?

提示：联系“三角形内角和是 180°”来思考。

(三) 回答下面问题

(1) 等腰三角形的一个底角是 55°，它的顶角是多少度?

(2) 直角三角形的一个锐角是 25°，另一个锐角是多少度?

(3) 一个三角形的三个内角同样大.其中的一个内角是多少度?

【总体设计意图】教学设计注意紧密结合教学内容、结合学生实际，充分体现教学中学生的主体作用，让学生真正成为课堂上的主人，成为学习的主人。尤其在新课环节，精心设计引言，精心设计数学问题，力图使引言生动有趣，使问题有适当的难度和容量，利于小组学生自主学习、探究学习、合作学习和实践操作学习。所有数学结论均由学生探究发现，总结归纳。与此同时，教师充分发挥了“组织者、引导者和参与者”的作用。

(此文发表在《辽宁教育》2007 第一期上)

第三节 高年级（五、六年级）

【1】“三角形的认识”教学设计

教学内容:

五年级“三角形的认识”

教学目标：

1. 理解掌握三角形的概念。

2. 掌握三角形的特征与特性。

3. 清楚三角形按内角特点分类的方法，掌握锐角三角形、直角三角形和钝角三角形的概念。

4. 会用圆圈图（集合圈）表示各种三角形之间的关系。

5. 能正确运用所学知识判断、分析一些具体问题。

6. 巧设问题，培养学生的创新意识。

教具学具：

教师准备一副组装四边形 (正方形或长方形) 和一副组装三角形；为每名 (或每组) 学生准备一副组装三角形和组装四边形。

教学过程：

一、温故已有知识

1. 下列各角都是什么角?为什么?

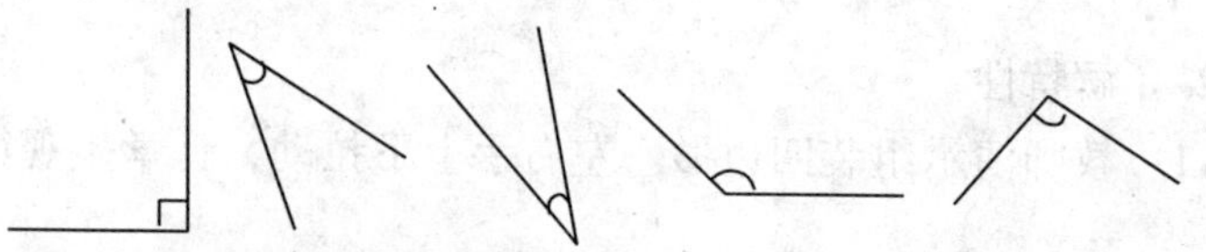

2. 把合适的序号填在括号里

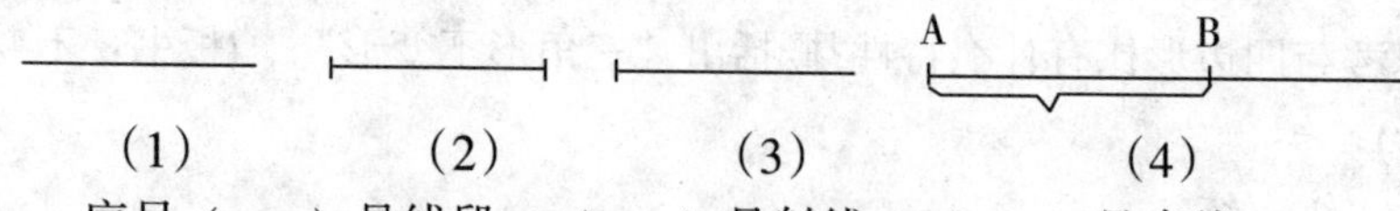

序号 (　　) 是线段，(　　) 是射线，(　　) 是直线。

引言：刚才复习的内容都是我们以前学习的平面图形知识，这节课我们学习新的平面图形知识——三角形。(板书课题：三角形)

二、结合旧知，探求新知

1. 认识三角形

首先让学生观察一些三角形实物，让学生在实物上面找到不同的三角形，感受数学与现实生活及具体事物的联系。然后将实物中的三角形抽象出几何图形，出示在黑板上或大投影上面。在此基础上提问：每一个三角形都是由几条线段围成的?那么你能概括出什么叫三角形吗?最后得出：由三条线段围成的图形叫做三角形 (板书)。

(默记三角形的概念)

练一练：

下列各图形中哪些是三角形？认为不是三角形的说明原因。(可用幻灯出示)

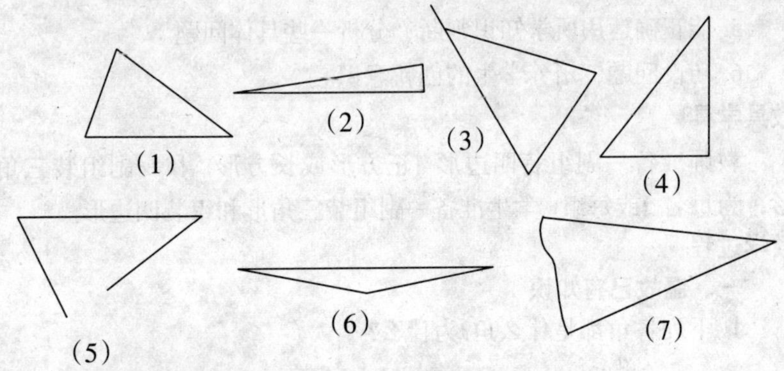

2. 了解特性

(1) 教师演示组装四边形。左右手上下拉动，让学生观察其特征。

(2) 让学生拿起准备好的三角形组装体，两手上下拉动，观察、思考与四边形比有什么特性?概括出“三角形不变形”。(板书：不变形)

练一练：

三角形的这种特性在实践中有广泛的应用。教师可通过幻灯打出几个实例。再让学生举出一些应用三角形不变形的特性的实例。借此机会教师可引发学生想象，利用三角形具有稳定性这一特点可以解决哪些具体问题，进而培养学生的创新意识。

解决书后练习题第一题。

3. 三角形按角分类

观察三角形不难看出三角形有三条边、三个角和三个顶点 (结合一个三角形边叙述边指点)。

观察思考，下面三个三角形的内角的大小有什么特点?

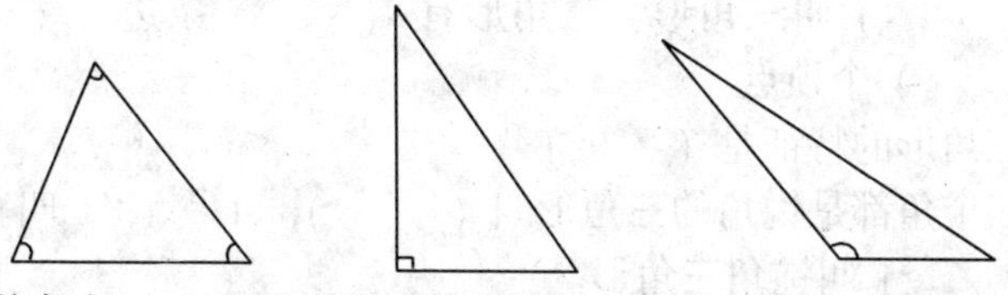

其他任何一个三角形都离不开这三种情况 (可拿出一些三角形验证)。

如果根据角的特征将这三种三角形分别起个名称应该叫什么呢? (在相应的三角形下分别板书锐角三角形、直角三角形、钝角三角形)，默记巩固。

练一练:

选出合适的序号填在括号里。(填后提问为什么)

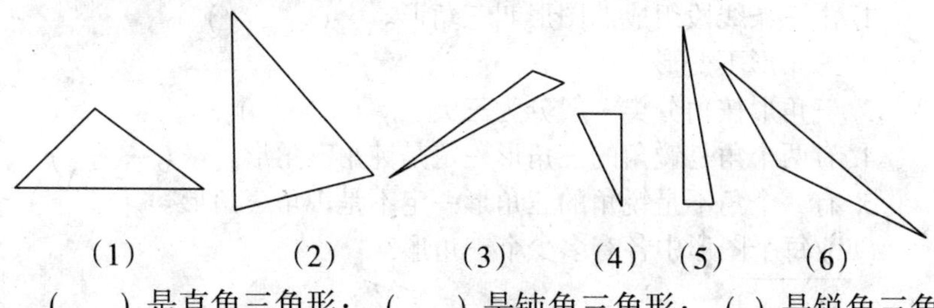

(1)　(2)　(3)　(4)　(5)　(6)

(　　) 是直角三角形；(　　) 是钝角三角形；( ) 是锐角三角形。

4. 三角形之间的关系

如果把所有的三角形看做一个整体 (用大圆圈来表示)，那么上边这三种三角形便都是这个整体的一部分 (如图，见板书)。(边叙述边将关系图画出来)

新课总结

以上我们都学习了哪些新知识? (指名回答。可提示学生按板书内容归纳)

阅读课本所学内容，质疑。

三、合理应用，解决问题

(一) 填空

1. (　　) 叫三角形。三角形有 (　　) 条边，(　　) 个角，(　　) 个顶点。

2. 三角形的特征是 (　　)。

3. 三个角都是锐角的三角形叫 (　　)；(　　) 叫直角三角形；(　　) 叫钝角三角形。

4. 所有的三角形都是由 (　　) 条边、(　　) 个角和 (　　) 顶点三部分组成的。

5. 图中有 (　　) 个锐角三角形，(　　) 个直角三角形，(　　) 个钝角三角形。

(二) 只见到三角形的一个角能确定它是什么三角形吗?为什么?见到两个呢?

(三) 判断题 (对的画√，错的画×)

1. 由三条线段组成的图形叫三角形。(　　)

2. 三角形不变形。(　　)

3. 三角形按角分类一般分为三类。(　　)

4. 有两个角是锐角的三角形一定是钝角三角形。(　　)

5. 有一个角不是锐角的三角形一定不是锐角三角形。(　　)

(四) 每个图形中各有多少个三角形?

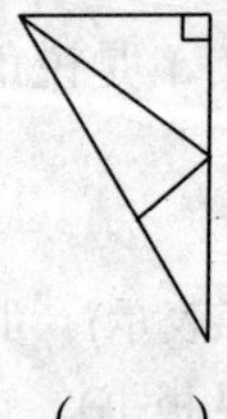

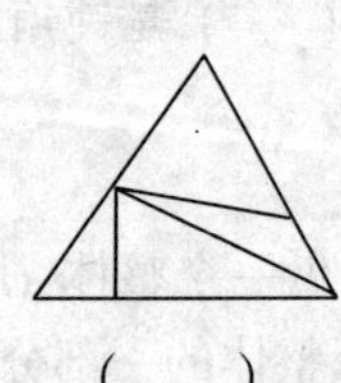

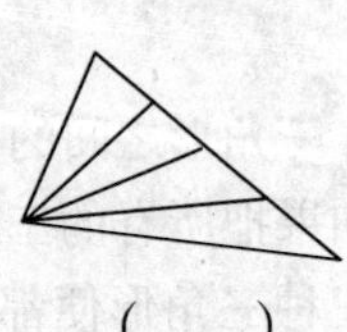

(　　)　　(　　)　　(　　)

四、总结强化

1. 引导学生看板书，再次回顾默记所学内容。

2. 说说你有什么收获?

五、课后延伸

画出锐角、直角和钝角三角形各 1 个。

(此文发表在《辽宁教育》1994 第八期上，有改动)

【2】“平行四边形的面积”的教学设计与意图

教学内容：

五年级“平行四边形的面积”

教学目标：

1. 理解平行四边形面积公式的推导过程并能记住平行四边形面积公式。

2. 能运用公式正确地计算平行四边形的面积。

3. 在学习新知识的过程中培养学生的思维能力，发展学生的空间观念。

4. 在公式推导过程中渗透转化、平移的数学思想。

教学重点：

使学生理解并掌握平行四边形的面积公式。

教学过程：

一、复习引入

1. 求下面长方形的面积。（口答）

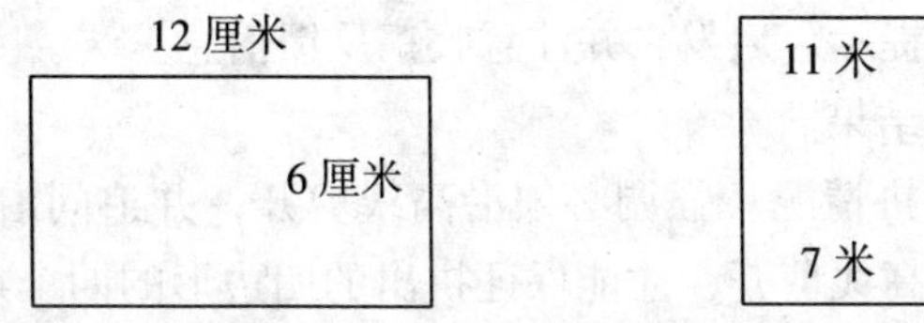

2. 提问：长方形面积的计算公式是什么？

3. 导入：计算长方形的面积同学们掌握得非常好，那么四边形中平行四边形的面积该怎样计算呢？今天我们师生共同来研究这个问题。（板书课题）

二、学习新课

（一）数方格、求面积。

教师让学生看书中 70 页左边的平行四边形，同时在屏幕上出示此图，说明怎样用数方格的方法求出它的面积，并说清注意问题。再让学生观察右边的长方形，数出长、宽各是多少厘米，并求出面积。

(二) 抓联系、导公式。

继续观察上面两个图形，能发现它们之间的联系吗？(同桌、前后桌同学研究、讨论)

引入实验：根据长方形与平行四边形之间的联系，不数方格能求出平行四边形的面积吗?师生共同做一个实验。

1. 每组发给一张画有底和高的平行四边形硬纸片，并让学生拿出准备好的剪刀。

2. 教师提实验要求：利用剪刀沿着这个平行四边形上的一条线(已知的或另画的均可) 剪开，移一移、拼一拼，将它转化成一个长方形。拼成之后思考两个问题：（1）拼成的长方形的面积与原平行四边形的面积一样大吗?为什么？(2) 拼成的长方形的长和宽分别相当于原平行四边形的什么?

3. 学生实验，教师巡视。放手让学生大胆尝试，失败了教师可以再发给实验材料继续实验，直到成功为止。思考的两个问题可以先让学生独立思考，然后相邻同学再研究讨论。教师桌间巡视，对个别学生教师可提示、启发，并注意收集反馈信息。

4. 汇报实验结果。

（1）汇报剪拼情况。强调必须沿高线剪开，并追问沿高线剪开的理由（只有沿高线剪开，才能保证拼出的四边形的四个角是直角，才能转化成长方形）。

教师渗透平移思想。引言：同学们在实验过程中，线找得准，剪得正确，并且拼出了长方形。但是老师发现剪开后移动时不够准确，请看老师演示 (教师借此机会，利用幻灯片或黑板上的图片叙述平移的方法，渗透平移思想)，教师演示后，让全体同学按教师的方法再移动一次。

(2) 汇报二者之间的联系。在学生汇报出拼成的长方形的面积与原平行四边形的面积相等时，教师要追问为什么?可引导学生说出：由平行四边形转化成长方形，只是图形发生了变化，但平面的大小没有变化，所以拼成的长方形的面积与原平行四边形的面积是完全相等的（面积相等即等积变形是推导平行四边形面积公式的前提，所以教师必须强调这一问题）。

让学生继续汇报：拼成的长方形的长和宽与原平行四边形的底和高有什么联系?

5. 推导公式。

引言：通过实验我们清楚了拼成的长方形的面积与原平行四边形的面积是相等的。长方形的长和宽又分别等于平行四边形的底和高，根据上面的条件，你能推导出平行四边形的面积公式吗?

引导学生说出：根据上面的条件，又因为长方形的面积=长×宽，所以平行四边形的面积=底×高，板书：

平行四边形的面积=底×高

教师讲如何用字母表示平行四边形的面积公式，然后板书：

$$S=a\times h$$

并指出在含有字母的式子里，字母和字母之间的乘号可以记作“·”，也可以省略不写。

(三) 用公式，再认识。

公式导出之后，还需初步运用公式，加深对公式的再理解、再认识。

出示例题，提问：

1. 已知条件是什么?

2. 求什么?

3. 根据已知条件能求吗?为什么?

根据此题让学生清楚：依据平行四边形的面积公式，只要知道平行四边形的底和高，就能求出平行四边形的面积。

三、巩固深化

(一) 基本题。

算出下面每个平行四边形的面积。

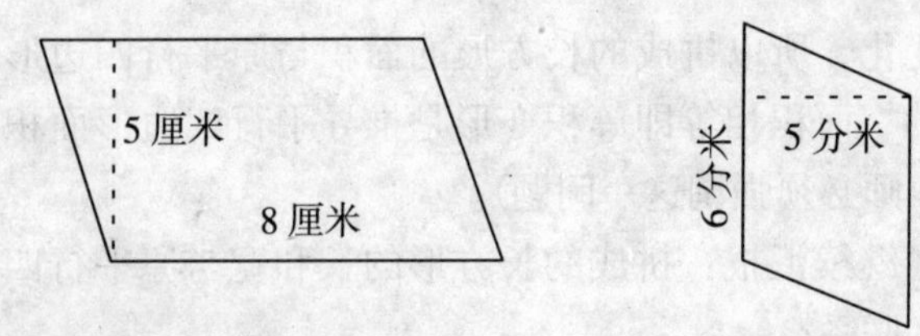

(二) 变式题。

(1) 算出下面平行四边形的面积。

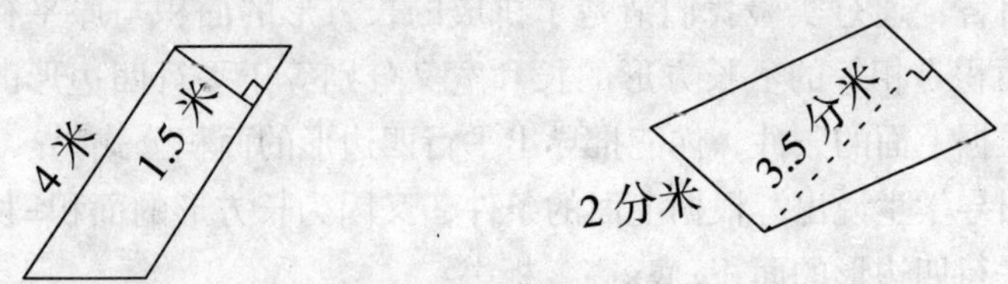

(2) 下面哪个平行四边形的面积能利用公式求出来。(能求的在括号里画√，不能的画×)

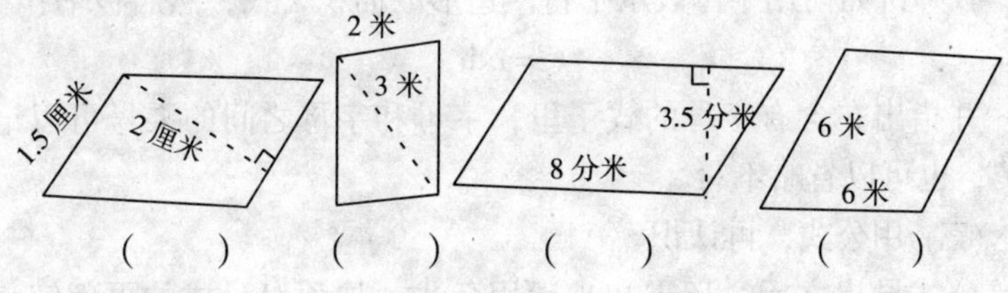

(三) 发展题。

1. 量一量，算一算面积各是多少?

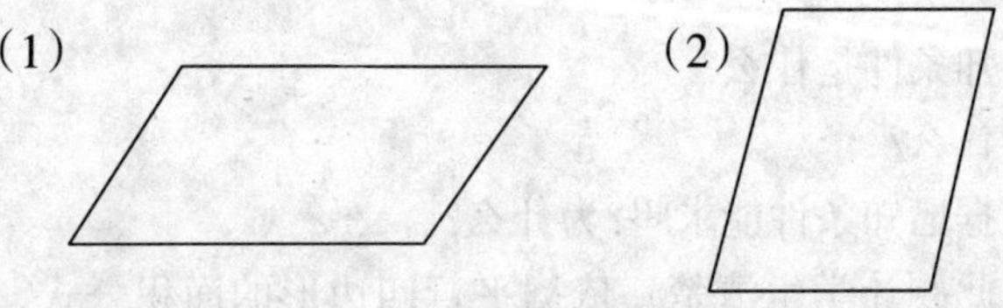

2. 一块平行四边形菜园，它的面积是 125 平方米，它的底边长是 25 米，它的高是多少米?

【设计意图】教学过程中首先体现重视知识的内在联系，充分运用迁移规律，使平行四边形面积公式的导出水到渠成。其次体现以学生为主体，为学生提出有容量、有质量的问题，为学生创设尽可能多的学习机会，让学生独立操作、实验、思考、研究、讨论，把学生当成课堂上的主人。第三体现学法指导。在学习新课的过程中体现学法指导：数方格求面积——抓联系导公式——用公式再认识。另外，在新课的教学过程中渗透平移思想及等积变形的思考方法。

【3】“圆的面积”教学片段与评析

推导圆的面积公式

(一) 引言：我们知道三角形、平行四边形、梯形等面积公式，都是借助学过的图形的面积公式推导出来的，那么圆的面积公式可以这样推导吗?

(二) 实验：请同学们拿出准备好的正方形纸片，你能想出办法从这张正方形纸片中一刀切成一个近似的圆吗?同学之间可以研究。

(将这张正方形纸片连续对角折，对折几次后，以一条直角边为半径，再对折几次，一刀切下后展开，便是一个近似的圆，图略)

【评析】这样的问题教材中没有现成的，需要教师挖掘。该问题有一定的启发性和探索性，因此学生能够真正研究讨论起来，可增强学生自主学习的积极性，有利于培养学生的创新意识。

师：比较一下，谁切出的图形更接近于圆?为什么?怎么办才能更接近于圆?

(将正方形纸片折的次数越多，切完后展开的图形就越接近于圆)

师：拿出准备好的圆形纸片，有的图片上分了 16 个相等的小扇形，有的图片上分了 32 个相等的小扇形，想一想还可以把它分成多少个相等的小扇形呢? (64 个、128 个、……)，将手中的圆片参照书上 115 页的方法，把这些小扇形剪开，然后思考：

1. 可以拼成哪些学过的图形? (近似的)

2. 拼成的图形的各边与圆的半径、周长有什么关系?

3. 能推导出圆的面积公式吗?为什么?

(教师走近学生，以研究者的身份参与学生的实验，发现问题时及时给予提示和点拨，必要时给予一定的指导，引导学生拼出如下各种图形。近似的)

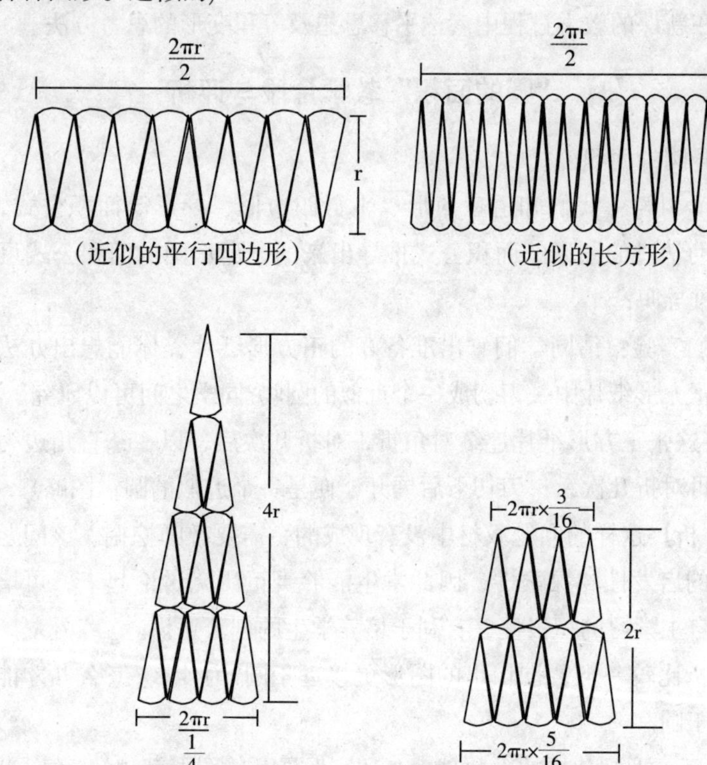

(近似的平行四边形)　(近似的长方形)

(近似的三角形)　(近似的梯形)

(当学生拼出后，教师让学生到黑板前面对全体同学说出拼的过程，说出圆的半径、周长与拼出的图形各边的关系，说出圆面积公式的推导过程)

(三) 得出结论。

师：同学们非常聪明，自己动手、动脑，根据已有知识，推导出了圆的面积公式。但值得注意的是，拼出的图形都是近似的长方形、三角形，如果把圆平均分成的份数越多，拼出的图形就越接近长方形、三角形等 (教师通过投影演示分成更多份拼出的图形的情况)，因此我们可以把圆的面积看做长方形、三角形等的面积，从而可以推导出圆的面积=πr^2。

【评析】在推导圆的面积公式这一新课环节中，教师深入挖掘了教学内容中培养创新意识和实践能力因素，为学生设计的问题不但有一定的探索性，而且有一定的开放性，同时还有一定的趣味性，学生在足够的时间里，通过操作、观察、猜测、联想、合作学习，从不同的角度思考问题，探索、解决问题，开阔了学生的视野，拓宽了学生的思路。学生将剪开后的小扇形拼成平行四边形、长方形……后，教师请学生到前面分别汇报，这一环节安排得好，使汇报的同学体验到了学习获得成功的快乐，增强了自己能够学懂数学的信心和勇气。使听汇报的同学，思维受到启发，获得了新的问题解决的思路，填补了自己在思考时没有意识到的一面。总之，在新课过程中，学生真正处在主体位置上，同时也实现了教师在课堂上的价值：组织、引导、参与。可想而知，学生在这样的氛围中学习，创新意识和实践能力自然会得到培养和提高。值得一提的是，教师能够自觉地、灵活地处理教材，挖掘教学内容中培养学生创新意识的因素，落实新课程中课程标准的精神。

【4】“平行四边形面积的计算”说课设计

教学内容:

五年级“平行四边形面积的计算”

内容分析:

平行四边形面积的计算这一教学内容，是在学生充分认识平行四边形、三角形和梯形，清楚了其特征及底和高的概念，并在掌握了长方形面积计算方法的基础上进行的。所以若想使学生理解掌握好平行四边形面积公式，必须以长方形的面积和平行四边形的底和高为基础，运用迁移和同化理论，使平行四边形面积的计算公式这一新知识，纳入到原有的认知结构之中。另外平行四边形面积公式这一内容学习得如何，直接与学习三角形和梯形的面积公式有着直接的关系。

教学目标：

1. 使学生理解并掌握平行四边形面积计算公式 (方法)，会运用平行四边形的面积公式求平行四边形的面积，并能解决日常生活中的简单实际问题。

2. 发展学生的空间观念，培养学生的思维能力、实践能力和创新意识。

教学难点：

使学生切实理解由平行四边形剪拼成长方形后，长方形的长和宽与平行四边形的底和高的关系。

教具学具：

1. 用投影片对照教材上的方格纸上画着的平行四边形和长方形的插图制成复合片演示教具。

2. 剪成两个底为 40 厘米，高为 30 厘米的平行四边形硬纸片为教师演示教具；让每个学生准备一个平行四边形纸片和一把剪刀。

针对上述内容的需要，可设计如下课堂教学环节：

一、巧设悬念，引入新知

由已知到未知，即由旧知识引入新知识，引导学生进行类推，掌握新概念，这是教学抽象的数学知识的一种重要途径。“平行四边形面积的计算”这一内容，与长方形面积的计算有着密切的联系，适合用这一途径进行教学。具体做法如下：

1. 板演：一长方形的长是 40 厘米，宽是 30 厘米，面积是多少平方厘米?

2. 出示准备好的平行四边形纸片，提问：这是什么图形？(平行四边形) 什么叫平行四边形?谁能指出它的底和高？(底 40 厘米，高 30 厘米)

3. 比较板题中长方形与这个平行四边形的面积谁大谁小?

通过第 1、2 两道题的复习，使学生清楚长方形的面积公式并清楚了平行四边形的概念及底和高的含义，为推导平行四边形的面积公式打下了扎实的基础。通过第 3 题的练习，产生悬念，引起学生学习平行四边形面积公式的动机与欲望，教师由此引出新课。

师：比较两个图形面积的大小，仅靠肉眼观察是不够的，必须科学地计算出它们的面积才能正确比较。长方形的面积我们会求了，平行四边形的面积怎样计算呢?这节课我们就来研究这个问题。板书课题 (略)，进入第二个环节。

二、自主探究，学习新知

1. 通过数方格引导学生发现：当长方形的长和宽分别与平行四边形的底和高相等时，它们的面积也相等。具体做法如下：

(1) 出示复合幻灯片 (方格网图)，从中取出一个小正方形，使学生明确，每一个小方格的边长都是 1 厘米，面积是 1 平方厘米。

(2) 在方格网图中出示长方形，让学生数一数，长、宽及面积各是多少?

(3) 在方格网图中出示平行四边形，让学生数一数，它的底、高及面积各是多少? (出现不满一格的都按半格计算)

(4) 观察数出的数据，你发现了什么? (略)

(5) 其他的长方形也能与这个平行四边形的面积相等吗?为什么?

2. 借助长方形的面积公式，引导学生发现平行四边形的面积公式。做法如下：

(1) 引言：用数方格的方法求面积很不方便，因此我们有必要探索出平行四边形面积计算的一般方法，你们有信心完成吗?

(2) 让学生拿出准备好的平行四边形纸片，让他们利用这张平行四边形硬纸片，想方设法剪拼转化成学过的图形。

(3) 分组观察思考：把剪拼后的长方形与原平行四边形比较：

①面积是什么关系?为什么?

②长方形的长和宽与平行四边形的底和高是什么关系?为什么?

③其他的平行四边形也是这样吗?

(4) 引导学生得出结论:

因为长方形的面积=长×宽，所以，平行四边形的面积=底×高

(5) 公式用字母表示。这一步骤需要使学生清楚每个字母的含义，并且知道 S=a·h 也可以写成 S=ah。

(6) 引导学生运用公式解决实际问题。

首先让学生看着平行四边形的面积公式回答：若想求平行四边形的面积，应该知道哪些条件?然后让学生比较新课开始前平行四边形的面积与长方形面积的大小，解除悬念。再让学生独立思考书中的例题，在教师的扶持下，让学生在黑板前和座位上齐做，教师巡视指导，共同订正。

(7) 质疑问难。(略)

三、解决问题，应用新知

此环节可安排下列练习对所学内容进行巩固与应用。

1. 先说出平行四边形的底和高各是多少，再计算面积 (教材中73 页做一做第 1 题)

2. 计算每个平行四边形的面积。(图形略)

3. 先测量出底和高，再算出面积。(图形略)

4. 一块平行四边形菜地。它的面积是 960 平方米，高是 25 米，与它相对应的底是多少米?

四、课堂总结（略）

(此文发表在《辽宁教育》上面，有改动)

第三章 统计与概率

第一节 低年级（一、二年级）

【1】“统计”的教学设计与意图

教学内容:

小学数学人教版一年下册第93~94页“统计”

教材分析:

“统计”是数学课程标准规定的四大领域内容之一，课标中明确指出：要重视学生对数据统计过程的体验，学习一些简单的收集、整理和描述数据的方法，认识统计的作用和意义。这也给统计内容的选择和编排提出了更高的要求，要重视学生经历数据收集、整理、描述的过程，并在这一过程中学习一些简单的统计知识，初步了解统计的方法。

学情分析:

在学习本单元之前，学生已经积累了一定的认数、计算以及把一些物体简单分类的经验，这些是学习统计知识的重要基础。在一年上册教材的学习中，学生对统计的体验只是数数、涂格，还没有系统地感悟和体验统计的全过程，对统计的意义和作用了解甚少，对统计的方法也比较陌生。所以在教学过程中紧贴学生生活实际,将统计思想融会于愉快的课堂教学之中,既符合了学生的年龄特点，又展现了数学知识的应用性。

教学目标:

1. 经历并初步体验数据收集、整理、描述的过程，学习一些简单的收集、整理和描述数据的方法，将数据整理成简单的条形统计图或统计表，能根据所描述的数据提出并回答简单的数学问题。

2. 使学生初步感受统计的思想和方法，感受统计与实际生活的联系，体会统计的意义和作用。

3. 通过对身边有趣的事例的调查活动，激发学生的学习兴趣，增强合作意识和实践能力。

教学重点：

使学生在亲身体验统计的过程中，学习一些简单的收集、整理和描述数据的方法，体会统计的意义和作用。

教学难点：

会看统计图、统计表，能根据所描述的数据提出并回答简单的数学问题。

教具准备：

统计图、统计表、课件。

教学过程：

一、初步感知，导入新课

1. 从学生熟悉的校园生活实际出发，让学生初步感知统计。

师：同学们，这就是我们的校园，它有宽敞的教学楼，美丽的校园，校园里很多地方有树木、小草还有鲜花。

师：（出示课件：一个小花坛中有 26 朵四种颜色的郁金香）我最喜欢学校的这一处小花坛，看到这些美丽的花，我想知道每种颜色的花各有多少朵，你能不能用我们学过的涂小格的方式表示出来？

学生完成题卡（先数各种颜色的花各有几朵，再涂色）。教师提示：涂完后注意标上下面的数字。同桌互相检查。

2. 对比出示花坛画面与统计图，引出新知。

师：（出示统计图）说一说各种颜色的花各有几朵？哪种花最多？哪种花最少？红花比蓝花多多少？

师：（对比出示花坛画面与统计图）比较题卡与刚才的画面，哪一个更能清楚地看出每种颜色的花各有多少朵？

（预设：第一幅图混在一块，看不清楚；第二幅图分开了就很清

楚)

师：（小结）像我们刚才那样把花的朵数数出来，并用涂小格的方式表示出来的这个过程，其实就是在进行统计，这节课我们进一步学习有关统计的知识（板书课题：统计）。

【设计意图】生活中统计有着广泛的应用，可以统计的素材也很多。教材中提供的素材很贴近学生生活。把这些花朵放在了校园这个情境之中，让学生在具体的情境中来初步认识统计这一内容，经历统计的搜集、整理和描述过程，既激发了学生的学习探究兴趣，又突出了数学知识的实际应用价值，培养学生学习数学、应用数学的意识和习惯，让学生感觉数学就在我们身边。

二、实践操作，掌握新知

1. 让学生体验收集数据的过程。

师：老师想了解一下同学们都喜欢什么颜色的花，

想想用什么方法了解呢？学生想方法，汇报。

(预设：①举手的方法。②以小组为单位数一数，再和其他小组数出的数放一起算出结果。③让大家分别起立，老师数一数等等)

【设计意图】教师给学生探究方法的空间，让学生动脑思考，自己想办法解决问题。生活中学生有这方面的经验，培养学生自主学习的能力。

2. 让学生体验整理数据的过程。

(1) 讨论调查的方法

师：还有一种方法，生活中也常用，每个人写出来自己喜欢的花的颜色，然后把小纸条集中到一起，现在就请同学们每人把你喜欢的花的颜色写出来，把纸条交给老师。（如果前面学生提到了这种方法，教师也要作为重点强调）

(2) 小组讨论记录的方法（方式开放，教师简介写“正”字的方法）。

师：前后的同学研究一下怎样才能记下来？

学生讨论记录的方法。

师：研究出来了吗？你打算怎么记？

（预设：1：老师说红色的，我在下面打“√”；老师说黄色的，我在下面画“□”；老师说蓝色的，我在下面画“△”；老师说粉色的，我在下面画“○”。

2. 老师说红色，我在下面打“√”。

3. 老师说红色，我在下面写“1”。

4. 老师说红色的，我在下面画“○○”；老师说黄色的，我在下面画“□□”；老师说蓝色的，我在下面画“□□”；老师说粉色的，我在下面画“△△”等等。）

【设计意图】学生能够自己解决的问题，教师就要充分地让学生自己解决，培养学生善于思考，主动学习的习惯和能力，学生实在解决不了的问题教师再点拨、启发、诱导、讲解。

教师简介写“正”字的方法，演示“正”字的结构，说明为什么。

(3) 进行记录。

教师读数据，学生记录算出喜欢每种花的学生人数。

3. 认识统计表、统计图。

师：（出示统计表）请同学们说数据，老师把它们填在统计表里。

红色	
黄色	
蓝色	
粉色	

师：（出示统计图）如果我们还用涂小格的方式表示的话，喜欢每种颜色的人数应该用多少个小格表示呢？

随着学生们的回答，教师完成统计图，讲解每个小格代表1朵花等相关知识。

师：像我们刚才这样把杂乱无章的数据整理成这样有条理的图形，这个图就是统计图。教师板书：统计图。

学生看统计图完成：喜欢（　　）色的人最多？喜欢蓝色的比喜欢粉色的多（　　）人。你还能得到什么信息？

统计图和统计表比较有什么不同？（学生讨论汇报）

【设计意图】通过比较加深学生对统计图的认识，明确学习统计图的意义。

师：这样可以使我们清楚地看到每种数据的数量和它们之间的关系，这就是统计图的意义。

【设计意图】在本环节中，为学生提供了从事数学实践活动的机会，学生经历并初步体验了数据收集、整理、描述的过程，通过数、涂、填，全体学生参与到了知识形成的过程中，同时也把分类和数形结合两种隐形数学思想在统计学习中建立起来。这也是本课最重要的一个环节，强调了学生各种能力的培养。

三、联系实际，巩固练习

1.（出示课件：我们的校园里，钢琴小组 3 人、舞蹈小组 6 人、计算机小组 15 人、田径队 5 人、篮球队 8 人在活动。这些人每人只选择了一项双休日活动）完成统计图。请帮老师算一下参加课外活动小组的一共有多少人？

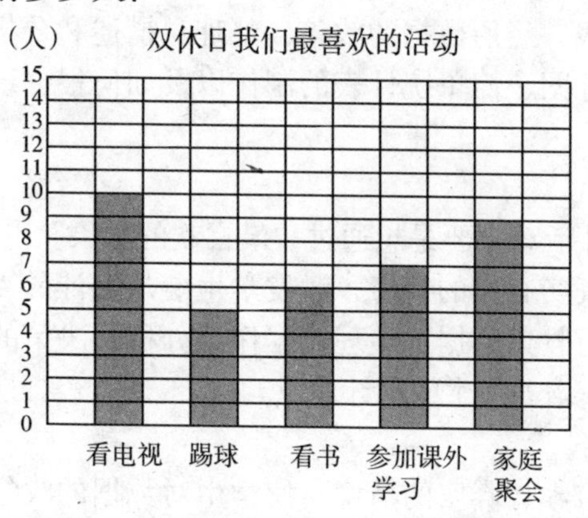

2. 双休日我们喜欢的活动中，哪项活动参加人数最少？

3.（　　　）活动最受大家欢迎，喜欢看电视的比喜欢看书的人多（　　　）人。

4. 你还能提出什么数学问题？写出 2 个。

四、归纳总结，拓展延伸

师：通过这节课的学习，你在统计上又学到了什么新本领？还有什么问题吗？

【设计意图】这样的问题不仅巩固了今天新学的统计方法，而且养成了归纳总结的学习习惯，学生对本课的学习也会有更深刻的印象，同时向学生提出新问题，拓展延伸到课下。在整节课中，仅仅围绕学生的生活设计教学，学生充分体会到了数学的价值。体会到了数学与生活的联系。帮助学生在统计活动中体会统计数学知识与我们的生活密不可分，发展学生的统计观念。

(调兵山市教师进修学校　庞茹)

【2】“最喜欢的水果”的教学设计与评析

教学内容：

北师大版小学数学第一册 94 页“统计”

内容分析：

“最喜欢的水果”这节课在北师大版教材的第 94 页。本节课通过让学生实践，经历数据的收集、整理、描述和分析等过程，初步体验条形统计图、简单统计表的制作以及如何根据统计图、表回答简单的问题。

设计思路：

这节统计活动主要是想通过“最喜欢的水果”、“最喜欢的动画片”这两个真实有趣的情境，激发学生参与统计的兴趣。然后组织学生亲自经历收集数据、整理数据作出分析和决策的过程，体会统计的必要性，培养学生的统计意识。

教学目标：

1. 借助有趣、真实的情境，使学生对数据的收集、整理、描述和分析过程有所体验。

2. 通过实例，认识统计表和条形统计图（1个格子代表一个单位），并完成相应的图表。

3. 能根据简单的问题，使用适当的方法收集数据，并将数据记录在统计表中。

4. 根据统计表中的数据提出并回答问题，能和同伴交换自己的想法，培养学生初步的创新精神。

教学重点：

1. 通过实例感受统计的必要性。

2. 通过实例，认识统计表和条形统计图（1个格子代表1个单位）。

3. 在具体的统计活动中经历调查与统计的过程。

4. 根据统计图表中的数据提出并回答简单的问题。

教学难点：

1. 学生能根据简单的问题，使用适当的方法收集数据，并将数据记录在统计图表中。

2. 组织有效的统计活动，使学生在活动中学会倾听，学会合作。

教具准备：

1. 课件准备：动画片片段。

2. 每个小组一个表格。

3. 水果图片等。

教学过程：

一、创设情境，激发兴趣

1. 元旦就要到了，我们班32人举行元旦联欢会，要买一些水果。现在老师就要调查一下每个同学最喜欢吃的水果情况。老师在众多水果中选出了四种，每个同学只能选一种。

师贴出四种水果的图片。

2. 调查、体验统计过程。

共有几种水果，都是什么水果？

(1) 以举手的方式做出调查，同学们分别报出各自喜欢的一种水果（结果是：喜欢吃苹果的 10 人，梨 3 人，香蕉 7 人，橘子 12 人）。

(2) 同学们都说出了自己的想法，我们用什么方式记录下来呢？

二、体验制图，交流评价

1. 小组交流用什么方法记录，一下子就能知道喜欢吃每种水果的人数多少。

2. 分组制象形统计图。

(1) 师说明：一个小格只能贴一个图片。

四个小组分别贴出图片。

(2) 评价，贴图片时要注意什么？

评价哪个小组贴的最好。

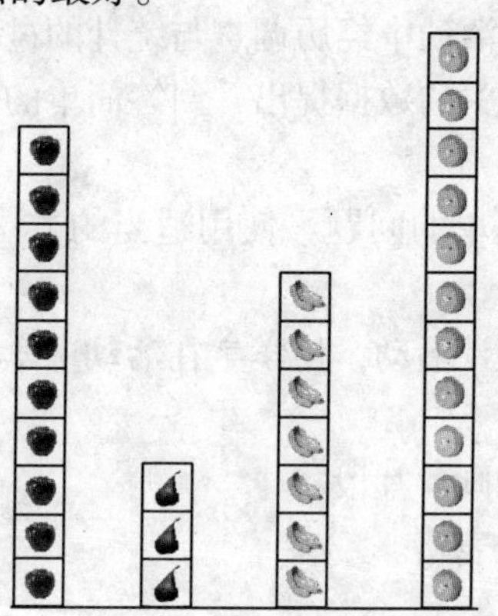

3. 请你看着这个图说出全班喜欢吃每种水果的各有多少人。

4. 你能把这个结果填写在下图的表格中吗？

苹果	梨	香蕉	橘子
(　　)个	(　　)个	(　　)个	(　　)个

5. 小组合作，谁能提出一个数学问题。

6. 师总结问题，大屏幕出示：

(1)（ ）比（ ）多（ ）个。

(2)（ ）比（  ）少（ ）个。

(3)（ ）比（ ）少（ ）个。

(4)（ ）比（  ）少（ ）个。

(5) 全班喜欢吃（ ）的同学最多。

(6) 全班喜欢吃（ ）的同学最少。

7. 教师小结。

刚才同学们共同完成了这项任务，太棒了。让我们一目了然地看见了统计结果，真了不起！

三、精设练习，合理应用

1. 同学们，你们喜欢看动画片吗？今天老师特意为你们带来了几部片子，想看看吗？

2. 现在就满足你们的愿望，但边看要边留心一下老师为你们带来了几部动画片，它们都叫什么名字呢？（播放几部动画片的片段）

3. 快说说一共播放了哪几部动画片？你最喜欢哪部？（学生们各自说出自己喜欢的片子）（四部动画片分别是：《西游记》、《红猫蓝兔七侠传》、《哪吒》、《天上掉下个猪八戒》）

4. 看来同学们都有自己喜欢的动画片，如果老师只想放映其中的一部片子，你们希望老师放映哪部呢？（学生抢着说出自己喜欢的片子，课堂气氛一下子热闹起来）

5. 看来同学们的意见不太一致，这下怎么办呢？谁来帮老师出个主意？（学生相互交流）

6. 这样吧，我们以小组为单位，用自己喜欢的方法，调查一下大多数同学喜欢哪部片子，这样可以尊重多数人的意见。

7. 现在老师发给每组一张白纸和四种动画图片。小组同学用自己喜欢的办法进行统计，每人选一种最喜欢的动画图片，贴在纸上，让大家一眼看出你们组喜欢哪部动画片的人最多。（小组活动，教

师巡视指导）

8. 小组黑板前展示，并由组长汇报。

9. 小组间评价，哪个小组的图示做得好。

10. 根据 8 个小组同学的统计图，全班进行统计。把喜欢各种动画片的结果填写在下面的统计表中。

西 游 记	红猫蓝兔七侠传	哪 吒	天上掉下个猪八戒
（ ）人	（ ）人	（ ）人	（ ）人

11. 那么我们现在应播放哪部动画片呢？（同学齐答）通过调查，你能提出什么问题？（生提出问题）

四、总结

同学们，这节课你快乐吗？你学会了什么？

板书设计：

最喜欢的水果

（ ）个	（ ）个	（ ）个	（ ）个

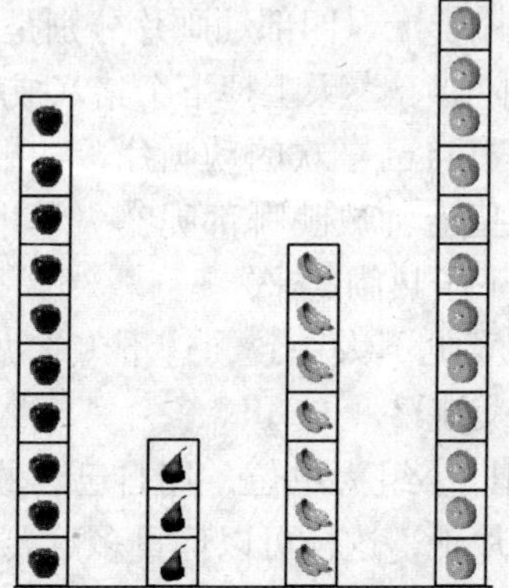

【教学评析】数学源于生活，统计知识在生活中应用很广泛。在人们的印象中统计知识很枯燥。在教学中注意依据教材，联系一年级学生的生活实际，力争将每个教学环节设计得生动有趣，使学生

积极地参加到数学活动中来。本课设计了两个教学活动，采用了小组合作学习，师生互动、生生互动的方式。绘制统计表后，让学生大胆提出数学问题，训练学生的求异思维，培养了学生的问题意识和从统计图中获取信息的能力。让学生体会到数学来源于生活，应用于生活。本教学设计具体特点如下：

1. 教师能创设生动的情境，激发学生学习的热情。

2. 营造生动活泼的课堂学习氛围，开展积极主动的学习活动。

3. 采用自主、合作学习的学习方式，师生互动、生生互动。

4. 有意识地培养学生的问题意识、创新精神和实践能力。

（铁岭市清河区教师进修学校区　满丽娣）

【3】“认识条形统计图”的教学设计及设计意图

教学内容：

义务教育课程标准实验教科书小学数学二年级下册“认识条形统计图”

教学目的：

1. 通过活动，让学生体验数据的收集、整理、描述和分析的过程，进一步了解统计的意义，会用简单的方法收集和整理数据。

2. 通过活动，让学生认识 1 个格子表示 5 个单位的条形统计图，能根据统计图表中的数据提出并回答简单的问题。

3. 通过活动，激发学生学习的兴趣，培养学生的合作意识、实践能力和创新意识。

重点难点：

认识 1 个格子表示 5 个单位的条形统计图，初步了解简单的数据分析方法，提出有关问题的建议。

课前准备：1. 以小组为单位组织开展套圈比赛。

2. 教学课件、统计表、统计图。

教学过程：

一、创设情境，激发兴趣

1. 谈话：小朋友，课前我们以小组为单位开展了一场好玩的套圈比赛。比赛规则：每人10个圈，套中一个得5分，谁得分最多就获胜。现在请大家在小组内说说自己套中几个圈，得几分，并在得分统计表里做好记录。

2. 出示套圈比赛得分统计表：

套圈比赛得分统计表　　（　）组

姓名						
得分						

3. 学生小组内汇报得分，收集、整理数据。

4. 各小组长展示得分统计表，汇报得分情况。

【设计意图】通过课前组织学生开展小组内的套圈比赛，让学生体验统计的作用和方法，激发学生学习兴趣的同时，让学生逐步形成统计观念。以小组交流的形式，让学生经历、体验数据收集和整理的全过程，养成积极参与的学习习惯。

二、分析数据特点，设计统计图

1. 教师引导学生观察数据，发现特点。

提问：从各组的得分统计表中，我们可以知道每个同学的得分。从同学们的得分中，你又有什么发现呢？

2. 学生汇报。（每人的得分都与5或10有关）

3. 引发学生思考：想想，如果用以前“一格代表1”的方法来制作统计图，你们组得分最多的要涂几个格？这样方便吗？怎么办？

4. 学生小组内讨论。

5. 学生汇报自己小组的想法。（一格代表5）

【设计意图】通过引导学生观察、分析数据，以及开展小组讨论，让学生发现“一格代表5”的方法，发展学生的统计思想，培养学生的创新意识。

三、小组合作，完成统计图

1. 出示统计图，让各组填写纵轴（一格代表5）。

2. 学生合作，完成统计图。

3. 学生回答有关问题：

①你组得分最多的是（　　），得分较少的是（　　），他们相差了（　　）分。

②如果你组要选派一名同学参加全班的总决赛，你认为派谁？为什么？

③各组选派参加全班总决赛的选手中，你认为谁最有可能夺取总冠军？

【设计意图】通过小组合作完成统计图，培养学生的合作精神。通过口答有关问题，让学生掌握统计的基本知识，培养学生收集信息、提出问题和解决问题的能力。

四、巩固与提高

1. P109 页例题 2。

①指导学生观察数据后，由学生独立在课本上完成统计图及有关问题。

②重点评析第 4 个小问题，引导学生掌握“经过数量最多的车”最有可能在 20 分钟后第一辆出现的概率思想。

2. P111 页做一做。

① 学生独立在课本上完成统计图及有关问题。

② 集体评析第 2 个小问题：让学生自主地畅谈还有什么发现？有什么建议？

③ 对学生的发言作恰当的评价。

【设计意图】通过书本例题和有关练习题，让学生进一步巩固“1 格代表 5”的统计知识，发展学生的统计思想。

五、畅谈收获，自我总结

本节课你有什么收获？你觉得自己的表现如何？还有哪些方面要努力？

【设计意图】以自主谈收获的形式，让学生养成及时、正确地进行自我评价的习惯。

【4】“抛硬币”教学实录与反思

教学内容：

义务教育课程标准实验教科书（北师大版）二年级上册第92~93页

知识目标：

在游戏活动中体会事件发生的可能性及其大小，并进一步体会到有些事件的发生是确定的，有些则是不确定的。形成一些解决问题的策略。

能力目标：

培养学生对日常生活中事件的判断能力、解决问题能力及学生间合作能力。

情感目标：

激发学生的求知欲望，在操作中培养学生主动探索和思考的习惯。

教学重点：

体会事件发生的可能性及可能性的大小。

教学难点：

根据实验结果得出合理的结论。

教学准备：

1. CAI课件。

2. 分小组：6人一小组。每组一个组长，一个助手。

3. 每小组一个盒子，盒子里有6个乒乓球（3个白球和3个黄球），每组一张统计表，一张题卡。

教学过程：

一、情境导入

师：今天我非常高兴和大家合作上这节课。老师知道大家都喜欢玩游戏，那么你们都喜欢玩哪些游戏呢？

生：捉迷藏……

二、引导探索，发现新知

游戏一：猜磁力扣在哪只手里。

师：老师手里有一个磁力扣，你们猜老师会把它放在哪只手里呢?

生：……

师：你们还想再玩一次吗?那么这一次可能会在哪只手里呢?

(引导小结：可能在左手也有可能在右手)

师：刚才有的同学猜磁力扣可能在左手，有的同学猜可能在右手。生活中像这种可能性的问题还有很多，今天就让我们一起来研究一下可能性。

板书：有可能

游戏二：摸球游戏。

(一) 师：现在有一个盒子，盒子里有6个乒乓球，3个黄球，3个白球。现在我们在盒子里摸一个球，你们猜我们可能会摸到什么颜色的球?

生：……

师：有的同学猜可能会摸到黄球，有的同学猜可能会摸到白球。你们想验证一下这个结论吗?那么就让我们来玩一个摸球游戏。每个小组也有一个和老师装有同样球的小盒子。组长组织组员每人摸一次球，统计好结果。然后根据你们摸到的结果讨论一下有什么发现。

2. 学生以小组为单位做摸球游戏。

3. 汇报结果。

师：请小组长汇报统计结果。

生1：我们小组摸到白球（　　）次，黄球（　　）次。

……我们发现盒子里有黄球和白球，我们可能摸到黄球也有可能摸到白球。

师总结：当盒子里有黄球和白球时，我们有可能摸到黄球也有可能摸到白球。这就是可能性当中的一种表现。

板书：可能

师：让我们来继续我们的摸球游戏。现在老师在盒子里拿出3个白球放进这个透明的盒子里，我们在这个盒子里一定会摸到什么颜色的球?

生：……

师：为什么?

生：……

师：那么我们把黄球放进来，会摸到怎么样的结果?

生：……

师：一定就是可能性当中的另一种表现。

板书：一定。

师：再来看我们的盒子。在装有黄色球的盒子里，我们想摸到一个白色的球,你们觉得可能吗?

生: 不可能。

师: 为什么?

生: 因为盒子里没有白球?

师: 那么在装有白球的盒子里摸一个黄球，你们觉得可能吗?

生: 不可能，因为盒子里没有黄球。

师: 那我现在把黄球和白球都放进盒子里，我想摸一个紫色的球,可能吗?

生: ……

师: 我们还不可能摸到什么颜色的球?

生: 不可能摸到红色的球，不可能摸到蓝色的球……

师: 不可能也是可能性当中的一种表现。

板书: 不可能。

4. 师总结：通过我们的游戏我们了解了可能性当中的三个表现“可能”“一定”“不可能”。

(二) 学以致用。

师：我这里有两道题，大家敢挑战吗?

生：……

师：请看大屏幕第一题，这是一道连线题，谁能来读一下题?

生：……

课件：

从每个箱子中任意摸出 1 个球，可能是什么球？

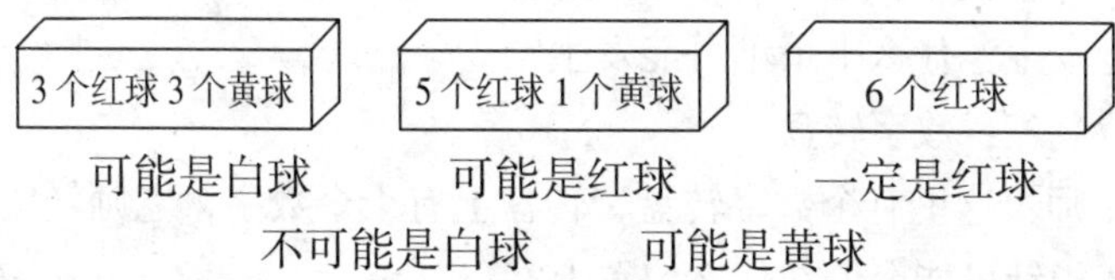

(1) 独立完成。

(2) 小组交流。

(3) 全班交流。

师：大家对这道题理解的都不错，那么下一道题大家有信心挑战吗？

生：……

师出示课件：

一定	√

不可能	×

可能	○

三、联系实际，灵活应用

师：在我们的生活中，也有许多可能性的问题。比如说：太阳从西边出来是不可能的。

师：请同学们想一想，生活中还有什么事情一定发生？什么事情可能发生？什么事情不可能发生？

游戏三：数字转盘。

1. 师：这里有个数字转盘，转盘上有十个数字，老师转动转盘，你们猜指针可能会停在什么位置上？

生：……

师总结：转盘上有十个数字，转盘转动后可能会停在其中的任意一个数字上。现在就让我们进行一个转转盘比赛。参赛的同学，每人转两次，得到两个数字，编成一个十位数。转第一次就要马上把第一次转的数填在其中一个数位上，再转到第二个数时就填在另一个数位上，然后跟你的对手比一比，看谁的数大，谁就赢了。

2. 请听规则……

注意：

如选择：4　　6

3　　8

7　　9

4. 师：说一说你能获胜的策略（办法）。

指名回答

……

小结：在转数的过程中，第一次转到大的数（如 7、8、9）就把它放在十位上，如果第一次转到小的数（如 0、1、2、3、4）就把它放在个位上，这样取胜的可能性就会更大。

四、总结（略）

【课后反思】本节课是数学概率研究的问题，通过本节课的学习使学生先感受最基础的知识“可能性”。数学来源于生活，并应用于生活。这堂课一开始，我结合学生的生活经验，让学生在现实情景中体会事情发生的不确定性与确定性。在教材设计的“抛硬币”情景的启示下，我设计了猜磁力扣在哪只手这一情景，导出课题展开教学。通过学生自己获得生活中的数学信息，使学生置身于熟悉的生活情景中，主动参加“摸球游戏”。这一情景的创设，让学生在现实生活中学习，不仅使学生对“一定”、“可能”、“不可能”有了初步感受，而且能领悟数学与现实生活的联系。通过练习题的检验，我了解了学生对本节课知识掌握的还是较好的。在最后的转盘比赛当中，不仅激发了学生们比赛的热情，也让他们在比赛过程中总结出了自己取胜的秘诀，了解了可能性大小这一问题，对知识有了延伸。

（开原市实验小学　李莹）

第二节　中年级（三、四年级）

【1】“游戏公平”教学课例与评析

教学内容：

四年级下册“游戏公平”

教材分析：

“游戏公平”这节课属于概率的一个内容，是在第一学段，已尝试定性描述及判断事情发生的可能性的基础上进行教学的，通过“掷硬币”、“玩转盘”、“掷骰子”等游戏活动，讨论游戏规则是否公平，并亲身试验，验证游戏规则的公平性和等可能性；能自己尝试设计使双方都公平的游戏。通过这一系列的活动，让学生在活动中获得直观感受，从而体会事件发生的等可能性和游戏规则的公平性。

设计思路：

（一）创设情境，提出问题

有疑问才能思考和探究。课堂上教师只有精心设计贴近学生生活、有意义和富有挑战性的问题情境，让学生在心里产生一种悬念，以疑激学，当学生心中有了疑问时，才会促使他们产生探索的欲望，诱发强烈的求知欲，从而积极主动地参与到数学学习的活动中来。本节课，教师创设教师与学生比赛玩斗智卡的情境，引发学生的问题意识。必须要想一个使双方都公平的游戏方法！先让学生根据自己的生活经验说一说，然后提出挑战性的问题：“大于3点学生先行，小于3点老师先行”你们觉得这个办法好吗？公平吗？这样，学生因为对游戏感兴趣，故而全身心投入到探索活动中来。

（二）引导探究，获得体验

本课的内容具有活动性、过程性、体验性的特点，因此我注重让学生亲自从事试验，引导学生收集试验数据、分析试验结果，在活动的过程中体会等可能性及游戏规则的公平性。组织活动由浅入深，通过“提出问题——开展辩论——得出结论 —试验验证——分析数据——修改规则——自己设计新游戏规则”让学生充分参与到活动的全过程，逐步加深学生对等可能性及游戏规则公平性的体验和感受。同时也让学生在活动中体会：真知来源于实践，要用事实来说话。试验起到了验证的作用，是一种很好的学习方法。

（三）回归现实，解决问题

数学来源于生活并要回归于生活。本课精心设计了几个实际应用的情境。如转盘游戏，让学生能运用所学知识进行辨析，体会到外面很多抽奖活动具有欺诈性，是不公平的。还设计掷瓶盖和扑克牌等游戏，让全体学生都兴趣盎然的参与到活动中来，都会设计公平的游戏规则，让学生感受学有所用，感受数学的价值。

（四）注重合作，提高效能

数学教学是数学活动的教学，是师生之间、学生之间交往互动与共同发展的过程。本课提供给学生充分的合作交流的机会，创设基于师生交流、互动的教学关系，彼此形成一个真正的学习共同体，从而达到共识、共享、共进。根据教学内容和问题情境，适时地引进小组合作学习，帮助学生设计恰当的学习活动，每个学生有明确的分工，有充分的合作学习的时间，以提高合作效能。本课的一系列活动，都是让学生在小组合作中完成，使学生在合作中学会学习，在学习中学会合作，不断提高探究学习的有效性。

教材简析：

本课教材主要是让学生能辨别游戏规则是否公平，并能设计简单游戏的公平规则。因此安排了游戏，通过游戏使学生体会游戏规则的公平性。

学生分析：

学生在第一学段，已有了尝试定性描述及判断事情发生的可能性的基础，学生在学习本课时可能不会从游戏的规则中发现游戏的不公平，必须通过实际操作才能体验出来。由于本课都是在设计游戏，在玩游戏，在玩游戏时发现问题，所以学生的兴趣会很高。他们在最后自己设计游戏规则时会遇到一些困难，如：制定规则时可能说的话不够严谨等。他们在学习时会通过自己独立思考、小组讨论和动手实践等方式进行学习探索。

教学目标：

1. 使学生经历游戏规则的制定过程，体验规则在游戏中的作用，建立规则意识；通过游戏是否公平的判断，感受游戏的公平原则。

2. 通过游戏活动，使学生进一步体验游戏中不确定现象的特点；利用可能性的知识经验判断规则是否公平，会调整游戏规则，使游戏公平；能制定规则，设计对双方都公平的游戏。

3. 使学生能用合适的方法验证可能性对双方是否是等同的。

教学准备：

1. 学生准备：分小组准备转盘、点数是1~8的扑克各一张，一把围棋子，一枚硬币、一个骰子，每个小组一支彩笔。

2. 教师准备：用于学生验证的汇总表格、幻灯片课件。

教学过程：

一、创设游戏情境，感受规则意识

师：孩子们，你们喜欢做游戏吗？今天我们一起来做几个游戏，好不好？（板书：游戏）

出示转盘：这是什么？（转盘）

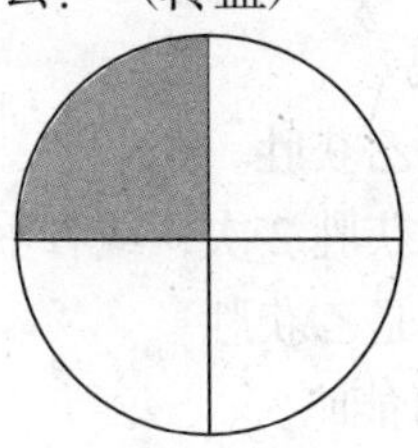

谁愿意上来？开始！

（学生感到很困惑，不知道如何开始）

师：怎么了？

生：没有游戏规则，没法玩。

师：对了，有游戏规则，才可以玩。（板书：规则）出示游戏规则。

转盘游戏的规则：

(1) 双方先选好各自的颜色；

(2) 每人轮流转一次，须转一圈以上；

(3) 指针指向自己选定的颜色则获胜，否则对方获胜；

(4) 如果指针指在两个颜色的交界处，须重新操作。

教师边出示规则边安装指针。

二、感受游戏可能性，体验公平性原则

1. 对规则有意见吗？没有就可以开始了，你想选什么颜色？

生：这样不公平。

师：为什么？

生1：这个转盘蓝色部分小，白色部分大。

生2：指针指向蓝色的可能性小，指向白色的可能性大。

师：我们试一下吧，试4次吧，如果甲选蓝色，乙选白色，据你们估计，他们各会获胜几次？

生3：可能甲胜1次，乙胜3次。

师：为什么？

生3：因为这个转盘平均分成了4份，蓝色只占1份，而白色占了3份。

师：会出现其他可能吗？

生4：也可能4次都是乙获胜。

生5：还可能甲、乙各获胜2次，或者甲胜3次、乙胜1次。

生6：也有可能4次都是乙获胜。

师：大家说，有这种可能吗？

生7：有这种可能，不过可能性非常小。

师：那哪种可能比较大些呢？

生 8：乙胜 3 次，甲胜 1 次的可能性比较大；4 次都是乙获胜的可能性也比较大。

大多数学生都猜“乙胜 3 次，甲胜 1 次”。

（演示）

2. 看来这个游戏真的不公平，你们愿意玩这样的游戏吗？

（学生齐声地：不愿意！）

师：看来，游戏有了规则才可以玩，公平才好玩。

板书：公平。

3. 师：那现在怎样修改转盘才能对双方都公平呢？下面每组拿出自己的转盘，比一比哪个组能最快设计出一个对双方都公平的转盘。

学生设计转盘，老师巡视。（设计好的可去帮助别的组）

4. 师：看一看，黑板上展示的这些转盘对双方是不是都是公平的？我们就来挑选一个，请两个同学上来，玩一下公平的转盘游戏。

生：各自选定颜色。

师：由于时间关系，我们一次定输赢吧。由他们俩谁来转呢？谁有办法能公平的选出操作的人？

生 1：我有办法，用抛硬币的办法。猜中的就操作转盘，这个办法比较公平。（老师板书：抛硬币）

生 2：石头、剪刀、布也挺公平的。老师问：说说为什么说它是公平的？

（每人都有三种出法，输赢的可能是相等的。）（老师板书：石头、剪刀、布）

生 3：还可以掷骰子，分 1、2、3 和 4、5、6 来猜，猜中的操作。（老师板书：掷骰子）

师：这样公平吗？

生 4：这样公平，因为每个人都有三种可能，分 1、3、5 和 2、4、6 也可以。

师：笑笑也想到了这个办法，她分大于 3 点的和小于 3 点的，大家觉得怎么样？

生 5：不好，这样不公平，大于 3 点的有 4、5、6 三种可能，而小于 3 点的只有 1、2 两种可能。

生 6：也可以这样，抓一把围棋子，让他们猜单数还是双数。(老师板书：猜单双)

师：也是很好的办法，围棋比赛确定谁先走棋就是用这样的办法！

……

师：大家给你们提供了这么多办法，你们打算选用哪种？

5. 两学生选方法做转盘游戏。

6. 老师：你们想玩吗？下面就分组玩转盘游戏。请看小组游戏规则。

老师出示规则，生齐读。

小组玩转盘的游戏规则：

(1) 由组长当裁判；

(2) 用抽扑克牌的方法选出游戏双方。由点数最大和最小的两人进行游戏，其余组员当观众；

(3) 游戏双方先选好各自的颜色；

(4) 双方各操作转盘一次，须用力使转盘旋转一圈以上；

(5) 指针指向自己选定的颜色则获胜，否则对方获胜；

(6) 如果指针指在两个颜色的交界处，须重新操作；

(7) 比一比哪个组纪律最好，完成最快。

师：读懂了吗？那就开始吧！

学生分组做游戏，老师巡视。

【设计意图】在本节课的教学设计中，以没有规则的游戏引入，让学生感受游戏规则的必要性；以不公平的游戏无法进行，让学生发现游戏公平原则的重要性；以一次定输赢，让学生主动寻找选择操作者的公平方法；以学生自己设计转盘，让学生体会游戏的公平性。

三、验证游戏公平性，进行游戏实践

1. 抛瓶盖游戏。

师：看来做游戏，需要有规则，也需要公平。还想玩游戏吗？(出示瓶盖) 问：你们看这是什么？咱们来用瓶盖做个游戏好吗？笑笑早为我们设计好了一个抛瓶盖的游戏规则。我们一起来看一看。

出示游戏规则：

①使瓶盖在与桌面同等的高度时自由落下。

② 瓶盖面朝上甲胜，瓶盖面朝下乙胜。

师：怎么样？感觉她设计的这个游戏对双方公平吗？

生 1：我感觉是公平的，因为一共就两种可能，要么向下，要么向上。

生 2：我觉得不公平，因为瓶盖一边大，一边小，落下来的可能性会不同。

统计两种观点的支持人数。

师：这都是我们的分析，究竟是不是公平，我们还是来实验一下吧。大家觉得应该做几次实验？

生 3：我觉得做 3 次就可以了，就能比较出来哪种可能性大。

师：有不同的看法吗？

生 4：3 次不好，或许碰巧就都朝上，或者都向下。

师：是啊，这样的偶然现象也会出现。那实验几次？

生 5：10 次，不，20 次，这样就能看出哪一种可能性大一些，偶然性就小了。

师：也就是说实验的次数越多，受偶然性的影响越小，是吧？

生齐声地：是，次数再多一些。

师：我有一个建议，我们每个小组都做 10 次，然后把全班的情况汇总一下。

(1) 老师提要求：由组长合理选出抛瓶盖的人，再选一个记录员，用记“正”的方法记录抛瓶盖结果。

(2) 小组实验、填表。(填书上)

第（ ）小组	盖面朝上	盖面朝下
次数		

(3) 汇总：小组长汇报，老师填汇总表。

	盖面朝上	盖面朝下
第一小组		
第二小组		
第三小组		
第四小组		
第五小组		
第六小组		
合计		

老师总结：从这个汇总表可以看出，这个游戏公平吗？（盖面朝上次数明显少于盖面向下的次数）（不公平）

【设计意图】“掷瓶盖”环节是难以分析确定的瓶盖游戏，让学生实践验证：有的游戏看似公平，但只有实际操作起来才知道它是否公平。通过“掷瓶盖”游戏活动，使学生进一步体验游戏中不确定现象的特点；利用可能性的知识经验判断规则是否公平。

2. 扑克游戏。(15 分钟)

看来有些游戏看似公平，但一实际玩起来就会觉得不公平了。所以有些就需要实验才能验证。还想玩游戏吗？（出示 8 张扑克图）问：这是什么？你们能利用这几张扑克设计一个对双方都公平的游戏吗？

(指名回答，大家讨论游戏的公平性)

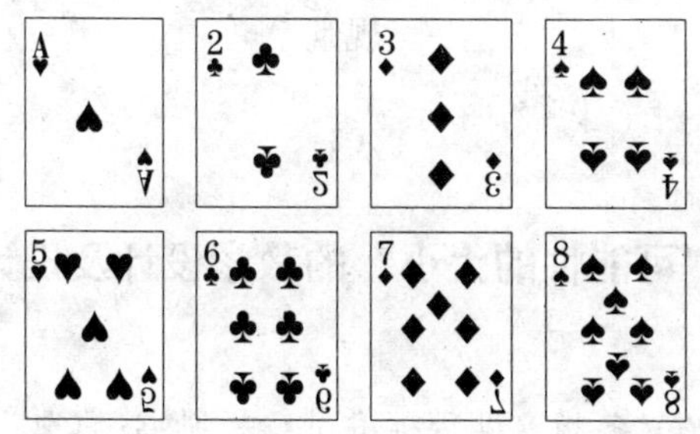

生边汇报边用扑克演示（其余学生判断他们的规则是否公平）：

生1：我的游戏规则是这样的：双方选定颜色——红的、黑的，随意抽出一张，猜中的获胜。

生2：我的游戏规则是：双方选定数字，分1到4，5到8，随意抽出一张，猜中的获胜。

生3：我和他差不多，就是分单数和双数。

生4：我的游戏规则是：4个人玩，选定花色，随意抽出一张，猜中的获胜。

……

老师：你们真聪明，想出了那么多的游戏，制定的规则也很公平，那么有兴趣就课下玩吧。

【设计意图】此环节以开放性非常强的扑克游戏做载体，让学生制定比较公平的游戏规则。让他们真实地玩游戏，切实地解决游戏中的问题，感受游戏中的数学，体验数学的价值。

师小结（1分钟）：这节课上的高兴吗？通过这节课，你们懂得了什么？如果有兴趣，可以把你们的游戏规则再重新制定，让它尽量公平，这样才玩得更快乐。

【设计意图】此环节激发学生运用课上所学知识解决他们课外游戏中的问题，他们学了怎样制定公平游戏规则的知识后就会有种跃跃欲试的心理，所以他们就会不知不觉地把所学知识加以运用。

板书设计：

规则

游戏

公平

【2】“可能性的大小”的教学设计及设计意图

教学内容：

北师大版《义务教育课程标准试验教科书·数学》三年级上册第84~85页

教学目标：

1. 通过“猜测——实践——验证”的摸球游戏，让学生经历事件发生的可能性大小的探索过程，初步感受事件发生的可能性是不确定的，体会事件发生的可能性是有大有小的。

2. 能对一些事件发生的可能性大小进行描述，结合具体情境，能对某些事件进行初步的猜测和推理，知道其可能性的大小。

3. 在活动交流中培养学生合作学习的意识和能力，获得良好的情感体验。

4. 通过质疑和综合练习培养学生的求异思维和创新意识。

教学重点：

感受某些事件发生的可能性是不确定的，理解并掌握事件发生的可能性大小的规律。

教学准备：

1号盒和2号盒；黄、白色的乒乓球各10个；教学课件。

每组一个摸球的盒子；每组黄、白色的乒乓球各10个；摸球记录单每组各一张。

教学过程：

一、激趣导入，揭示课题

师：同学们，你们喜欢做游戏吗?有的游戏既好玩，里面又有许多小秘密，今天我们就利用这节课的时间来做摸球游戏。看你能不能从中得到启发，学到新知识。（板书课题：摸球游戏）

【设计意图】本课开门见山，直接由学生喜欢的游戏入手，激发了学生的学习兴趣，有效地调动了学生参与的积极性。

二、自主探究，学习新知

（一）活动一：比赛摸球，回顾事件发生的确定性和不确定性。

师：（出示两个盒子：1号盒和2号盒）老师这儿有两个盒子，里面各放了5个球。现在，我们把全班同学按男、女生分两组进行摸球比赛。要求：每组派一名代表来摸，一共摸五次，最后看哪组摸到黄球的次数多，哪组就获胜。（注：每次摸到的球不再放回盒子里）

比赛结果：摸1号盒的同学摸到了5次黄球，而摸2号盒的同学则5次摸到的都是白球。

师：现在我宣布摸1号盒的小组获胜。

学生质疑：比赛不公平。因为：1号盒里装的都是黄球，2号盒里装的都是白球。（引导出“一定”“不可能”）

师：现在，老师从2号盒里拿出2个白球，再放进2个黄球，这回可以进行比赛了吧。

师：还不行，为什么？

学生回答。（引导出“可能”）

师小结：当盒子里只有黄球时，无论怎样摸，摸出的结果都一定是黄球；当盒子里只有白球时，无论怎样摸，摸出的结果都一定是白球，而不可能是黄球，像这样的事件我们就称为确定事件；当盒子里有黄球和白球时，我们有时会摸到黄球，有时会摸到白球，这样的结果就是不确定的，这种不确定的结果就叫做可能。

板书：可能

【设计意图】通过摸球比赛，既调动了学生的学习兴趣，使其积极地投入学习中来，又可以使学生在玩中进一步理解了事件发生结果的一定性、不可能性和可能性。这一活动唤起了学生对旧知的记忆，为学习新知识做好铺垫，起到“引路导航”的作用。

（二）活动二：摸球游戏，体验事件发生可能性的大小。

师：现在老师改变1号盒子里黄球、白球的数量，变为1个白的、4个黄的。这样两个盒子里都既有黄球又有白球了，可以比赛了吧？还不行？为什么？

生猜想：1号盒子里黄球的数量多，摸到黄球的可能性就大，2号盒子里黄球的数量少，摸到的可能性就少。

师：这只不过是我们的猜想，怎样才能证明我们的猜想是正确的呢？

师：就采用大家的办法，要通过实验来验证一下我们的猜想是不是成立。

师：老师为每组准备了装有9个黄球和1个白球的盒子，下面我们就以小组为单位一起做摸球游戏好吗？

课件出示游戏的规则：

(1) 小组内有序的轮流摸球，每人摸4次，要先猜后摸。

(2) 每摸出一个球在记录纸上记录球的颜色，然后把球放回盒内，摇一摇，再摸。

(3) 小组交流：游戏结果与你的猜测一致吗？为什么会出现这样的结果？

(学生以组为单位摸球、统计、讨论。教师巡视学生实验结果)

师：哪个小组汇报实验情况？并说说你们发现了什么？

师：我们将全班摸球的结果合在一块儿来看看吧（出示全班摸球汇总结果），这说明了什么？

师：通过这个游戏，验证了我们的猜想。黄球的数量比白球多，摸到黄球的可能性大。白球数量比黄球少，摸到白球的可能性就小。

板书：　　　　多　　　　　　　　大

　　数量　　　　　　　　可能性

　　　　　　　少　　　　　　　　小

【设计意图】数学活动应当是一个生动活泼的和富有个性的过程。学生通过摸球游戏，在亲历、体验的过程中感悟、体会到事情发生的可能性的大小。另外，学生通过在小组内先分工、再实验、到最后分析结果、得出结论，经历了合作交流、与人分享的过程，使他们体会合作学习的快乐，同时促进学生的完善与发展。学生才是真正的主人，这种共同研讨的学习模式，培养了学生的合作意识和科学的研究态度。

（三）活动三：再次摸球，体会数量决定可能性的大小。

师：如果再增加一种颜色，是否仍然符合“物体数量多少决定摸出哪种物体可能性大小的规律”呢？

师出示：盒子里有 2 红、4 黄、8 白三种颜色的球，一共有 14 个球，任意摸出一个球，会是什么颜色呢？（学生猜测）

学生现场摸球，教师及时记录。

师：通过这次摸球，你有什么新的的发现？

师小结：可能性大小与物体数量多少是密切相关的，可能性大时就可以说我们很可能摸到黄球，可能性小时就可以说偶尔能摸到白球。

板书：很可能　偶尔

【设计意图】通过第一次的摸球游戏，学生对事件发生的可能性大小有了感性的认识。再次的摸球游戏，使每人又经历“猜测——实践——验证”过程，加深了对可能性大小的理解，进一步体会到什么情况下可能性大，什么情况下可能性小。

三、解释应用，拓展延伸

1. 装球游戏。

师:下面我们来玩一个装球游戏，四人一组，每组有 10 个黄球和 10 个白球。

(课件出示要求)

(1) 任意摸一个，一定是白球。

(2) 任意摸一个，不可能是白球。

(3) 任意摸一个，摸到白球的可能性大于黄球。

(4) 任意摸一个，偶尔摸到白球。

学生分组装球并说明理由。

2. 旅游问题。

师：同学们，老师今年寒假想去游玩，搜集了一些城市的资料，请你们来欣赏欣赏。（出示课件：书上85页第二题）如果我要滑雪，你会给老师什么建议呢？说明理由。

3. 请你用“一定、不可能、可能、经常、偶尔”填一填。

（1）我们（　　）会长大。

（2）我课后（　　）打球。

（3）花儿（　　）都是香的。

（4）小明（　　）会感冒。

（5）明天（　　）下雪。

师：你能用“一定”“经常”“偶尔”“不可能”等词语来说说生活中的一些事情发生的可能性吗？

【设计意图】通过多层次的练习，让学生加深对可能性大小的理解，更让学生感受到数学知识就在自己的身边，使学生联系生活实际，体验可能性。

四、归纳总结，回归生活

师：这节课我们在摸球游戏中学到了很多知识，把你这节课的收获与大家一起分享好吗？

师：生活中的数学知识还很多，希望同学们都能做一个留心观察的孩子，不断地去发现、探索。

（开原市教师进修学校　李静波）

【3】“猜一猜”的教学设计与评析

教学内容：

北师大（版）义务教育课程标准实验教科书三年级“猜一猜”

教材分析：

本节课是在学生了解事件可能发生或一定发生，简单事件发生的可能性有大小的知识基础上进行教学的，使学生进一步知道事件发生有几种可能，体会可能性是有大小的。教材中提供了转转盘、抛图钉和摸球3个实验活动，提供的实验活动充分利用学生已有的知识经验，将猜测与实验相结合，通过具体的活动来体验随机事件中所蕴涵的规律，突出实验在研究随机现象中的作用。

学生分析：

1. 三年级的学生已接受了一定时间合作交流的尝试和实践，具有了一定的与同伴合作学习、实验的意识和能力。

2. 学生已在二年级和三年级上学期的数学学习中，通过进行实验、探索、操作活动，体验了事件发生的不确定性，体会到事情发生的可能性有大有小。

3. 学生对数据的收集、整理、描述和分析有所体验，掌握了一些简单的数据处理技能，会制作简单的统计表。

教学目标：

1. 知识与技能目标：经历可能性的具体试验，感受事情发生的不确定性，从中体验某些事件发生的可能性大小。能列举出事件可能发生的所有结果。

2. 过程与方法目标：使学生获得一些初步的数学活动经验和运用数学进行思考的能力。感受到动手试验是获得科学结论的一种有效方法，培养学生通过实验获取数据、并利用数据进行猜测与推理的能力。

3. 情感与态度：体会数学与生活的密切联系，使学生体验数学活动充满探索与创造，感受数学的严谨性、科学性，形成实事求是的态度以及积极思考的习惯。

教学方法：

实验法、提问法

板书设计：

猜一猜

形状

可能性　　数量

（大、小）　　面积

课堂练习：

1. 丢沙包比赛

2. 介绍抛骰子的游戏

3. 小知识

教学过程：

一、创设情境，导入新课

同学们！你们喜欢玩游戏吗？这节课我们就来玩《猜一猜》的游戏。（板书课题）

二、巧设游戏，玩中学习

1. 活动一：转盘游戏。

（1）同学们，看老师给你们带来了什么？（出示转盘）现在老师想转动它，指针可能停留在哪种颜色上？有几种可能？大家猜一猜指针最有可能停在哪种颜色上？（学生说）为什么？说说你的理由。

（2）这只是你们的猜测，怎么证明你们的猜测是正确的呢？

验证：请两名同学来记录结果。

每个小组选一名同学来转动转盘。从结果看，我们猜测的是正确的吗？

（3）师：老师这里还有一个转盘，想不想再猜一猜。（出示转盘，学生观察，判断）

班内集体反馈，重点让学生说说可能性大的原因。

（4）小结：通过这几个转盘的猜测与验证，想一想：指针停的位置与什么有关系？有什么关系？

（5）其实在我们的生活中有很多事情都跟可能性有关，（出示转盘）比如，现在有一家商场准备用转盘搞抽奖活动，想一想，转动这个转盘，会出现几种可能的情况？如果你是经理，你准备怎么制定中奖规则？

2. 活动二：抛瓶盖游戏。

（1）师：除了转盘老师还给同学们带来了一样东西——瓶盖。

如果老师把瓶盖抛出去，掉到桌面上，大家猜一猜会出现什么情况？(学生猜可能出现三种情况)

(2) 问：出现这三种情况的可能性一样大吗？（学生猜）

(3) 师：我们的猜测是否正确呢？请同学们用瓶盖来亲自验证一下。

活动要求：（电脑课件出示）

(4) 学生活动。教师参与到小组中，指导学生的活动。

(5) 班内反馈。

① 请学生在班内说说自己的发现，用出现次数的多少来证明可能性的大小。

②看到这种情况，你有问题吗？

3. 活动三：摸球游戏。

(1) 猜一猜。

2 个白球和 1 个黄球，任意摸一个球，有几种结果？摸到什么颜色的可能性大？摸到什么颜色的可能性小？理由是什么？

2 个白球 1 个黄球 3 个红球，任意摸一个球，有几种结果？摸到什么颜色的可能性大？摸到什么颜色的可能性小？理由呢？

(2) 讨论：2 个白球 2 个黄球混在一起，任意摸 2 个球，可能出现哪几种结果？（3 种：黄黄、白白、黄白）

师：我们一起来实际摸一摸，看看谁猜得对。

学生以小组为单位用跳棋做实验证明猜测的正确。

4. 总结：通过刚才的猜测验证，我们了解可能性是有大有小的，可能性的大小与面积、形状、数量等因素有一定的关系。可能性与我们的生活联系非常紧密，希望同学们多观察，多思考，让学习的知识为生活服务。

三、巧设练习，实践应用

1. 丢沙包比赛。

怎样能让我们得到的分数多，使丢沙包很容易？（扩大范围）

2. 介绍掷骰子的游戏。

课件出示：如果掷到六点你走一步，如果掷不到六点我就走一步。

愿意玩吗？为什么？你想怎样制定公平的游戏规则？

小结：我们同学多会动脑筋啊，用自己的智慧，使比赛变得公平而有意义！

3. 小知识。

课件出示“你知道吗?”，学生读一读，说一说。

在生活中还有什么事情和可能性有关呢?

四、总结收获 拓展延伸（略）

教学反思：

这节课力求体现新课程的理念，让学生大胆猜想，并在此基础上提供大量的游戏实践活动，加强学生对数学知识的感受和体验，通过小组合作交流，师生交流关注孩子在数学学习活动中的情感体验、成功体验等方面都有很好的尝试，具体说来：

1. 课标指出，教学中要特别关注学生的体验，让学生动手实践、自主探究、合作交流。本节课整体设计中，充分体现以学生为主体，自己猜测，自己游戏实践，小组合作交流，步步展开，深入体验，使学生在态度和情感等方面得到了较大的发展。

2. 教学要体现“以人为本”的思想，就必须重视学生的主体参与程度，在参与的积极性提高的同时为了保证参与效率，良好的组织、管理、协调又是必不可少的。这节课由于以学生乐于参与的游戏为主，给了学生充分表现自己的机会，学生积极性很高，又充分发挥了小组长的作用，使课堂组织有序，效果井然，发展兴趣的同时，使学生的良好课堂学习习惯得以培养，奠定了学生发展的良好基础。

在教学过程中我发现学生在研究可能性问题时，对猜测与实验十分感兴趣，在教学时我能抓住学生的思维兴奋点，运用已有的生活经验和知识经验，对一些事件发生的结果及可能性大小进行猜测，在实验的过程中让他们进行体验与判断。在教学过程中培养了学生通过实验获取数据，并利用数据进行猜测与推理的能力。

【评析】《课程标准》中指出：“数学教学是数学活动的教学。”

本节课李老师以学生的具体活动为主线，充分体现了玩中学、学中乐、学中得的教学思想，让学生在生动具体的情境中学习数学，教学思路清晰明了，知识层次具有梯度，教师与学生的交流亲切自然，对学生的启发、点拨恰到好处，教学效果良好。纵观本节课的教学，我认为主要有以下几方面的特点：

（一）创设有趣的数学情境，激发学生的探究欲望。

本节课李老师以游戏贯穿整节课的始终，从玩转盘到抛瓶盖，从摸球到玩棋子，从丢沙包到掷骰子，在这一系列活动中，学生参与的积极性很高，学习兴趣浓厚，课堂的学习气氛十分活跃。

（二）让学生在具体的活动中体验数学、理解数学。

在教学过程中，李老师十分重视学生的已有经验和实践活动，以“猜测——实践——验证——反思等一系列的学习活动为主线，充分让学生在动手、动口、动脑中去探索，让学生在具体的游戏中体验可能性的大小，探索数学思想、方法并获得结论，培养了学生的创新意识并且能让学生在活动中体会成功的喜悦。

（三）密切联系学生生活，体现应用数学意识。

在教学本节课时，李老师设计的整个教学过程始终紧密联系了学生的生活实际，为学生创设了生活化的数学情境。例如，在让学生充分感知了可能性大小后，教师创设了“抽奖转盘”的游戏，设计了“降雨概率”、“举生活中与可能性大小有关的例子”等练习，不但让学生加深对可能性大小的理解，而且让学生切身感受到所学数学是生活的一部分，真正做到了数学知识从生活中来，回到生活中去。

（铁岭市银州区实验小学　李爽　评析：韩春明）

第三节　高年级（五、六年级）

【1】“可能性的大小”教学设计与设计意图

教学内容：

义务教育课程标准实验教科书五年级上册“可能性的大小中的

摸球游戏”

教学目标：

1. 在游戏与实验的基础上，使学生进一步认识客观事件发生的可能性的大小。

2. 能用具体的数表示可能性的大小。

3. 经历事件发生的可能性大小的探索过程，进一步感受随机现象的统计规律性。

4. 在数学活动中培养学生用不同的方法和策略分析、解决问题的意识和能力。

5. 体会数学知识与现实生活的联系，体会数学的价值，培养学生热爱数学的兴趣及探索数学的精神。

重点难点：

理解和掌握用具体的数表示可能性大小的含义和方法。

教学过程：

一、创设情境，提出问题

1. 摸球比赛

师：我的箱子里有 6 个红色跳棋子，5 个绿色跳棋子，5 个粉色跳棋子，2 个黄色跳棋子。每个小组派一名代表到前面来摸跳棋子，每人摸 5 次，每摸出一次确定颜色后放回箱中摇匀再摸，看哪个小组摸到的黄色跳棋子多。

(教师组织学生快速进行比赛，得出名次。祝贺得第一的小组)

师：我们继续观察箱子里面的棋子，想一想：摸出哪种颜色棋子的可能性最大？摸出哪种颜色棋子的可能性最小？摸出绿色棋子和摸出粉色棋子的可能性怎么样呢？

2. 揭示新课

师：可能性问题，除了用一定、可能性大、小、同样大这些语言表述以外，还可不可以用学过的数来表示呢？这节课我们就来共同研究这个问题。板题：可能性的大小。

【设计意图】兴趣是最好的老师，课初以学生熟悉喜欢的游戏比赛引入，生动有趣，激起学生的学习欲望和疑问。然后在学生已有知识和已有经验基础上引出新课，起到较好的导入效果。

二、动手操作，自主探究

1. 引导学生独立思考，自主探究：要分别用什么数表示这三个箱子摸到白球的可能性的大小。让学生把数填在表格上，同时课件出示如下表格。

分别用一个数表示这三个箱子摸到白球的可能性的大小

1号箱	2号箱	3号箱
不可能	可能	一定能
用______表示	用______表示	用______表示

2. 学生汇报。

教师板书出学生的不同的表示法。

【设计意图】把课堂交给学生，要让学生尽可能地自己去发现，去创造，教师只是这个过程的引导者，这样培养出来的学生才有创新意识。本环节是在学生强烈的学习欲望被调动后，马上抓住最佳的思考契机，让学生探究“可以用什么样的数”分别表示三个箱子摸到白球的可能性大小，由此能产生较好的探究需要，也为下面的讨论研究提供了平台和素材。

三、归纳整理，形成新知

1. 引导质疑：是不是几位同学所举的这些数可以用来分别表示上述三种摸球的结果呢？接着让学生先探究“不可能”和“一定能”的两种情况分别用什么数表示比较合适。

引导学生从“不可能发生”的几种方法中，找出合适的表示方法（可能性是“0”——用“0”表示简单明了）。再用同样方法找出“一定能发生”的现象——用可能性是“1”来表示。

2. 适时解释应用：让学生列举生活中上述两种现象的例子，并用语言进行相应的表达。

【设计意图】通过学生生成的资源，让他们在争辩中分析取舍，教师在关键处给予引导，在学生对“不可能”可用“0”表示、“一定能”可用“1”表示的意见认同后，及时联系生活实例，能使学生感悟到数学源于生活又高于生活；这样的设计不但体现学生的学和教师的导的和谐统一，而且针对性强，课堂效率高。

3. 再组织学生通过对 2 号箱摸到白球的可能性大小及同学所写的不同数的分析中，确定可以用分数“$\frac{1}{5}$”来表示比较恰当。

(1) 启发引导：为什么可以用$\frac{1}{5}$来表示呢？

教师：（拿出 2 号箱的 1 个黄球）这个球有可能被摸到吗？这就是一种可能；（再拿出另 1 个黄球）这个球有可能被摸到吗？现在有几种可能？（指着箱中所有的球）这个箱子中的 5 个球都有可能被摸到吗？总共有几种可能？其中摸到白球的可能有几种？所以，摸到白球的可能性大小用数来表示应该是多少？从而让学生理解用分数表示可能性大小的意义。

(2) 适时练习：教师通过往 2 号箱中先加入 1 个黄球，再加入 1 个白球，再加入 1 个白球，让学生分别说出能摸到白球、黄球的可能性的大小，来巩固新知。

【设计意图】本环节是本课的重点也是难点，学生只是初步知道可以用$\frac{1}{5}$来表示两个箱摸到白球的可能性的大小，但对到底为何能用且要用这个分数来表示并不完全理解。所以这里教师的启发引导显得特别重要。当学生初步了解用分数来表示可能性大小的意义后，及时进行练习，使学生学得扎实有效。

四、提升认识，发展思维

1. 归纳总结：

师：以前我们只会用文字来表示可能性的大小，通过今天的学习，我们又懂得了用数来表示可能性的大小，会更加准确明了。

2. 提升认识，发展思维：

借助线段图 $\underset{}{\overset{0\qquad\qquad 1}{\lfloor\qquad\qquad\rfloor}}$，让学生知道，可能性的大小还可以通过线段上的点来表示。在教学时，注意引导学生观察某一点从线段的左端到右端，从线段的右端到左端的位置移动引起可能性大小的变化情况，直观描述可能性的变化趋势。

【设计意图】在这个环节中，教师引导学生归纳总结，让他们对知识有一个系统的认识是非常重要的。同时，教师在介绍用线段上的点来表示可能性的大小的同时，抓住有利时机，结合作线段图等动态的演示过程，自然而然地向学生渗透了"数形结合"和"极限"的数学思想。

五、合理应用、解决问题

（一）基本性练习。

1. 填空：

(1) 抛掷一个骰子，出现 3 点朝上的可能性是（　　）。

(2) 某单位举行抽奖活动，每个人都能中奖。设有一等奖 3 名，二等奖 10 名，三等奖 60 名，第一个抽奖者能中一等奖的可能性是（　　）。

2. 判断：

(1) 据推测，今天本地降雨的可能性是 1，意思是今天本地一定有雨。（　　）

(2) 抛掷一枚硬币，正面朝上的可能性是 $\frac{1}{2}$，也就是说，抛 20 次就一定有 10 次正面朝上。（　　）

（二）拓展延伸。

挑战自我：盒子中放着颜色不同的 3 个球，其中 2 个黄球 1 个白球，现在要求一次拿出两个球，你认为拿到 2 个都是黄球的可能性是多少？

师根据学生的回答板书出 $\frac{2}{3}$、$\frac{1}{2}$、$\frac{1}{3}$。

学生先认真观察，然后再在小组内交流：用哪个数表示才对？教师巡视。

学生汇报，争辩。针对学生不同意见，教师作如下引导：

1. 化抽象为形象。

请1男2女3个同学上台，分别代表1白球和2黄球。

问：把其中不同的两个球（同学）配成一对，总共有几种结果？几种可能？（生：3种）而拿到2个都是黄球的可能有几种？（1种）所以可能性是多少？

2. 化形象为抽象。

师：（课件）把这三个球排成一排，并分别标上字母A、B、C；

问：你能用以前学过的搭配中的学问来解释这个问题吗？（生：可能是AB也可能是AC，也可能是BC）

【设计意图】“课标”中强调，要让学生学有价值的、必需的数学，让不同的学生能有不同层次的发展。所以这部分的拓展练习，不仅使学生加深对用分数表示可能性的大小的意义的理解，而且还能让不同的学生能有不同层次的发展。在练习中，教师让学生先进行独立思考，观察、分析，在形成自己的认识后，再进行交流。这样留足了思维空间，使学生能有效地学习。同时教师的引导也十分讲究，为帮助学生理解，先通过模拟演示，化抽象为形象，再联系已有知识化形象为抽象，体现了数学化的建构过程。

【2】“统计与可能性”的教学设计

教学内容：

人教版小学数学五年级上册“统计与可能性”

教学目标：

1. 初步体验事件发生的等可能性以及游戏规则的公平性，会用分数表示事件发生的可能性；

2. 通过丰富的游戏活动和对生活中几种常见游戏（或现象）剖析与解释，使学生初步体会数学与生活的紧密联系。

教学重点：

体验事件发生的可能性以及游戏规则的公平性，会用分数表示事件发生的可能性。

教学难点：

能按要求设计公平的游戏方案。

教具学具：

课件；硬币；实验记录表;骰子；六个面上分别写上数字 1~6 的长方体等。

教学过程：

一、情境导入

师：同学们，你们看过足球比赛吗？

课件演示：如下情境图。

师：请观察图片，你们还记得足球比赛开始前用什么方法决定哪个队先开球吗？

师：同学们说得对，他们是用抛硬币的方法决定由哪个队先开球的，那么你们认为用这种抛硬币的方法决定哪个队开球公平吗？

【设计意图】由足球比赛开球前的情境引出游戏公平性的问题，能激发学生学习的兴趣，使学生知道数学与生活紧密联系，引导学生用数学的眼光关注生活。

二、探究新知

1. 动手实验，获取数据。

师：刚才有人认为硬币掉下来时正面朝上和反面朝上的机会相等，觉得抛硬币的方法很公平，也有人认为这样不公平，那到底这种方法公不公平呢？下面就来做一个实验，由大家亲自动手抛一抛硬币，看这种方法到底公不公平，好吗？

师：在开始实验之前，同学们要弄清楚实验要求，请看屏幕。

课件出示实验要求：

(1) 抛硬币 40 次，抛硬币时用力均匀，高度适中；

(2) 以小组为单位分别统计相关数据，填入实验报告单（如下表）；

(3) 小组成员分工协作，看哪个小组合作最好，完成得最快！

出现的情况	正面朝上	反面朝上	总次数
出现次数			

师：弄清楚实验要求了吗？老师想问大家，第 2 条中的相关数据是指什么？你们打算如何得到这些数据？

师：很好，我们要得到正面朝上的次数和反面朝上的次数，老师建议你们最好用画“正”字的方法来统计，那就动手开始实验吧！

师：大家做完实验了吗？请各个小组汇报实验结果。

课件出示统计表（如下表），根据学生的汇报教师填入数据。

小组	正面朝上	反面朝上	总次数
1			
2			
3			
4			
5			
…			
合计			

【设计意图】通过让学生经历抛硬币（40 次）的实验活动，使学生领悟到事件发生的可能性。在这过程中培养学生的交流能力和小组合作能力，激发他们探究数学的兴趣。

2. 分析数据，初步体验。

师：请你们认真观察实验数据，发现正面朝上的次数和反面朝上的次数相等吗?

师：对，既有相等的也有不相等的，但正面朝上的次数和反面朝上的次数接近吗?

师：想一想，如果把我们全部小组的实验数据加起来，那么正面朝上的次数和反面朝上的次数还接近吗?

教师把所有小组的正面朝上次数、反面朝上的次数、总次数分别求和。

师：通过分析，我们发现正面朝上的次数和反面朝上的次数仍然非常接近。

【设计意图】让学生通过对自己抛硬币实验得出的数据，观察分析及对实验过程的反思，使学生初步体验、理解游戏的公平性。

3. 阅读材料，加深体会。

师：如果我们继续抛下去，会是怎样的结果呢?历史上有很多数学家就做过抛硬币的实验。请看屏幕。

课件出示几位数学家的实验结果（如下表）。

数学家	总次数	正面朝上	反面朝上
德·摩根	4092	2048	2044
蒲丰	4040	2048	1992
费勒	10000	4979	5021
皮尔逊	24000	12012	11988
罗曼列夫斯基	80640	39699	40941

学生通过观察数据，发现正面朝上次数和反面朝上次数很接近。

4. 分数表示，科学验证。

师：我们做过了实验，观察了数学家实验的数据，发现正面朝上和反面朝上的次数很接近，说明正面朝上和反面朝上的可能性是……

师：对，它们的可能性是相同的，你们能用一个分数表示它们相同吗？

师：通过做实验，你们认为抛硬币决定谁先开球公平吗？为什么？

【设计意图】让学生经历“猜测——实验——记录数据——分析数据——深入理解——作出判断”的过程，给学生提供自主探索、合作交流的空间，使学生在活动中学习，在游戏中获得愉快的数学体验，促进学生学习能力的发展。

三、应用拓展

1. 师：刚才的学习，你们表现得很棒，学得很认真，现在老师要考考你们，会不会用学到的新知识解决问题，有信心接受挑战吗？

师：好，请看第一题，正方体的各面分别写着1、2、3、4、5、6。掷出每个数的可能性都是……

师：这么多同学举手想回答这个问题，老师也不知道该叫谁回答了。这样吧，我把全班分成三组，分别叫红组、黄组、蓝组，设计一个转盘，转盘上的指针停在哪种颜色上，相应颜色的组就获得答题资格，答对就奖一面红旗，看哪个组得的红旗多就算赢，好吗？

课件出示方案一（如下图）：转盘上红色占一半，蓝色、黄色各占$\frac{1}{4}$。

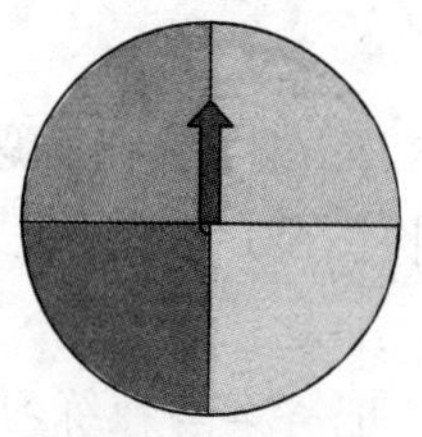

方案一

师：你们觉得这个转盘设计得公平吗？

师：既然大家都认为这个转盘不公平，那怎样设计转盘才公平呢？

师：就按照你们的修改意见，改成三种颜色各占$\frac{1}{3}$的转盘。

课件出示方案二（如下图）。

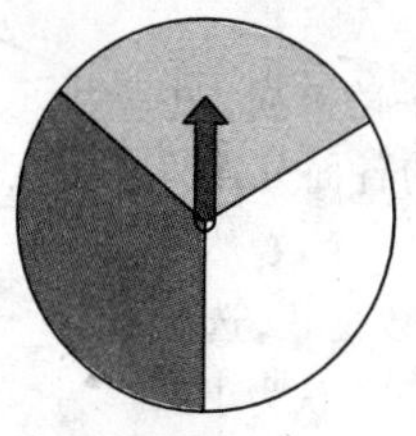

方案二

师：设计好转盘后，我们就开始转动转盘决定哪个组来回答第一题，好吗？

转动转盘，决定哪个组回答。

2. 师：恭喜你们获得了第一面红旗。我们看下一题，指针停在这四种颜色区域的可能性各是多少？

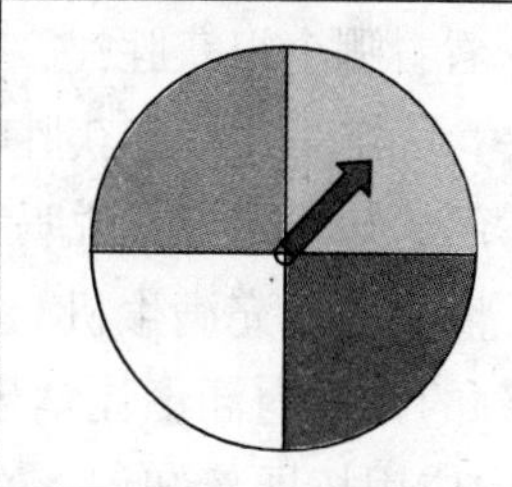

（1）指针停在这四种颜色区域的可能性各是多少？

（2）如果转动指针 100 次，估计大约会有多少次指针是停在红色区域呢？

先让学生独立思考，把答案写在练习纸上，再在小组中交流。

转动转盘，决定谁回答。

3. 师：看来难不倒你们，继续看下一题，如果转动指针 100 次，估计大约会有多少次指针停在红色区域呢？（课本练习二十第 2 题的第 2 小题）

先让学生独立思考，把答案写在练习纸上，再在小组中交流。转动转盘决定哪个组回答。

4. 师：请看下一题，6 个同学玩“老鹰捉小鸡”的游戏，小强在一块长方体橡皮的各面分别写上 1、2、3、4、5、6，每人选一个数，然后任意掷出橡皮，朝上的数是几，选这个数的人就来当“老鹰”。你认为小强设计的方案公平吗？（课本练习二十第 3 题）

6 名学生玩“老鹰捉小鸡”的游戏。小强在一块长方体橡皮的各面分别写上 1,2,3,4,5,6。每人选一个数，然后任意掷出橡皮，朝上的数是几，选这个数的人就来当“老鹰”。你认为小强设计的方案公平吗？

先让学生独立思考，再在小组中交流。转动转盘决定哪个组回答。

5. 师：今天的智力大比拼到此结束。看看哪个组获胜？

师：如果我们的智力大比拼继续下去，一定是这个组获胜吗？

师：为什么不一定呢？你能用今天学到的知识来说一说吗？

【设计意图】引入有效的竞争机制，整个课堂充满生机与活力，让学生感受到每一次游戏活动都富有深刻的数学内涵，让学生在玩中学，在学中悟，让学生在愉悦的情境中应用拓展新知识，真正体验到数学学习的快乐。让学生在公平、公正的游戏中进行巩固、应用、拓展性练习，体验游戏的公平性，再次让学生充分体验事件发生的等可能性。

四、收获与感受

师：同学们，在这节课的学习活动中，你们有什么收获？你们对这节课感受最深的是什么？

【设计意图】让学生总结自己的收获和感受，不仅给学生提供表现自我的机会，也较好地巩固新知识。能使学生再一次体会数学源于生活，生活中处处有数学，让学生真正做到学以致用。

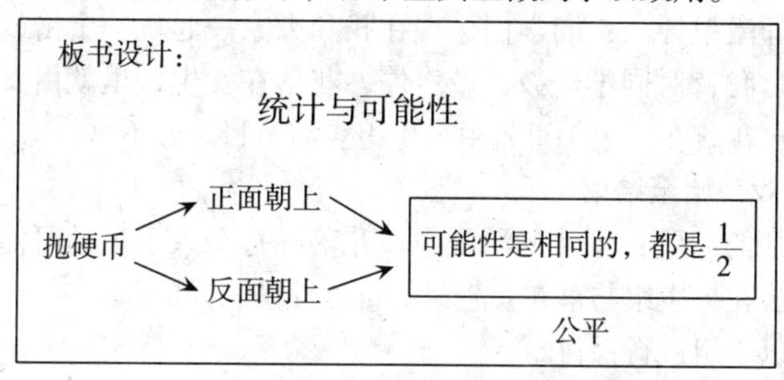

（昌图县教师进修学校小学部　李国昌）

【3】“可能性”的教学设计与评析

教学内容：

人教版《义务教育课程标准实验教科书·数学》五年级上册第六单元“统计与可能性”例2的内容

教学目标：

1. 通过击鼓传花游戏，使学生进一步加深对等可能事件的认识。

2. 使学生学会用几分之几来描述一个事件发生的概率。

3. 加深对游戏规则公平性的认识和理解。

4. 充分调动学生的学习积极性，培养学生的创新意识和实践能力。

教学重点：

会用几分之几来描述一个事件发生的概率。

教学难点:

击鼓传花中花落在每个人手里的可能性与落在男生（或女生）手里的可能性的关系。

教具学具:

被平均分成36份的圆和一个带有颜色区域的圆，卡片，转盘；学生每人准备一个空白转盘、水彩笔等。

教学过程:

一、激趣导入，引出课题

教师激趣导入：同学们，现在我和大家一起玩一个击鼓传花的游戏，由我背对同学击鼓，鼓声停，花落在女生手里就由女生组表演节目，花落在男生手里就由男生组表演节目。好不好?

(游戏开始至结束)

教师的问题：刚才的游戏中，花落在每个人手里的可能性相等吗？花落在男生组与落在女生组的可能性是怎样的?

可以小组进行探讨。

学生汇报：花落在每个人的手里可能性相等，落在男生组与落在女生组的可能性不相等。其他小组也同意这个结果。

师：这节课我们要进一步探讨可能性。

教师板书：可能性。

二、引导交流，深入探究

师：这节课主要研究用分数表示一个事件的可能性。

以我们班36人为例，女生17人，男生19人。花落在每个人手里的可能性与花落在女生组和男生组的可能性分别是多少？为什么?

教师出示一个圆帮助学生进一步理解：如果把我班学生看做一个整体，用这个圆来表示，我班有36人，就是把这个圆平均分成36份，这个圆中的每一份代表每一个学生，灰色代表男生，白色代表女生。

可以选择小组或同桌进行讨论。

学生汇报：花落在每个人手里的可能性是1/36。因为每个人占整体的 1/36。

花落在女生组的可能性是 17/36。因为女生组占整体的 17/36。

花落在男生组的可能性是 19/36。因为男生组占整体的 19/36。

师：我们怎样设计一个公平的方案，使得男生组与女生组表演节目的机会是相等的？可能性是多少？

小组讨论汇报：

（1）选派两名男生击鼓，这时男生组与女生组的人数相等了，表演节目的可能性都是 17/34。

（2）选派一名男生击鼓，教师参与到女生组，这时两组人数相等了，可能性都是 17/36。

……

师：要想游戏规则公平，就应该使得两组人数相等就可以了，我们在生活中进行游戏活动也要设计得公平些。

做一做：

教师出示一个被平均分成 8 份的转盘，其中红色占 3 份，蓝色占 3 份，黄色占 2 份。

（1）指针停在红、黄、蓝三种颜色区域的可能性各是多少？

（2）如果转动指针 80 次，估计大约会有多少次指针是停在红色区域呢？如果有困难可进行小组讨论。

学生独立完成，有困难的同学可以进行小组讨论。

三、学以致用，巩固知识

1. 一生读下面的题：

桌子上摆着 9 张卡片，分别写着 1 至 9 各数。如果摸到单数小明赢，如果摸到双数小芳赢。

（1） 摸到双数的可能性是多少？摸到单数的可能性呢？谁赢的可能性大一些？

（2） 这个游戏公平吗？小芳一定会输吗？

（3） 你能设计一个公平的方案吗？

教师对学生进行简单的评价。

2. 动手操作：请你利用手中的空白转盘设计一个实验，使指针停在红色区域的可能性分别是停在绿色和黄色区域的 2 倍。

操作之前先请学生说一说自己的想法。操作之后进行展示评价。

3. 教师出示转盘，平均分成 10 等分并标有数字 1~10。提出游戏规则：

甲转动指针，乙猜指针会停在哪一个数上。如果乙猜对了，乙获胜，如果乙猜错了甲获胜。

(1) 乙猜对的可能性是多少？猜错的可能性是多少？你觉得这个游戏规则公平吗？

(2) 乙一定会输吗？

(3) 现在有以下四种猜数的方法。如果你是乙，你会选择哪一种？请说明理由。

①不是 2 的倍数。 ②不是 3 的倍数。 ③大于 6 的数。 ④不大于 6 的数。

(小组进行讨论)

(4) 你能设计一个公平的规则吗？

四、情感体验，总结评价

师：这节课就要结束了，现在谈谈自己的体会吧。

(学生结合自己的感受随意谈体会，然后结束本节课)

【板书设计】

可　能　性

例 2

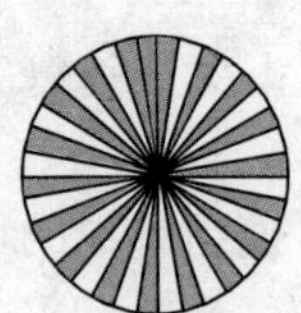

每　人	1/36
男生组	19/36
女生组	17/36

【设计意图】教师从击鼓传花游戏入手参与到学生之中，体现了教师与学生的平等地位，不仅激发了学生的学习兴趣，而且从中让学生体会到在我们平时的游戏中蕴含着数学知识，生活之中处处有数学。然后以本班学生为例，以圆盘为媒介，使学生切实感受到花

落在每个人手中的可能性与花落在男生组、女生组的可能性之间的关系，使教学难点不攻自破。然后根据男生比女生多的实际情况，感受游戏规则的不公平，进而设法改进规则，使游戏规则公平合理。利用多种练习形式，通过动手操作，选择判断，使学生的动手操作能力以及逻辑思维能力、语言表达能力等都得到了很好的锻炼，学生的创新意识得到培养。最后以学生简短的谈体会结束本节课，从而使知识目标与情感目标得以体现。

(铁岭县教师学校　姜春玲)

【4】“条形统计图”教学设计

教学目标：

1. 使学生认识条形统计图，知道条形统计图的意义和用途。

2. 了解制作条形统计图的一般步骤，初步学会制作条形统计图。

3. 在制作条形统计图的过程中培养学生的探究意识和创新意识。

教学重点：

掌握制条形统计图的一般步骤，能看图准确地回答问题。

教学难点：

制条形统计图的第（2）、（3）步，即分配条形的位置和决定表示降水量多少的单位长度。

教学过程：

一、创设情境，谈话引入

1. 师：庆祝“六一”儿童节的时候，学校安排了丰富多彩的游园活动，你们参加了哪些活动呢？能告诉我吗？

老师根据学生回答选其中的四项板书。

2. 提问：现在老师要对参加这些活动的男、女生进行统计，谁来当小小统计员？

请一位同学上黑板用最快的速度统计出来。

3. 提问:数据出来了，能不能做成条形统计图呢？（板书：条形统计图）大家试试看。

师：这节课我们继续学习“条形统计图”。

二、自主合作，探求新知

1. 以四人为一小组，先讨论画法然后独立作图。

学生动手操作

2. 展示学生作品，共同评价。

请个别学生说想法。

其他同学补充吗?

适当板书学生汇报情况：如单位、数据……

3. 根据评价结果，要求学生重新修改统计图。

4. 再展示、再评价。

5. 介绍条形统计图的意义及特点。

意义：条形统计图是用一个单位长度表示一定数量，根据数量的多少画出长短不同的直条，然后把这些直条按照一定的顺序排列起来。

特点：从图中很容易看出各种数量的多少。

教师提问：图中统计的内容是什么？图中画有两条互相垂直的射线，请你看看水平射线和垂直射线分别表示什么？

(学生小组讨论，交流)

(二) 教学制作条形统计图的方法。

1. 出示例 1 ：某地 1996—2000 年的年降水量如下表。

年份	1996 年	1997 年	1998 年	1999 年	2000 年
降水量（毫米）	920	860	1005	670	704

根据上表的数据，制成条形统计图。

2. 师生共议，总结制作方法。

(1) 根据图纸的大小，画出两条互相垂直的射线。

教师强调：要制的统计图有年份和降水量两方面的内容，需要用两条射线来表示。

先画一条水平的射线（向右）表示年份，再画一条与水平射线垂直的射线表示降水量。

教师说明：水平射线下面及垂直射线左面都要留有一条空白，因为水平射线下面要注明每个直条所表示的内容，垂直射线旁要注明各直条的数据，两条射线不能画在图纸的中间部位，因为那样会因高度不够画不下所画内容。

⑵ 在水平射线上适当分配条形的位置，确定直条的宽度和间隔。教师提问：例 1 的统计表中有几个年份？那么图中要画几个直条？

⑶ 在垂直射线上根据数的大小具体情况，确定单位长度表示多少。

教师讲述：年降水量最高的数据是 1005 毫米，垂直射线的高度要略高于最大的数量。在垂直射线上方要注明单位。

⑷ 按照数据的大小画出长短不同的直条。

教师讲述：为了准确地表示各个数据，还应在每个直条的顶上注明数量。

㈢ 引导学生看图分析。

1. 哪一年的降水量最多？是多少毫米？（1998 年降水量最多，1005 毫米）

2. 哪一年的降水量最少？是多少毫米？（1999 年降水量最少，670 毫米）

3. 最多年份降水量是最少年份降水量的几倍？（1005÷670，是 1.5 倍）

教师提问：对照统计图和统计表说一说，用哪种方式表示的数量关系更直观？

三、整理归纳，理性升华

今天我们学习了制作条形统计图的方法，现在我们来总结一下制作条形统计图的一般步骤（略）。

四、巩固新知，解决问题

1. 某地区 2000 年下半年每月降水量如下表。

月份	七	八	九	十	十一	十二
降水量（毫米）	190	175	205	150	86	52

根据上表中的数据，制成条形统计图。

2. 我国五座名山主峰的海拔高度如下表。

山名	泰山	华山	黄山	庐山	峨眉山
海拔(米)	1524	1997	1873	1500	3099

根据表中的数据，制成条形统计图。

3. 1952 年我国人均国内生产总值只有 119 元，1970 年为 275 元，1980 年为 460 元，1990 年为 1634 元，1988 年为 6404 元。根据上面的数据，制成条形统计图。（用 1 厘米长的直条表示 1000 元）

【设计意图】

1. 如何使用教材，这是走进新课程的教师所面临的一个现实问题。本节课教师在用好教材，但不迷信教材的基础上，结合学生的实际情况，选择了学生熟悉的“六一”节目，从和学生谈话中引出学生喜爱的节目的调查。这不仅拉近了教师与学生之间的关系，而且让学生置身于现实的问题情境之中，再次体验到生活中处处有数学。

2. 教学中如何制作统计图，给学生留出足够的时间去探究。让学生经历了独立思考、小组合作、交流探究条形统计图的过程。

3. 练习设计力求新颖，所有的习题都是贴近学生生活，真正符合课标要求，通过练习有效地激发了学生的学习兴趣。

总之，本节课在设计上力图体现数学教学从学生的经验和知识背景出发，为学生提供自主探究的机会，让他们在经历知识的形成过程中，真正理解和掌握数学知识、思想和方法，同时获得广泛的数学活动经验，促进学生的发展。

(西丰县教师学校　李广丰　董杰)

【5】“交通与数学”的教学设计与意图

教学内容：

义务教育实验教科书数学三年级上册“交通与数学”

教学目标：

1. 运用周长、乘法、搭配方法等数学知识，灵活解决实际生活中的数学问题。

2. 通过小组合作、交流，训练思维的灵活性、独立性和创造性，培养学生合作、交流以及独立思考的能力。

3. 感知图形、乘法计算、搭配方法等数学知识与实际生活的密切联系，从而激发学习数学的兴趣，培养良好的思维习惯，提高解决问题的能力。

教材分析：

"交通与数学"是在学生已经学习和掌握了平面图形周长的基础上进行教学的，它以"一位数乘三位数"的乘法计算和搭配方法等数学知识作支撑。其目的在于引导学生将学过的知识与生活实际联系起来，综合运用，提高解决问题的能力。

在教学中，注意引导学生运用已有的经验和知识基础，发现生活中的问题，解决生活中的问题，避免让学生机械地完成作业；同时教师要深入小组讨论，了解学生研究问题的深度和解决问题的方法，及时把握学生的思想动态，调整教学方式和方法，使学生的积极性得到充分的发挥。

教学过程：

一、谈话引入，揭示课题

师：同学们已经感觉到数学与我们的生活有着千丝万缕的联系，那么数学与交通有着怎样的联系呢？这节课我们共同来研究这个问题好吗？（板书课题：交通与数学）

二、营造氛围，注意安全

师：交通问题最重要的是安全问题，上学路上、放学路上、出门旅游等等，安全绝对是第一位的。"宁停三分，不抢一秒"，"时刻遵守交通规则"讲的都是这个道理。因此我们同学，我们大家时时刻刻都要注意交通安全。（大屏幕出示教材中的五个交通安全牌）

师：认识他们吗？每个交通安全牌各表示什么意义呢？小组讨

论后回答。

【设计意图】为了更好地强调交通安全的重要性，为了更好地营造交通与数学紧密相连的氛围，特将交通常识教育及交通安全教育环节提到了前面，让学生在研究交通与数学的联系之前，对交通常识、交通安全有一个较好了解和认识。

三、自主探究，解决问题

师：数学与交通有着密切的联系，那么交通中的数学问题你能想办法解决吗?

* 完成例一

出示教材中的例一情景图及四个问题，组内独立解决并汇报。四个问题：(1) 小东家到学校大约有多少米? (2) 小东每天上学和放学至少走多少米？ (3) 如果中午回家吃饭，小东每天上学和放学至少走多少米？ (4) 小东家在六楼，小东每上一层楼大约用 12 秒，他在 1 分时间内能从一层走到家吗?

以组为单位汇报解决问题情况，本组或其他组同学补充、完善。

* 完成例二

师：在火车站我们看到一张“火车硬卧票价表”，你发现了哪些信息?出示教材中的火车硬卧票价表。(生仔细观察，说一说看懂了什么，不明白的地方先在小组内交流，可以听听别的小组的见解，再回到自己小组交流)

* 出示问题。

(1) 北京到郑州有 689 千米，每张票价多少元?买 4 张需要多少元?

(生小组交流确定票价的依据，选派代表汇报，小组间相互评价)

(师对理由充分、大胆发言的同学及时给予表扬)

(2) 郑州到长沙有 898 千米，每张票价多少元?买 3 张票，500 元够吗?

(生小组交流，在小组内说出自己的想法，组内学生互相评价)

(师指名汇报，对学生的表现给予肯定)

(3) 北京到长沙有 1587 千米，每张票价多少元?

(生仔细观察，独立思考，个别回答)

(4) 张叔叔预订 2 张北京到长沙的火车硬卧票，每张需要交手续费 5 元，一共要付多少元?

(生小组交流，选派代表汇报交流结果)

(师巡视，听取学生分析问题的方法，对有困难的小组给予指导)

【设计意图】该环节的教学，充分考虑了主体性问题，让学生真正成为课堂上的主人。“小东上学”及“购买硬卧火车票”两个问题，给学生足够的时间和空间，完全让学生自主完成、探究完成、合作完成，教师的作用主要是组织、引导和评价。

四、质疑设疑，引发创新

师：关于交通与数学的联系你还有什么问题吗？如果老师想买一张从沈阳到上海的火车硬卧票需要多少钱？你有什么办法知道？

【设计意图】提出一个问题比解决一个问题更重要。因此，教师要在教学中安排了设疑或质疑环节，让学生养成质疑的习惯，提高质疑的能力。另外，培养质疑意识和能力也是培养创新意识必不可少的重要基础和重要因素。

第四章　实践与综合应用

【1】“生活中的时间”的教学设计及意图

课型：数学实践活动

年级：二年级

目的要求：

1. 加深对时间单位的认识，体会1时、1分、1秒的具体意义。
2. 进一步理解平均数的含义，应用平均数解决问题。
3. 能根据调查访谈、网络查询、实验统计、资料查阅等方式搜集获取有关时间的信息，并能根据信息说明简单的问题。
4. 在独立学习的同时，学会与他人互助合作。
5. 感受数学与生活的密切联系，焕发数学学习的热情。养成珍惜时间、合理安排时间的习惯。

活动准备：

1. 明确本次活动的意义和内容，激发参与活动的兴趣。
2. 组成4个活动小组，各小组进行合理分工；制定活动计划；撰写调查报告。
3. 请老师进行网络咨询的技术指导。

活动内容：

调查、交流时间的具体意义及相关知识，体验时间的价值。

活动过程：

一、布置活动，收集素材

各小组按照选定内容，由组长安排分工，开展活动，搜集相关信息。

第一组：小组成员对学校的教师、学生进行1天活动时间的访谈，并将访谈情况记录下表：

张教师 1 天活动时间表

起床	到校	午饭	下班	晚饭	备课、业务学习	睡觉

李明同学 1 天活动时间表

起床	上学	到校	午饭	放学	晚饭	完成作业	睡觉

第二组：小组长组织人员通过实验 (如做口算题、写字、数脉搏等) 统计 1 分钟的具体意义，将实验情况记录下表；采访父母 1 小时可以做些什么？将访谈情况记录下表：

1 分钟的意义　　　　　1 小时的意义

<table>
<tr><td rowspan="2">活动</td><td colspan="6">统计情况</td><td rowspan="2">平均数</td><td rowspan="2">活动</td><td rowspan="2"></td></tr>
<tr><td>1</td><td>2</td><td>3</td><td>4</td><td>5</td><td>6</td></tr>
<tr><td></td><td></td><td></td><td></td><td></td><td></td><td></td><td></td><td>访谈情况</td><td></td></tr>
</table>

第三组：小组成员通过网络咨询收集 1 分、1 秒的具体意义，并将情况记录下来。

第四组：小组成员到图书馆查阅资料，收集有关时间的知识 (如谜语、谚语、典故等)，并记录下来。

二、整理素材，课上交流

1. 小组交流：各小组在组内交流汇报，完成一份调查报告。

2. 全班交流：各小组选 1 名代表用正确的数学语言向全班介绍小组的调查报告。

3. 评估报告：各小组对自己的调查报告进行评估、讨论，哪些是需要改进的?是什么原因造成的?

4. 每人写一份活动收获。

三、总结提高，拓展应用

为自己设计一份科学合理的作息时间表。

【设计意图】本课是二年级学生在学习“时、分、秒”知识的基础上开展的实践活动。针对低年级学生年龄小，实践能力、合作能力较薄弱的特点，给各小组安排单项性调查活动，以降低活动难度。在小组成员调查活动的基础上，通过开展组内交流、班级交流、评估体验等活动，有利于学生相互分享调研成果，极大地丰富、拓展了对时间的认识。同时，培养了学生的数学应用意识、合作意识、自我评价意识及综合运用知识的能力。学生在谈收获、说体会的过程中，体验到成功的乐趣，教育学生珍惜时间，学会合理安排时间，做时间的主人，提高社会生活能力。

【2】"搭配中的学问"教学设计

教学内容：

北师大版数学三年级上册 26~27 页

教学目标：

1. 在具体情境中，通过观察猜测、动手操作、合作交流等活动，找出简单事物的组合数。

2. 在数学活动中，提高观察能力、分析能力，初步形成有顺序的全面思考问题的意识和习惯。

3. 经历解决实际问题的过程，感受数学在现实生活中的广泛应用，体会解决问题策略的多样性，尝试用数学方法解决实际问题。

4. 在探索的过程中，养成与人合作的良好习惯，获得成功的体验，增强对数学学习的兴趣和信心。

教学重点：

能有序地找出简单事件的组合数。

教学难点：

在解决问题时有序地思考问题。

教学准备：

多媒体教学课件，衣服、裤子图片。

教学过程：

一、情境导入，激发学习兴趣

同学们，元旦三天我们学校要开展为期三天的冬令营活动，你们愿意参加吗？

可是三天的食谱却让食堂的师傅很伤脑筋，你们能帮帮他们吗？

二、自主探索，解决问题

1. 活动一。

1月1日盒饭中的菜只限一个荤菜和一个素菜。怎样搭配好呢？有几种不同的配菜方法？

荤菜：　　肉丸子

素菜：　　白菜　冬瓜

学生自由配菜。

你们想怎样搭配?还有别的配菜方法吗?

通过刚才的配菜，大家可以看出，一个荤菜和两个素菜可以有几种配菜方法呢?

生答，师板书：

(1) 肉丸子　　白菜

(2) 肉丸子　　冬瓜

2. 活动二。

刚才大家选择了1月1日自己喜欢的菜，还学会了配菜，那么1月2日的菜该怎样搭配呢？还是一个荤菜和一个素菜搭配。

荤菜：牛排　　鱼

素菜：豆腐　油菜

请同学们自己试着配菜，可以用学具摆一摆、搭一搭，然后把你的配菜方法说给大家听，看看你们小组有几种配菜方法。

生自由配菜后小组交流。

师：哪个小组愿意把你们的配菜方法说给大家听。

你们听明白了吗？那你觉得他们的方法怎么样？学生互评。

教师作指导性评价。

3. 活动三。

看来大家都学会了配菜，1月3日是二荤三素的菜，谁能一次配成所有的菜呢?

请看菜谱：

荤菜：肉丸子　　虾

素菜：白菜　　豆腐　　冬瓜

请同学们试着独立配菜，然后说给大家听。

学生评议。

看来，搭配还真是一门学问啊！板书课题：搭配中的学问。

四、拓展应用，深化新知

1. 搭配服装。

不仅菜要搭配，参加冬令营的衣服也需要搭配呢。今天，李晓莉带来了几件衣服 (师挂出 2 件上衣、2 条裤子、1 条裙子)。她要配成 1 套衣服有多少种不同的搭配方法呢?请同学们帮帮她。

学生试着搭配，然后和同桌交流。

让学生到前面演示并说出有几种搭配方法。

2. 路线选择。

食谱、衣服都搭配好了，现在我们要研究一下行走路线（多媒体出示路线图）。

从学校经过动物园到驻地，一共有多少条路可以走呢?

学生写出自己的想法。

反馈交流。

五、全课总结

今天我们一起研究了搭配中的学问，我的收获很大，你有什么收获?

是呀，搭配中的学问可真多，生活中的数学更是无处不在，希望大家能留心观察身边的事物，有顺序地思考问题，使我们的生活更加有条不紊，更加绚丽多彩。

六、实践作业

回家后挑选几件适合参加冬令营的衣服试着搭配，看一看有几种搭配方法。

（铁岭市银州区实验小学　赵洪伟）

【3】"生活中的尺"教学设计

课型：数学实践活动课

年级：中年级

活动目标：

1. 善于创造性地发现自己身上的"尺"，并能正确地用这些尺去度量身边一些常见物体的长度（宽度、高度）。

2. 善于创造性地发现自己身边的"尺"，并能正确、合理使用。

3. 在自主实践活动中，进一步培养合作精神与数学交流能力，发展自身的空间观念。

4. 感受数学与现实生活的密切联系，形成"学数学、用数学"的意识。

活动准备：

2 人一小组，准备短尺、米尺及卷尺各一把。

活动过程：

一、小明的"奥秘"。

设疑：小明同学不用任何尺，却很快测量出课桌、文具盒、橡皮、教室等的长度大约是多少。你知道他是怎么测量的吗？

激趣：原来，小明同学在一次偶然的机会里，发现在自己身上有几把隐藏着的尺。

小明的"尺"			
类别	长度（厘米）	类别	长度（厘米）
身高	140	一拃的长度	16
第二粒纽扣以下	100	四指并拢的宽度	6
两臂左右伸开	130	匀速步行 1 步的距离	40

这次活动，是让我们一起来找一找、用一用这些神奇的"尺"。

二、我的"尺"在哪里。

介绍：其实，每个人身上都有一些隐藏着的"尺"。现在，就请你和你的伙伴合作，共同来发现你身上的那些尺，好吗？

活动：两人一组，互相测量对方身体相关部位的长度，并将数据记录在下面的表格里。

我的“尺”			
类别	长度（厘米）	类别	长度（厘米）
身高		一拃的长度	
第二粒纽扣以下		四指并拢的宽度	
两臂左右伸开		匀速步行 1 步的距离	

提示：如果你还能发现身上的另外一些“尺”，就请你填在表格最下面的空格里。

思考：现在你知道小明为什么不用“尺”也能测量出这些物体的长度了吗?将想法告诉你的同伴们。

三、我也来试一试。

交流：如果让你来测量下表中这些物体的长度，你会选择用哪把“尺”来测量?填在下面的表格中。

测量物体	测量“工具”	测量结果
教室的宽		
电视机柜的高		
跑道的长		
数学书的长		

实践：2 人一小组，共同完成这几项测量任务，并将测量到的结果填写在上表中相应的栏目里。

思考：你觉得只测量一次，测量的结果会不会很准确?试着多测量几次，然后用几次测量结果的平均数来代表测量的结果。

四、比一比谁量得快。

比赛：找一个好朋友，与他（她）进行一次测量长度的比赛。比赛规则是：你用身上的“尺”来测量长度，而让你的朋友用实际的尺来度量。

测量物体	你测量的结果	朋友测量的结果

交流：谁测量的速度比较快?谁测量的比较准?现在你发现用身边的“尺”进行测量有什么优点和缺点了吗?

五、“尺”不灵了。

讨论：一年后，小明再次用自己身上的“尺”去测量同一物体的长度，却发现，这次测量的结果与原来不一样了。你知道这是为什么吗?

(特别提示：人长高了，身上的“尺”也会发生相应的变化)

交流：将你的想法与小组里其他同学交流一下，注意要讲清其中的道理。

(资料介绍：通常，一个人成年以后，他身上的“尺”就不再发生很大的变化了。这时的“尺”将变得比较稳定)

六、身外还有“尺”吗?

我们的身体上有那么多好用而神奇的尺，那么，我们身边还能找到哪些好用而神奇的尺呢？（课上引导学生创造性地寻找，课下应用）

找到的“尺”	测量的物体	测量的结果

七、活动总结。

师：通过这节数学活动课你有哪些收获呢?

【4】“数字编码”教学设计

教学内容：

人教版义务教育课程标准实验教科书五年级上册“数字编码”

教学目标：

1. 知识目标：通过了解身份证编码的含义，体会编码编排的特性及应用的广泛性，从而初步的学会编码。

2. 能力目标：通过了解编码编排的含义，培养学生自己编码的能力。在探索编码含义的过程中培养学生收集信息的能力和观察比较的能力。

3. 情感目标：通过编码的应用使学生体会到数学与现实生活联系紧密，从而培养学生对数学的学习兴趣。

4. 创新素质目标：在让学生自己编码的过程中培养学生的创新意识和创新能力。

教学重点：

探索身份证编码的编排方法，体会编码编排的合理性，科学性。

教学难点：

探索编码的编排方法，体会编码编排的合理性、科学性，初步学会科学、合理的编码。

教学准备：

1. 学生课前收集家长的身份证号码，并简单了解身份证号码含义。

2. 多媒体课件。

教学过程：

一、自我介绍，导入新课

1. 师：同学们，今天是老师第一次和大家合作，请同学们做一下自我介绍，让我们彼此认识一下？

(同学们做自我介绍)

2. 师：老师也来介绍一下自己……

同学们，在班级这个范围内我们只说出了姓名就能让大家认识自己，可如果是在开原市、辽宁省甚至全中国只通过姓名还能证明自己的身份吗？

二、了解身份证

大屏幕课件出示：在百度中搜索教师的姓名及结果。

1. 师：在全国同名同姓的人特别多，大家有什么好办法来证明自己的身份呢？

(用照片、地址、年龄、生日、身份证……)

2. 师：哪一种才是最科学最规范的呢？

(引出身份证)

3. 师：一般什么时候能用到身份证号码？

(使学生对身份证的用途有一定的了解)

4. 师：身份证的用处可真不小，我们国家规定：年满 16 周岁的中国公民就会拥有一张属于自己的身份证。同学们虽然没有身份证，可每个人从一出生就有了一个属于自己的、唯一的身份号码，这节课我们就来研究身份号码是怎样组成的。

三、收集并研究身份证

大屏幕出示老师的身份证号码

2 1 1 2 8 2 1 9 8 1 0 7 2 1 2 6 3 7

1. 师：同学们，你们收集到身份号码了吗？以小组为单位研究自己收集的身份证号码，也可以把通过各种途径获得的信息说出来和大家交流。

(小组合作交流各种信息)

学生汇报交流，身份证上的数字分别表示什么？

(充分调动学生们的学习积极性和主动性，通过小组合作学习、探究身份证号码的含义及编码规律)

2. 师：身份证的前六位是“地址码”，分别是前两位表示省份，接着两位表示城市，最后两位表示所在区。中间八位是“出生日期码”。接着两位是“顺序码”，是同一户口所在地出生的人按一定的顺序分配。倒数第二位是“性别码”，偶数表示的是女性，奇数表示的是男性。最后一个号码是“校验码”。

小结：像身份号码这样把数字、字母、符号按照预先的规定排列起来，代表一定的含义，我们称之为编码。身份号码是一种数字编码。

(板书课题)

3. 质疑：观察身份证号码，你还有什么疑问？有些身份证号码后面是 X，什么意思？

4. 师：那是罗马数字，表示 10，你们知道为什么这里不写 10，而用罗马数字表示？

(使学生明白 10 是两位数，如果写 10，就改变身份证号码的位数了)

5. 师：身份证上能找到老师的出生日期吗？19810721，为什么要多写一个 0？

6. 师：月份可能是一位数，也可能是两位数，0 在这里起什么作用？

(使学生明白 0 的占位作用)

小结：生日前面会多 1 个 0，校验码用罗马数 X 减了一个 0，这都是因为同类编码一般情况下位数是相同的，也是编码规范性的体现。

四、体会编码特性预示未来身份证

1. 师：编码的学问真不小，老师想自己编一个身份号码

出生日期：19810721　性别：1

(不行，因为容易重复，不能代表自己的身份)

2. 师：如果在我们班级使用呢？

(可以，编码还要注意使用范围)

3. 师：身份证里加入身高、体重、鞋码、裤长、血型、民族等等，行吗？地址 230103 生日码 19780123 顺序码 48 性别码 1 校验码年龄 28 身高 170 体重 140 鞋码 39 视力 150 血型 10 民族 01 为什

么不行?

(使学生明白容易发生变化的信息不能为编码信息)

4. 师：不久的将来，2010 年以后，身份证有可能再加 18 位，用国际通用码和基因编码来进一步确定的身份，也有利于公安部门进行侦查。

五、拓展视野，检验编码知识

1. 看录像，寻找对破案有帮助的编码。

(破损的身份证号码、电话号码)

2. 体会生活中的编码：大屏幕出示“家用电器型号；门牌号、信用卡号；车牌号、运动员竞赛编号、美妙的音符……”

3. 为一年二班 15 号男同学编制学号。

要求：(1) 能通过学号看出该生是哪个年级哪个班的学生。

(2) 能通过学号看出是男生还是女生。

(3) 能保证学号从一年使用到六年不需要改变。

4. 为自己编制学号。

六、课堂总结

谈一谈这节课有什么收获？学到了哪些学习方法和思考方法?

(开原市实验小学：张艳　张玲)

第五章　培养创新意识习题设计参考

第一节　低年级（一、二年级）

【填空题】

1. 11 前面的两个数是（　　）和（　　）。

2. 比 15 多 3 的数是（　　），与 12 同样多的数是（　　），14 比 20 少（　　）。

3. 0+（　　）=18−5　　　15−2=（　　）+6

4. 按规律填数。

① 3、5、7、9、（　　）、（　　）、（　　）。

② 40、35、30、25、（　　）、（　　）、（　　）。

③ 1、2、4、7、11、（　　）、（　　）、（　　）。

5. 下面一共有（　　）幅点子图，从左边起第 5 幅图有（　　）个点子，有 7 个点子的是第（　　）幅。

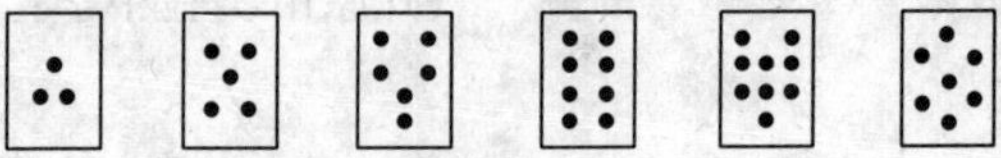

6. 图中共有（　　）个正方形，（　　）个三角形。

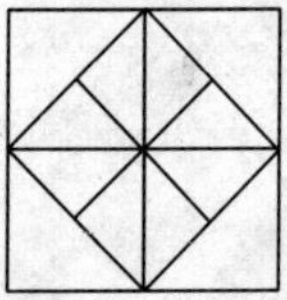

7. 下图中（　　）最重，（　　）最轻。

8. 先仔细看一看，再在空格里画上适当的图形。

① 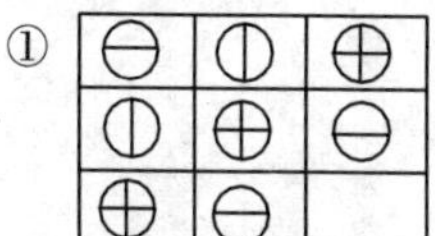 ② 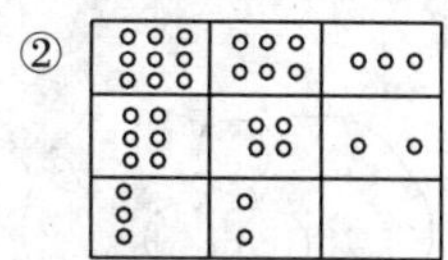 ③ 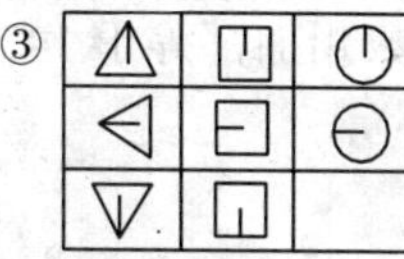

9. (　　) ÷4=6　　　5÷ (　　) =5

10. 6 个 7 相加是 (　　)，列式是 (　　　　)。

11. △有 (　　) 个三角形，□有 (　　) 个长方形。

12. 在 (　　) 里填上运算符号。

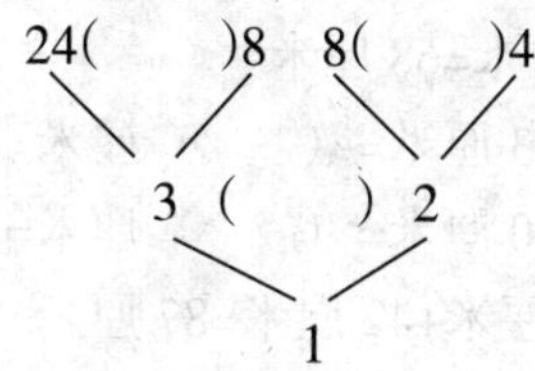

13. 在○里填上 “>”、“<” 或 “=”。

45-6○41　　　69○96　　　81+6○87

14. 在 □ 里填上适当的数，在○里填上运算符号。

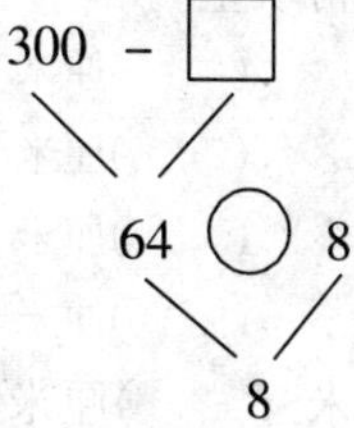

15. 请你把 1、2、3、4、6、7、8、9 这几个数填到图中的空□内，使每一直线上的三个数相加的和都等于 15。

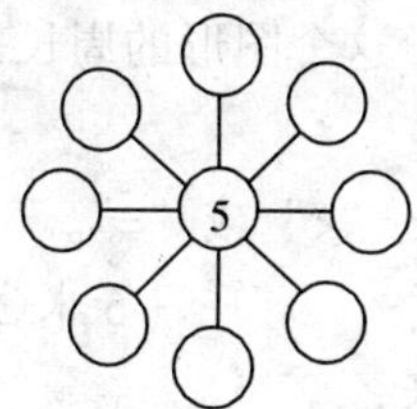

16. 请把 1、2、3 分别填到图中的空格内，使图中每一大圆上的四个数相加都等于 14。

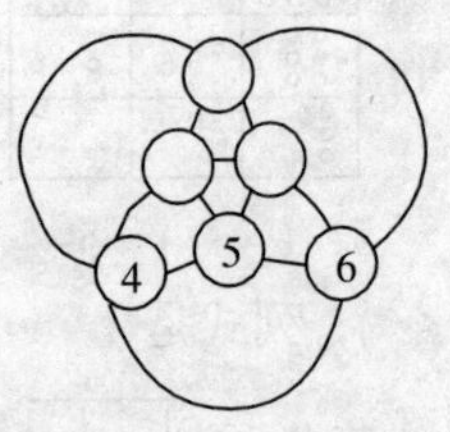

17. 72 厘米+（　　）厘米=100 厘米

1 米−36 厘米=（　　）厘米

（　　）厘米−32 厘米=68 厘米

48 厘米−12 厘米−33 厘米=（　　）厘米

35 厘米+45 厘米+20 厘米=（　　）厘米=（　　）米

16 厘米+（　　）厘米+42 厘米=87 厘米

68 厘米−30 厘米−（　　）厘米=10 厘米

54 厘米+28 厘米−（　　）厘米=42 厘米

82 厘米−42 厘米+（　　）厘米=77 厘米

18. 量一量，比一比，再填空。

(　　)厘米

(　　)厘米

(　　)厘米

(　　)厘米

(　　)厘米>(　　)厘米>(　　)厘米>(　　)厘米

19. 右边图形是由 3 条线段围成的。量一量这 3 条线段的长度。它们的长度分别是（　　）厘米，(　　)厘米，(　　)厘米。这个图形的周长是(　　)厘米。

20. 在○里填上“>”、“<”或“=”。

100 厘米○1 米　　　　5 米○200 厘米

1 米 30 厘米○90 厘米

1 米 34 厘米○156 厘米

43 厘米+56 厘米○1 米

23 厘米○86 厘米-64 厘米

57 厘米-28 厘米○36 厘米+12 厘米

18 厘米+42 厘米○88 厘米-25 厘米

93 厘米-34 厘米○86 厘米-28 厘米

45 厘米+25 厘米○27 厘米+43 厘米

21. 在○里填上“+”、“-”。

1 米=28 厘米○72 厘米

21 厘米○45 厘米=66 厘米

92 厘米○38 厘米=54 厘米

39 厘米○27 厘米=80 厘米-14 厘米

40 厘米+12 厘米=76 厘米○24 厘米

64 厘米○28 厘米=72 厘米○36 厘米

22. 根据加法算式写出两道减法算式。

① 9+2=11　□-□=□　□-□=□

② 8+4=12　□-□=□　□-□=□

③ 7+5=12　□-□=□　□-□=□

④ 9+5=14　□-□=□　□-□=□

⑤ 8+3=11　□-□=□　□-□=□

⑥ 7+4=11　□-□=□　□-□=□

23. 横着加、竖着加，把得数填在（　）内。

①

18	9	(　)
10	7	(　)
(　)	(　)	

②

16	8	(　)
9	5	(　)
(　)	(　)	

24. 用 6、9、15 三个数写出四道算式是：

（　　　　）、　　（　　　　）、

（　　　　）、　　（　　　　）。

25. 根据下图列出的算式是（　　　）。

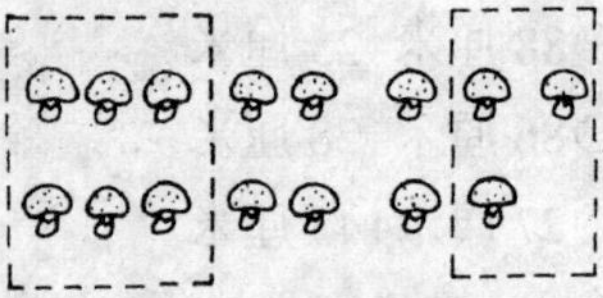

26. 在□里填上“>”、“<”或“=”。

11−7□11−8　　　　15−5□15−6

14−8□15−7　　　　16−9□14−7

17−7□18−8　　　　16−7□17−8

12−6□14−9　　　　13−6□15−8

27. 与 49 相邻的两个数是（　　）和（　　）。

28. 个位上是 5 的两位数有：（　　）、（　　）、（　　）、（　　）、（　　）、（　　）、（　　）、（　　）、（　　）。

29. 个位上是 0 的两位数有：（　　）、（　　）、（　　）、（　　）、（　　）、（　　）、（　　）、（　　）、（　　）。

30. 个位上和十位上的数字相同的两位数有：（　　）、（　　）、（　　）、（　　）、（　　）、（　　）、（　　）、（　　）、（　　）。

31. 最小的一位数是（　　），最大的一位数是（　　），最小的两位数是（　　），最大的两位数是（　　）。

32. 8 个十、2 个一组成的数是（　　），“2”在（　　）位上，表示（　　），“8”在（　　）位上，表示（　　）。

33. 从下列数中找出最大的数和最小的数。

45、92、64、22、78、16、70

最大的数是（　　），最小的数是（　　）。

34. 100 前面的并与 100 相邻的一个数是（　　），表示有（　　）个十和（　　）个一。

35. ①写出 5 个个位数相同的两位数：（　　）、（　　）、（　　）、（　　）、（　　）。

②写出 5 个十位数相同的两位数：（　　）、（　　）、（　　）、（　　）、（　　）。

36. 一个两位数，低位是 5，高位是 1，这个数是（　　）。

37. 按规律填数。

① 30、(　　)、(　　)、60、(　　)、(　　)、90、(　　)。

② 95、85、(　　)、(　　)、55、(　　)、(　　)、(　　)。

③ 40、42、（　　）、46、（　　）、（　　）、52、（　　）。

④ 33、（　　）、55、（　　）、（　　）、（　　）、99。

38. 把下列各数按照从小到大的顺序排列起来。

32、49、35、54、25、80、95、59。

(　　　　　　　　　　　　　　　　　　)

39. 48 后面第六个数是（　　），前面第五个数是（　　）。

40. 6 个 10 里面有（　　）个 1，100 里面有（　　）个 10，（　　）个 1。

41. 最大的两位数是（　　），最小的两位数是（　　）。最大的两位数与最小的两位数的和是（　　），差是（　　）。

42. 5 个一和 3 个十是（　　）。

43. 观察每行数，填空。

①11、22、33、44、________、________、________。

②1、3、7、15、________、________、________。

44. 在○里填上“>”、“<”或“=”。

25○25+5　　　　40+4○45　　　　80+7○78

19+7○26　　　　60+2○63　　　　9+8○17

100−1○99+1　　　35+5○45−5

60−10○70−20　　36+4○30+4

45. 圆钢管的形状是（　　）。

46. 球有（　　）个面。

47. 圆圆的水珠的形状是（ ）。

48. 用小正方体摆一个长方体，最少要用（ ）个小正方体。

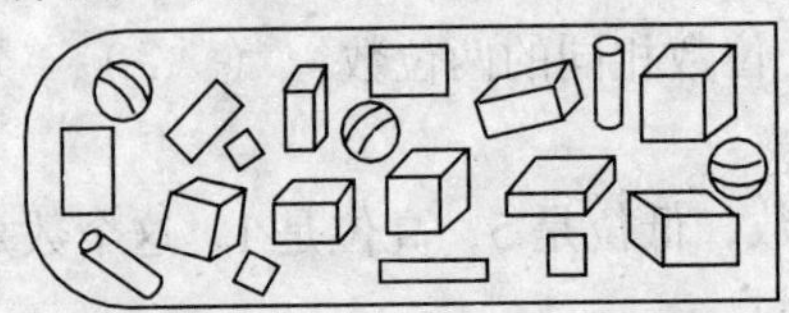

49. 上图中正方体有（ ）个，长方体有（ ）个，正方形有（ ）个，长方形有（ ）个，球有（ ）个，圆柱有（ ）个，长方体比正方体多（ ）个，正方形比长方形少（ ）个。

50. ①第一行正方体比第二行多（ ）个。

②第二行正方体一共有（ ）个。

③球比第一行正方体少（ ）个，比第二行少（ ）个。

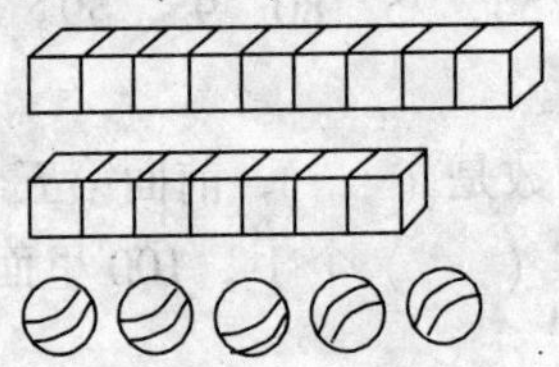

【判断题】 (对的在括号里画"√"，错的画"×"。)

1. 有 9 个萝卜，每只小兔喂一个萝卜，还剩下 2 个，所以有 11 只小兔。（ ）

2. 7、9、11、13、15 都是单数。（ ）

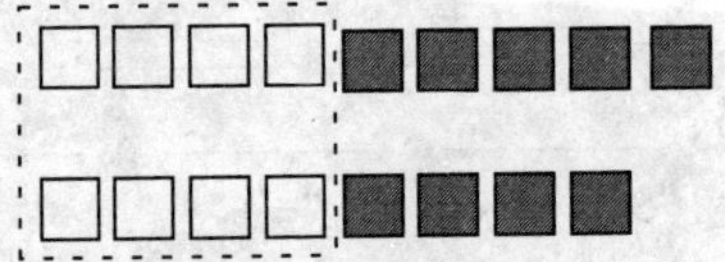

3. 根据上图列出的算式是：9-8=1。（ ）

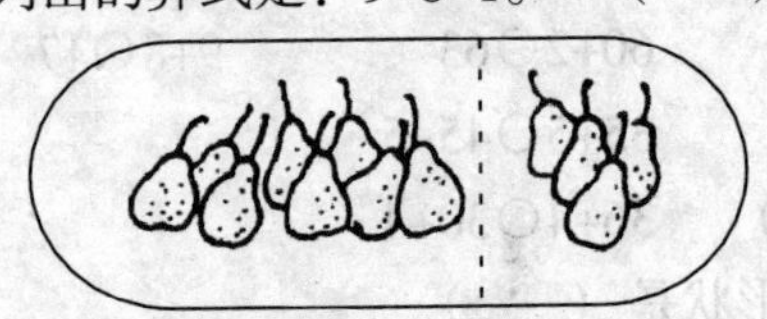

4. 根据上图列出的算式是：8+4=12。（ ）

5. 9+7=4+4+4+4。（　）

6. 因为 8 和 6 组成 14，所以 14 减 8 等于 6。（　）

7. 因为 17 减 7 等于 lO，所以 7 加 10 等于 17。（　）

8. 17−7 的差与 7 相等。（　）

9. 18 个位上的 8 表示有 8 个一。（　）

10. 根据算式 12−7=5 这道减法算式写出的另三道算式是：5+7=12，7+5=12，12−5=7。（　）

11. 89 后面的第一个数是 90，表示有 9 个一。（　）

12. 个位上的 6 和十位上的 6，意义相同都表示 6。（　）

13. 个位上的 8 和十位上的 8，意义不相同。个位上的 8 表示 8 个一，十位上的 8 表示 8 个十。（　）

14. 数位相同的数，最高位上的数字大的数较大。（　）

15. 用 7、5 两个数字组成的最小的两位数是 75。（　）

16. 用 1、6 两个数字组成的最大的两位数是 61。（　）

17. 2 个十比 9 个一小。（　）

18. 十位上的 2 比个位上的 5 大。（　）

19.  是圆柱。（　）

20. 圆柱有 3 个面。（　）

21. 右图大长方体是由 12 个小正方体组成的。（　）

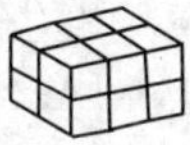

22.  小鸟是由 5 个三角形和 4 个圆组成的。（　）

23. 右图中有 6 个三角形。（　）

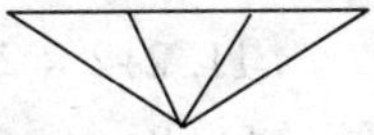

24. 3 个十，6 个一组成 36。（　）

25. 7 个一和 4 个十组成 74。（　）

26. 4 个一分是 4 分。（　）

27. 最小的两位数是 11。（　）

28. 100 是两位数。（　）

【选择题】 (将正确答案的序号填在括号里)

1. 分针走一大格，用了（ ）。

[A. 1 小时 B. 1 分 C. 5 分

2. 2 小时大约是（ ）的时间。

[A. 上一节课 B. 跑 610 米 C. 看一场电影]

3. 小学生晚上睡觉时间要保证（ ）。

[A. 9 分 B. 9 小时 C. 9 秒]

4. 分针指在 12 上，时针指在 7 上表示（ ）。

[A. 12 时 B. 5 时 C. 7 时]

5. 小林早上 6 时 40 分起床，小梅早上 6 时 30 分起床，（ ）起得早。

[A. 小林 B. 小梅]

6. 比 6 小时多 3 小时是（ ）。

[A. 9：00 B. 3 小时 C. 9 小时]

7. 8 时可以写成（ ）。

[A. 8：0 B. 8 C. 8：00]

8. 学校 13：30 开始开会，会议开了 1 小时 20 分钟，会议是下午（ ）结束的。

[A. 1：50 B. 2：30 C. 2：50]

9. 42÷7○7。

[A. > B. < C. =]

10. 求 2 个 6 是多少?用乘法算，列式是（ ）。

[A. 2÷ 6 B. 6+6 C. 6×2]

11. 2+2 × 2 得数是（ ）。

[A. 8 B. 6]

12. 小明的跳绳是 2（ ）长。

[A. 米 B. 厘米]

【解决问题】

1. 妈妈给小明买来 4 本故事书，加上原来的正好 12 本。小明原来有几本故事书？

2. 王老师带同学们去参观，男同学和女同学各去了 8 人，进门时一共要买多少张门票？

3. 小丽比小军大 1 岁，小军比小华大 1 岁，小丽比小华大几岁？

4. 小红和小刚看同一本书，小红看完 9 页，还剩 6 页，小刚看完 8 页，还剩 7 页。这本书一共有多少页？

5. 修一条路，已经修了 48 米，还有 20 米 40 厘米没修，这条路全长多少？

6. 小玲身高 130 厘米，小玲比小华高 10 厘米。小华身高多少厘米？

7. 平平身高 120 厘米，刚刚比平平矮 10 厘米，刚刚有多高？

8. 芳芳和丽丽从一条路的两头对面走来，两人相遇时芳芳走了 47 米，丽丽走了 50 米，这条路长多少米？

9. 一些△，比 30 多，比 40 少，分的份数和每一份的个数同样多，这些△有多少个？

10. 把 30 本画册平均分给小红和她的 5 个同学，每个同学分得几本？

11. 哥哥的年龄是最大的一位数，加上最小的两位数，再加上最大的三位数，最后再减去最小的四位数。哥哥多少岁？

12. 一年级原有少先队员 26 人，最近有 13 名男同学和 12 名女同学入队，新人队的有多少人？

13. 芳芳排队参加队会，从她前一个同学往前数有 24 人，从她后一个同学往后数有 25 人，她走出队伍。从头到尾有多少人？

14. 写出你的作息时间。

起床	上学	午饭	放学	晚饭	睡觉
:	:	:	:	:	:

15. 在钟面上画出时针和分针，表示下面时间。

16. 同学们站成一排做广播操，从排头数，小明是第 9 名，从排尾数小明是第 7 名，问此排共有多少名同学?

17. 一天，2 个妈妈，2 个女儿一同去公园照相，为什么只照出 3 个人?

18. 有一群小鸭子排成一排，有两只鸭子站在两只鸭子的前面，有两只鸭子站在两只鸭子的后面，有两只鸭子站在两只鸭子的中间，请问有多少只鸭子?

19. 姐姐的铅笔比弟弟多 6 枝，姐姐给弟弟 6 枝以后，谁的铅笔多?多几枝?

20. 有 16 个人要到河对岸，河边只有一条船，每次只能坐 4 个人，小船至少要几个来回才能把 16 个人全部渡过河?

21. 红旗小学上学期转出 7 名学生，下学期转出 5 名学生。上、下学期共转出多少学生?

22. 一个班有 48 人，在课堂上完成语文、数学作业的情况有三种：一种做完语文作业没有完成数学作业，一种做完数学作业没有完成语文作业，一种语文、数学作业都做完了。已经知道完成语文作业的有 37 人，做完数学作业的有 42 人，想想看，语文、数学都做完的有多少人?

23. 奶奶养了 32 只鸡，16 只鹅，27 只鸭，鹅比鸡少多少只?鸡比鸭多多少只?

24. 幼儿园有 45 本书分给三个班，大班和中班共分到 28 本，中班和小班共分到 30 本，大班、中班、小班各分到几本？

【趣味题】

1. 找朋友。

11–4	8	14–6	5
15–6	7	12–7	7
13–5	6	11–4	8
12–6	9	15–6	9

2. 投递信件。

6	7	8
10–4	14–6	17–9
14–7	13–7	11–4
15–8	15–9	16–8

3. 两只小猴来到玉米地里掰 (bāi) 玉米吃，每个猴子吃的玉米上都有算式，它们各吃了多少玉米？

4. 数树。

门前栽了树，小苏要数树。小树二加九，大树八减六。共有多少树?谁能算得出?

5. 找房间。

请你根据图中的试题得数，帮助唐老鸭找到自己的房间。

13+6−7	16−8−2	5+4−7
17−1−8	9+6+4	15−6+1
4+3+6	8−0−7	3+4−8
14−6−7	5+9+3	18−9+4

2楼13号

3楼10号

4楼6号

6. 图中的小动物各代表什么数，才能使每一条直线上的三个数之和等于17?

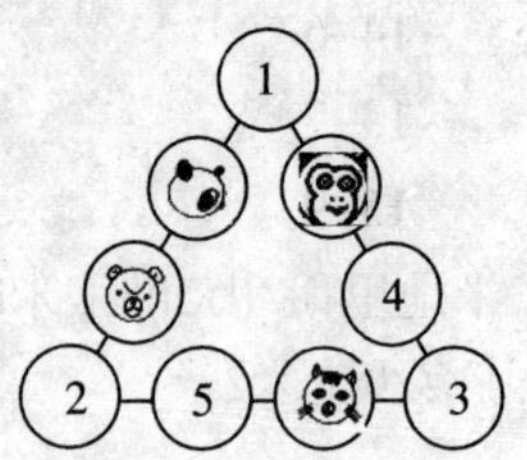

7. 请你想一想，图中的小动物换成什么数，才能使三角形每一边上的四个数之和等于 20?

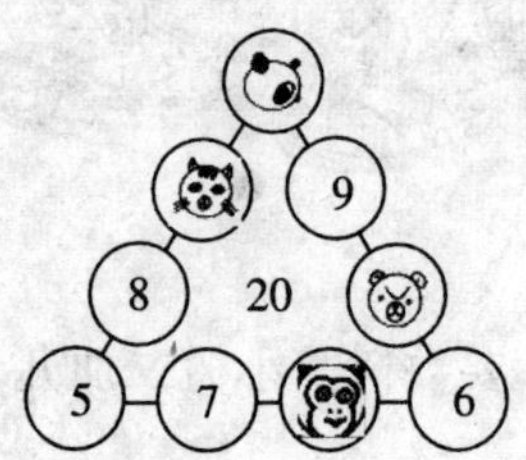

8. 图中的小动物各代表什么数，算式能成立吗?

－ = 3

÷ = 2

＋ = 9

9. 图中每一横行上的数都是按一定规律排列的。请把图中的小动物换成适当的数。

2	4	6		10
100	80		40	20
15	30	45	60	
60	63	66	69	

10. 小朋友，你能在 5 分钟之内，从图中找到 1 到 50 这些数字吗?

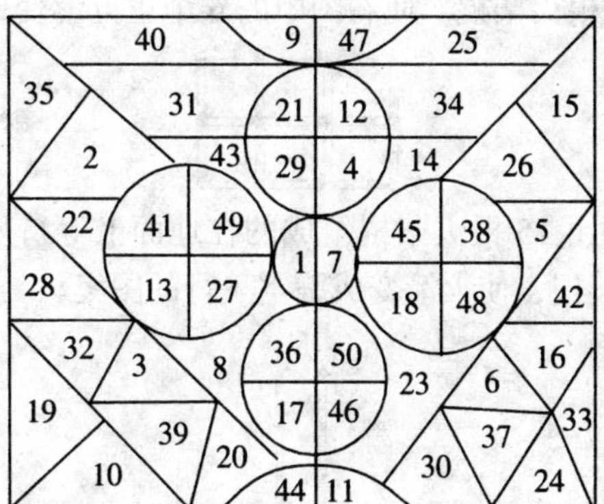

11. 请你按要求把相应的数，填到图中相应的空格内。

71	52	8
63	95	35
5	59	7
80	73	38
53	37	85

大于 50 的数	
个位是 3 的数	
十位是 5 的数	
一位数	

12. 一群小喜鹊正在商量搭鹊桥。按它身上的算题得数从大到小排列起来就搭成了。小朋友，请你计算一下，该怎样排?

13. 小朋友请数数看，下图共有多少个小积木块?

14. 请移动四根火柴棍，使下图由四个小正方形变成三个小正方形。

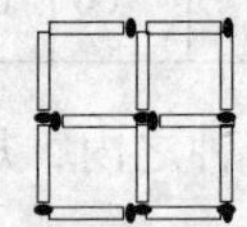

15. 移走 5 根火柴棍，使右图中的 6 个正方形变成 3 个正方形。

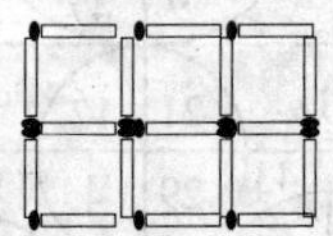

16. 下图是由 15 根火柴棍组成的在地面上等待发射的火箭，请你移动 4 根火柴棍，使火箭变成腾空飞行的图案。

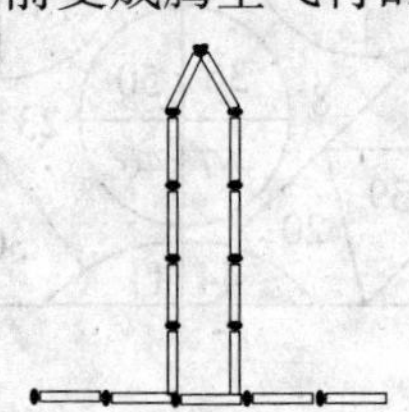

17. 看图计算。

18. 请数一数，图中共有多少个正方形。

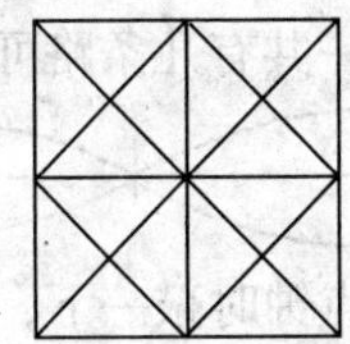

19. 小朋友，你有办法把这个正方形分成四块，变成旁边的三角形吗?

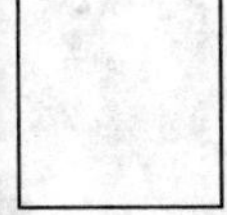
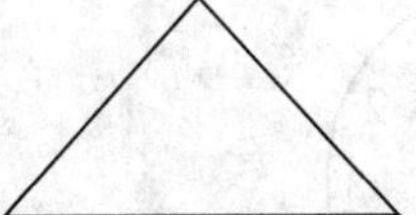

20. 观察下图摆放的规律，在方框里画出合适的图形。

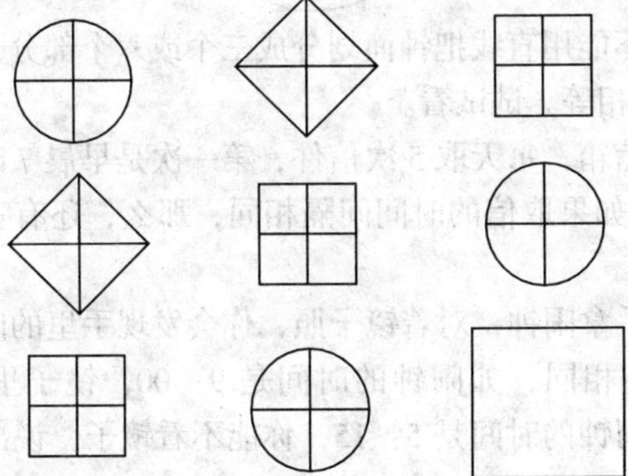

21. 请在最后一个图形的适当位置画出合适的正方形。

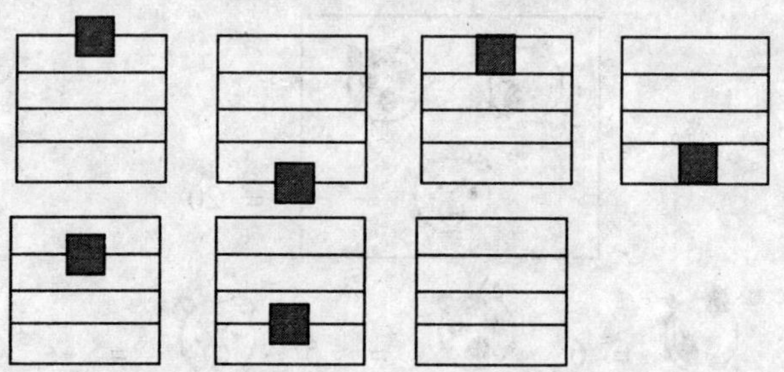

22. 把 30 米长的一根绳子分成三段，使后一段都比前一段多 3 米，你知道每一段究竟有多长吗?

23. 小明从家到学校，一共有几条路可走?哪条路最近?

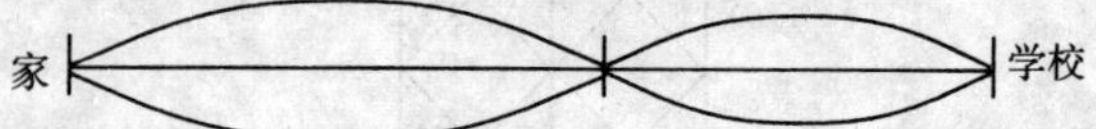

24. 有一种时钟，在一点钟时敲一下，到两点钟时敲两下，到三点钟时敲三下……另外每半点钟还要敲响一下。请问这样的钟一昼夜一共要敲响多少下?

25. 你能不能用直线把钟面划分成三个或六个部分，使每部分的数字和加起来相等。试试看。

26. 一个信箱，每天取 5 次信件，第一次是早晨 7 时，最后一次是下午 7 时，如果取信的时间间隔相同，那么，还有三次取信的时间是几时?

27. 请你手拿闹钟，对着镜子照，你会发现手里的闹钟和镜子里的闹钟时间不相同，如闹钟的时间是 9：00，镜子里的时间就是 3：00，现在闹钟的时间是 5：15，你能不看镜子，说出镜子里的闹钟的时间吗?

【看谁最聪明】

1. 把 0、1、2、3、4、5 这六个数填到图中的空格内，使每个大正方形中的四个数之和都等于 20。

	8	7	
9			6

2. 把 1、2、3、4 分别填到图中的空○内，使每个大圆上的五个数之和都等于 20。

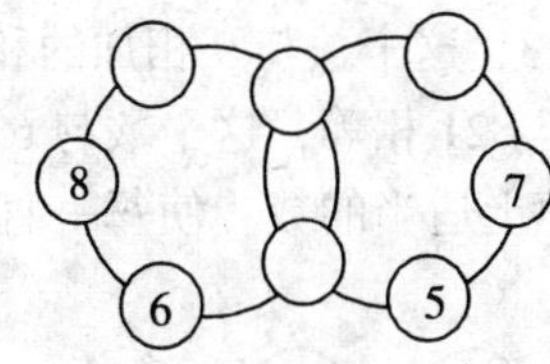

3. 鸡妈妈 20 岁，7 只小鸡的岁数加起来正好与鸡妈妈的岁数相等。请你算一算躲在鸡妈妈身后的一只小鸡是几岁？

4. 最大的两位数与最小的两位数的差是多少？

5. 用 7 和 2 组成的两个两位数，这两个两位数的和是多少？差是多少？

6. 请把 1、2、3、4、5、6 这几个数分别填到图中的空○内，使图中每一小三角形上的三个数之和都等于 15。

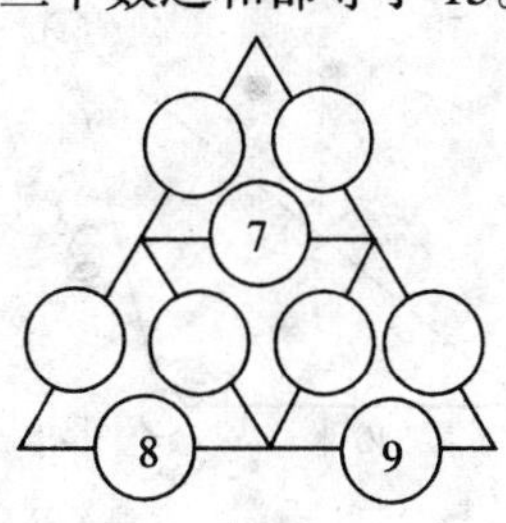

7. 请你根据图中每一横行上数的变化规律，在空格内填上适当的数。

2	9	16		
95	90	85		
4	8	12		
3	9	15		

8. 一个数比 20 少 13，这个数与 9 相加的和是多少?

9. 一个数加上 3 后与 21 相等，这个数与 6 相加的和是多少?

10. 在图中的空内填上适当的数，使每一直线上的三个数之和都等于 15。

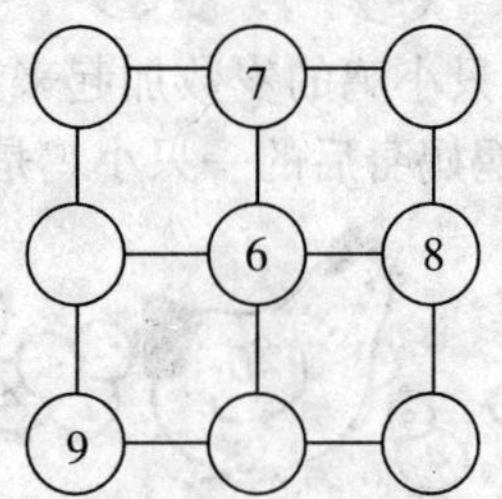

11. 一条小虫由幼虫长到茧虫，每天长大一倍，20 天能长到 20 厘米长。问长到 5 厘米时用了几天?

12. 如图，小明从家到学校再到电影院，要走多少米远?如果一直去电影院，要少走多少米?

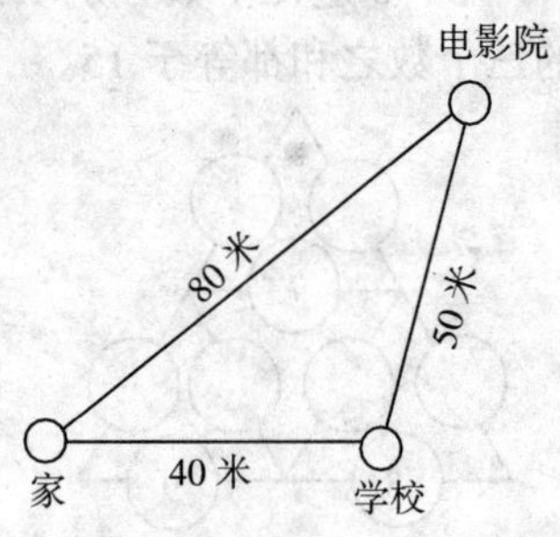

13. 按规律填空。

	1	2	3	4	5	6
1	1					
2	2	4				
3						?
4						
5						
6						

? = (　　)

【连线题】

跑 100 米　　　　　　10 分钟
看一场电影　　　　　2 分钟
做 15 道口算题　　　40 分钟
上一节课　　　　　　15 秒钟
课间休息　　　　　　2 小时

【写出经过的时间】

1.

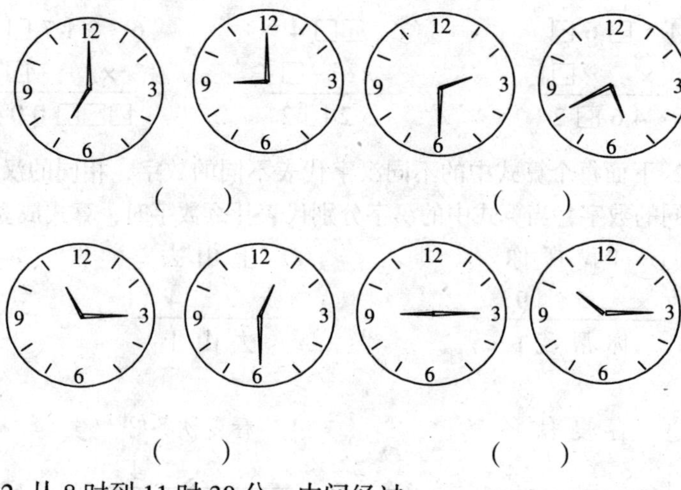

2. 从 8 时到 11 时 30 分，中间经过__________。
从 4 时 20 分到 6 时，中间经过__________。

2时到5时40分，中间经过__________。

7时50分到12时，中间经过__________。

3时30分到7时20分，中间经过__________。

4时15分到5时30分，中间经过__________。

12时30分到4时45分，中间经过__________。

6时50分到8时，中间经过__________。

第二节 中年级（三、四年级）

【填一填】

1. 在每个算式的空格内各填入一个合适的数字，使算式成立。

① □□9 × □ = □□1

② 3□7 × □ = 2□9□

③ 4□2 × □ = 3□5□

④ □6□ × □ = 46□2

⑤ □□4 × □ = 52□2

⑥ 317□ × □ = □□□00

2. 下面每个算式中的不同汉字代表不同的数字，相同的汉字代表相同的数字，当算式中的汉字分别代表什么数字时，算式成立？

① 1我帮你 × 9 = 你帮我1

② 上山去 × 4 = 去山上

③ 春夏秋冬 × 4 = 冬秋夏春

④ 春夏秋冬好 × 4 = 好冬秋夏春

⑤ 香港回归祖国
× 国
庆庆庆庆庆庆

⑥ 王林从小热爱文学
× 文
学学学学学学学学学

3. 找规律填数

①. 2，4，7，11，（ ），（ ）。

②. 48，24，（ ），6，3。

③. 3，5，5，7，（ ），（ ）。

④. 9，18，21，5，10，13，7，（ ），17，3，（ ），（ ）。

⑤. 9，18，54，5，10，30，7，（ ），（ ）。

⑥. 3，5，7，9，11，（ ），（ ）。

⑦. 4，8，16，32，64，（ ），（ ）。

⑧ 2，3，5，8，13，21，（ ），（ ）。

⑨. 1，3，7，15，31，63，（ ），（ ）。

⑩. 1，2，2，4，8，32，（ ）。

4. 一个数乘以 10，得数比原来多 504。原来的数是（ ）。

5.（ ）乘以 9 和 42 与 45 的积相等。

6. 在 63、99、105、165 中，（ ）×（ ）=（ ）×（ ）。

7. 一个数乘以 11，得数比原来多（ ）倍。

8. ①3□2×4≈1600，□里可以填（ ）。

②4□2×2≈800， □里可以填（ ）。

9. 在下面各题的□中填入合适的数字，使算式成立。

① 除数 9，商 3□，被除数 □□□
□□
——
□□
5□
——
7

② 除数 □，商 9□□，被除数 □□□□
63
——
3□
35
——
0

③
```
      7□
   ┌────
 7)□□8
   □□
   ────
    □□
    2□
   ────
     0
```

④
```
      6□□
   ┌──────
 □)□□□□
   30
   ──────
    □□
    □□
   ──────
     0
```

⑤
```
      3□
   ┌─────
 7)□□□
   □□
   ─────
    □□
    5□
   ─────
     7
```

⑥
```
      □□□
   ┌──────
 □)3□1□
   □□
   ──────
    □□
    28
   ──────
     □□
     □6
   ──────
      0
```

10. 在□里填上合适的数字，使算式成立。

①
```
     8□
   ×46
  ─────
    49□
   3□2
  ─────
   3□1□
```

②
```
     57
   ×□2
  ─────
    1□4
   39□
  ─────
   41□4
```

③
```
     □□□□
  ×     □6
  ─────────
    □□04
   □□70
  ─────────
   □□□□□□
```

④
```
     □□□
  ×    □□
  ────────
    2367
   1578
  ────────
   18147
```

11. 把1~7七个数分别填入下图的○中，使每条线上三个数之和都相等。

(提示：解这种题的关键是求出中心“○”中填几和每条线上的三个数和是几。) 可以用七个不同的字母 a、b、c、d、e、f、g 各代表一个数，用 s 代表每条线上的和，如果用 a 表示中心数，可以得到下面的式子：

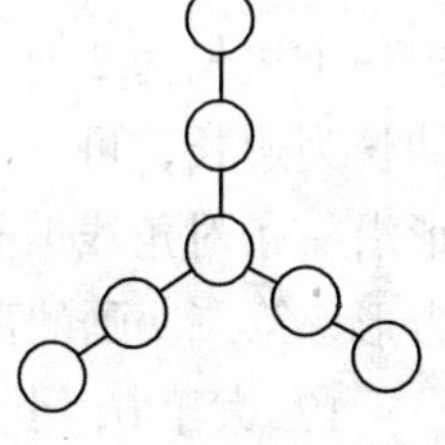

(a+b+f) + (a+c+g) + (a+d+e) =s×3。

进一步可以得到： (a+b+f+c+e+d+g) +a×2=s×3。

因为 a~g 各代表 1~7 中的一个数，所以 a+b+f+e+g+d+c=1+2+3+4+5+6+7= (1+7) ×7÷2=28。所以上面的式子又可以简化成 28+a×2=s×3。当推算出 a 和 s 的具体数值时，经过试验填写、调整，就可以找到一个答案。 (注：这种题往往有几个答案)

12. 把 1~9 九个数分别填在下图的○中，使每条线上三个数之和都相等。 (提示：此题与上下两题解题方法一样，只是由于数多了，用的字母要多些，线多了，和数要多些)

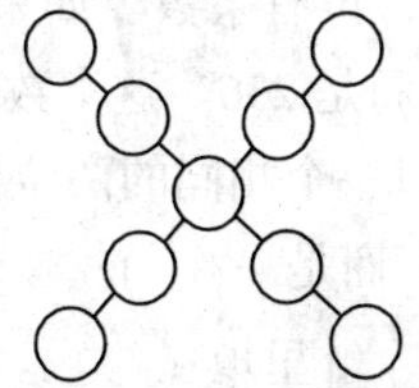

13. 把 1~11 十一个数分别填在下图的○中，使每条线上三个数之和都相等。

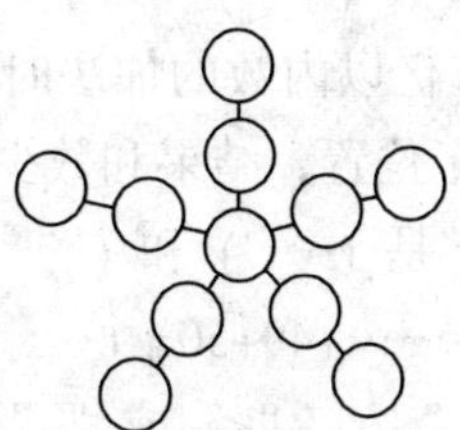

14. (　　) 数的 3 倍再乘以 3 等于最大的四位数。

15. 甲数乘以乙数的积，是甲数除以乙数商的 36 倍。甲数与乙数的商是 9，甲数是 (　　)。

16. 正方形相对两角顶点的连线，叫正方形的一条对角线。如果把一个边长为 2 厘米的小正方形沿一条对角线剪开，以这条对角线的长为边长，可以画一个稍大些的正方形；再把这个稍大些的正方形沿一条对角线剪开，并以这个对角线长为边长，再画一个大的正方形，第二次画的正方形的周长是（ ）厘米。

17. 大于 0，小于 1 的分数有（ ）个。

18. 用 43 除一个数，余数最大是（ ）。

19. 用 51 除一个数，如果有余数，余数可能有（ ）种不同情况。

20. 2□35÷24，商是三位数，□中最大能填（ ），最小能填（ ）。

21.（ ）÷62=6……58。

22. □÷25=104……□，当被除数是( )时，余数最大是( )。

23. 8460 除以一个数，没有余数。如果 8460 加上这个数后，再用得到的和除以这个数，商是 236。这个数是（ ）。

24. 甲数和乙数都除以一个相同的两位数，甲数所得的商是乙数的 10 倍，甲数除以乙数，商是（ ）。

25. 2□95÷7≈300，□里填（ ）。

26. 用 8、0、4、2、7、1、5 这七个数字组成一个最大的七位数（ ）和一个最小的七位数（ ）。

27. 小林同学在计算亿以内数的加法时，误把一个加数 218360 中相邻的两个数字对调了位置，结果和数少了 4500。这个加数中被调换位置的两个相邻数字是（ ）和（ ）。

28. 计算：1+2+3+4+……+49+50=（ ）。

在○ 里填上合适的“>”、“<”或“–”号。

987654321×123456789○ 987654322×123456788

29. 两个数的积是一个因数的 416 倍，又是另一个因数的 84 倍。这两个数的积是（ ）。

30. 把1、2、3、4、5、6、7七个数字分别填入下面竖式的括号里，使算式成立。

```
   0.(  )(  )
   0.(  )(  )
   0.(  )(  )
 + 0. 0 (  )
 ------------
   1. 0  0
```

```
         □□
    ──────
12) □□□□
    □□□
    ──────
     □□□
      □□
    ──────
        9
```

31. 在上面算式的□中，填入合适的数字。

32. 光明小学原来的操场只有80米长，60米宽，扩建后，长增加了40米，宽增加了20米。这时，操场的面积比原来的增加了(　　)平方米。

33. 找出算式中的图形所代表的数，并填在括号里。

① 132−□−□=□　　□=(　　)

② △×△=△÷△　　△=(　　)

⑧ □×□=□+□　　□=(　　)

④ ○−○=○×○　　○=(　　)

⑤ △×○=△÷○　　○=(　　)

⑥ (○+○) ×○=50　　○=(　　)

34. 在下面算式中，不同的字母代表不同的数字，相同的字母代表相同的数字，当它们各代表什么数字时，算式成立。

```
①     A 0 4        ②    A B C D
    ×     B            ×       M
    ---------          -----------
      C A C D           D C B A
```

35. 在□里填上合适的数，使商的中间有0。

① 38) □□□6　　② 27) 2 8 □ 5

③ □□) 96□□　　④ □□) 1□□□

培养创新意识的理论与方法的实际应用

36. 在□里填上合适的数，使算式成立。

```
① 
         □□
     ┌──────
  □7 ) 1 4 □□
       □□5
     ──────
          □□
          □1
     ──────
            0

② 
            □7□
      ┌──────────
  □□ ) □□□□□□
       □ 7 7
      ──────────
         □7□
         □7□
      ──────────
            □□
            □□
      ──────────
             0
```

37. 看图填空。

①图 (1) 是平行四边形 (单位：厘米)，它的底是（　　）厘米，底边上的高是（　　）厘米。

②图 (2) 是三角形 (单位：厘米)，它的底是（　　）厘米，底边上的高是（　　）厘米。

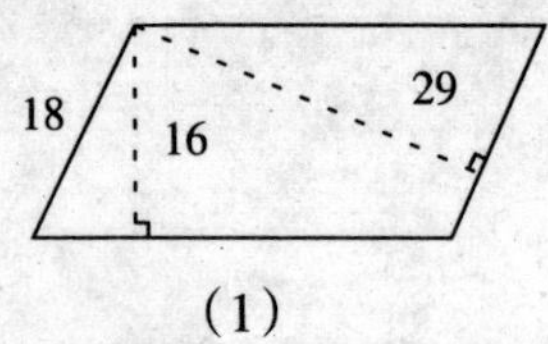

(1)

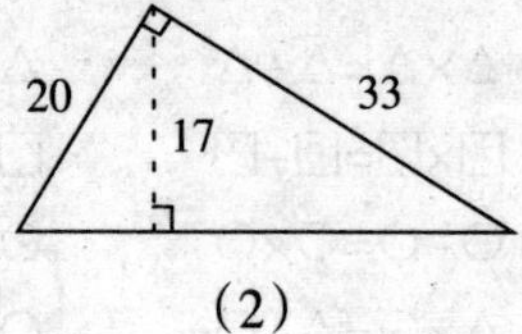

(2)

【巧填运算符号】

1. 在下面式子各数之间，填入合适的+、−、×、÷或（　　），使等式成立。

① 1 2 3 = 1。

② 1 2 3 4 = 1。

③ 1 2 3 4 5 = 1。

④ 1 2 3 4 5 6 7 8 9 = 1。

2. 在 1，2，3，4，5，6，7，8，9，10 中合适的地方，填入+、−、×，使结果等于 100。

3. 在下面式子各数之间，填入合适的+、一、×、÷，使等式成立。

① 1 2 3 4 5 6 7=51　　② 2 3 4 5 6 7 1=51

③ 3 4 5 6 7 1 2=51　　④ 4 5 6 7 1 2 3=51

⑤ 5 6 7 1 2 3 4=51　　⑥ 6 7 1 2 3 4 5=51

⑦ 7 1 2 3 4 5 6=51

4. 在下面的五个 5 之间，填入合适的+、一、×、÷和（　　），使等式成立。

5　5　5　5　5 = 15

5. 在下面式子各数之间填人合适的+、一、×、÷和（　　），使得数最大。

1　9　1　8　1　7 =

6. 在下面各数之间填入合适的+、一、×、÷和（　　），使得数最小。

① 8 7 6 5 4 3 2 =

② 9 8 7 6 5 4 0 =

【趣味数字】

1. 在圆圈左边各数之间填+，在圆圈右边各数之间填×，计算两边得数，并在圆圈里填入>、<或=。

① 1 ○1×1

1 3 ○2 2

1 3 5 ○3 3

1 3 5 7 ○4 4

1 3 5 7 9 ○5 5

1 3 5 7 9 11 ○6 6

1 3 5 7 9 11 13 ○7 7

② 1 ○1×1×1

3 5 ○2 2 2

7 9 11 ○3 3 3

13 15 17 19 ○4 4 4

21 23 25 27 29 ○5 5 5

2. 在□中分别填入合适的数，使等式成立。

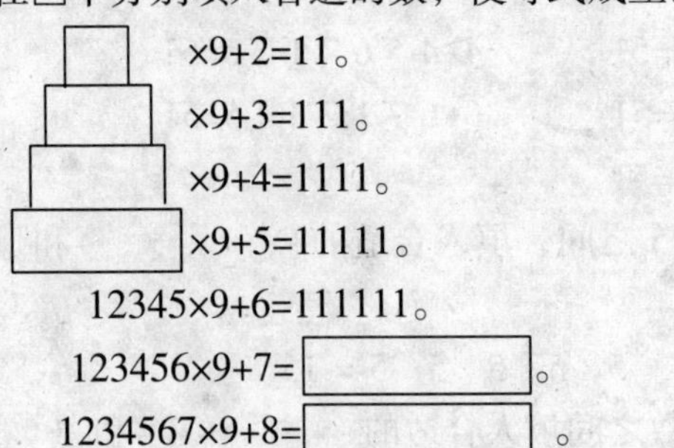

□×9+2=11。

□×9+3=111。

□×9+4=1111。

□×9+5=11111。

12345×9+6=111111。

123456×9+7=□。

1234567×9+8=□。

3. 下面各式中每个不同的汉字都代表一个不同的数字，相同的汉字代表相同的数字。当它们代表什么数时，算式成立?

①我站雪山上÷登=上山雪站我。

②数爱我学÷学=我爱数学。

③爱我中华÷爱=华中我爱。

④优优优优优优÷刻=刻苦再刻苦。

⑤好好好好好好÷早=早起身体好。

⑥华华华华华华华华华÷中=努力学习振兴中华。

(提示：用除数乘商，转化成乘法后再推算)

4. 下面各题中的汉字都代表一个数字，不同的汉字代表不同的数字。当它们各代表什么数字时，算式成立?

①

```
     问好
  ×  好好
  ────────
    问问你
  问问你
  ────────
  问你想你
```

②

```
     工作
  ×  作工
  ────────
    1 1 4
  3 0 4
  ────────
  3 1 5 4
```

【找规律巧算】

1. 1+2+3+…+48+49+50。

2. 1+3+5+…+95+97+99。

3. 2+4+6+…+96+98+100。

4. 51+52+53+…+98+99+100。

5. 5+10+15+…+90+95+100.

6. 2−1+4−3+6−5+…+98−97+100−99。

7. (2+4+6+…+96+98+100) − (1+3+5+…+95+97+99)。

8. (1997−1996+1) + (1996−1995+2) + (1995−1994+3) +…+(1947−1946+50)。

(提示：前五道题把第一个数与倒数第一个数加起来，和是多少；再把第二个数与倒数第二个数加起来，和是多少，想有几个这样的和数。第六题把被减数和减数用括号括起来)

【解决问题】

1. 有两筐苹果，一共有 366 个，甲筐比乙筐多 60 个。甲、乙两筐各有多少个?

2. 李刚和赵明两个同学一共栽了 38 棵树，李刚比赵明少栽 4 棵。李刚栽了多少棵树?

3. 王燕期末考试成绩：语文、自然的分数和是 196 分，语文和数学的分数和是 194 分，自然和数学的分数和是 192 分。王燕期末语文、自然、数学各考了多少分?

4. 李娜用 270 元买了一件上衣，一副手套和一顶帽子，上衣比帽子贵 140 元，买上衣和帽子比手套多花 210 元。上衣多少钱?

5. 一条船顺水每小时行 10 千米，逆水每小时行 4 千米。船在静水中每小时行多少千米?水流的速度是多少千米?

6. 南屯和春柳两所学校一共有学生 1432 人。为了照顾就近上学，经过两校协商，由南屯小学转入春柳小学 19 人，这样南屯小学还比春柳小学多 24 人。两所小学原来各有学生多少人?

7. 在一道减法算式里，被减数、减数与差这三个数的和是 256，减数比差大 4，减数是多少?

8. 刘叔叔要在下午 3 点钟上中班，他估计快到上班时间了，到屋里看表，可是表在 12 点 10 分就停了，他换上新电池却忘记拨指针。匆匆去上班。到工厂一看，离上班时间还差 10 分钟。夜里 11 点下班马上回家，一看表才 9 点整。假定刘叔叔上班和下班在路上用的时间相同，他家的表停了多长时间？(提示：表停的时间+路上时间=160 分钟，表停的时间-路上时间=120 分钟。注：换电池的时间忽略不计)

【分割图形】

1. 把下图 (1) 剪 2 刀，拼成一个长方形。(单位：厘米)

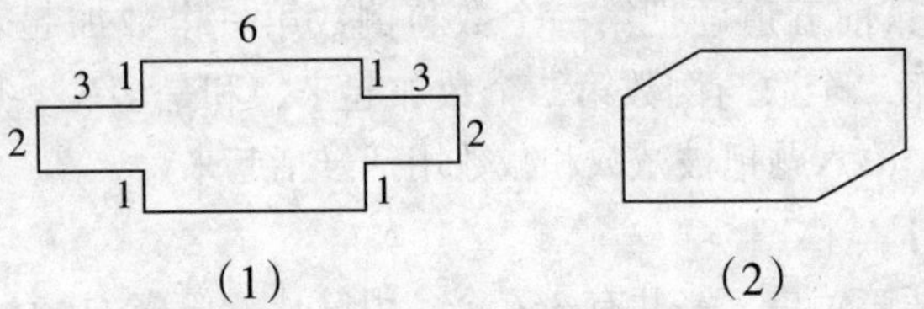

2. 把上图 (2) 剪成 2 块，拼成一个正方形。

【求周长】

1. 求下图 (1) 的周长。(单位：厘米)

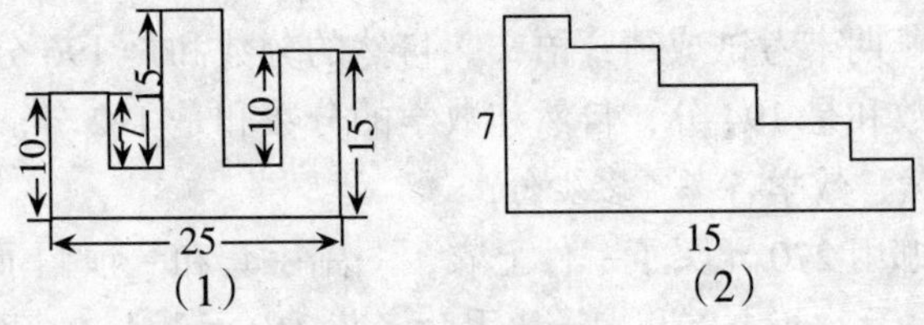

2. 求上图 (2) 的周长。(单位：厘米)

3. 求出下列各图形的周长。(单位：厘米)

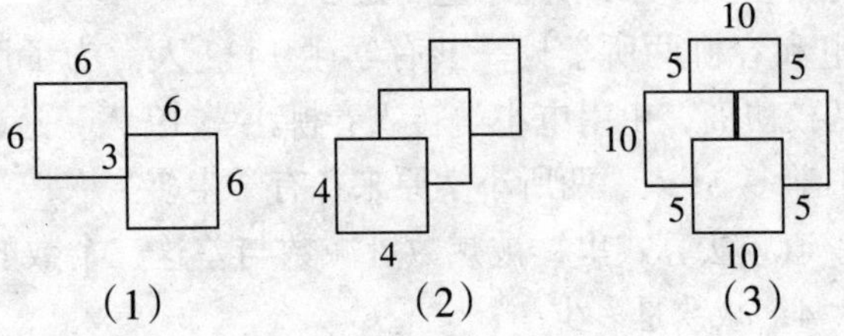

【巧算题】

1. 认真观察、思考前三题，后面题直接写得数。

(提示：十位数相同，个位数和为 10)

①24×26，积的十位与个位：4×6=24，积的百位：2×3=6，所以

24×26=624。

②32×38，积的十位与个位：2×8=16，积的千位与百位：3×4=12，所以 32×38=1216。

③61×69，积的十位与个位：19=9，积的千位与百位：6×7=42，所以 61×69=4209。

④12×18　23×27　45× 45　76×74

55×55　37×33　84×86　15×15

照样子，自己出四道题算一算。

2. 照例子。直接写得数。 例：12×11=120+12=132

45×11=450+45=495

①32×11　18×11　42×ll　43×ll

②77×11　83×11　96×11　85×11

③123×11　268×11　5871l

④1214×11　3596×ll　8743× 1l

【解决问题】

1. 一列火车车身长 90 米，以每秒钟 40 米的速度通过一个山洞，用了 6 秒钟。山洞长多少米?

2. 小明去市场买土豆，要买 5 斤 (每斤 500 克)，剩 7 角钱，要买 7 斤，又缺 5 角钱。小明身上带了多少钱?

3. 李叔叔原计划每小时做 13 个零件，为了提前完成任务，他从早晨 7 点 30 分一直做到下午 4 点 30 分，一共做了 17 个零件 (不计中间休息时间)，平均每小时比原计划多做多少个零件?

4. 汽车去果园拉苹果，把 40 棵树产的苹果装上车，连车重 11 吨，把 49 棵树产的苹果装上车。连车重 11 吨 225 千克。每棵树产苹果多少千克?

5. 幼儿园阿姨要给小朋友们分玩具，每人 2 件，多 7 件；每人 3 件，少 8 件。有多少个小朋友，多少件玩具?

6. 小青饲养小组养的鸡、鸭、鹅一共 90 只，其中鸡比鸭多 5 只，鸭比鹅多 5 只。养鸡、鸭、鹅各多少只?

7. 5个箱子里装有同样多的苹果，如果从每个箱子里拿出60个苹果，5个箱子里剩下的苹果数等于原来2个箱子里的苹果数。原来每个箱子里装多少个苹果?

8. 小红5岁时，她爸爸的岁数正好是小红的7倍。今年爸爸40岁，小红今年几岁?

9. 饭店桌面上有21个啤酒瓶，其中有7个装满啤酒，有7个都装有半瓶啤酒。有7个空瓶。不准倒动瓶中啤酒，把这些酒瓶平均分成3份，要求每份不仅瓶数同样多，而且瓶中啤酒的总量也同样多，怎样分?

10. 妈妈为小明制了一杯纯橘子汁，小明喝了半杯后，加满清水，又喝了半杯，又加满清水，并且全部喝完。小明实际喝了多少纯橘汁，多少清水?

11. 三年二班有45个小学生，全都借了数学课外书和自然课外书。借数学课外书的有39人，借自然课外书的有32人。数学、自然两种课外书都借的有多少人?

12. 在一个正方形池塘四周种柳树，四个顶点各种一棵，每边26棵，一共种柳树多少棵?

13. 李平买了1张桌子和4把椅子。一共花了210元。每张桌子的价钱是椅子的3倍，每把椅子多少元?

14. 有1角和5角硬币合计4元2角，两种硬币枚数相等。1角、5角硬币各多少枚?

【建宝塔】

1. 认真观察前几个式子，想一想括号里填什么数。

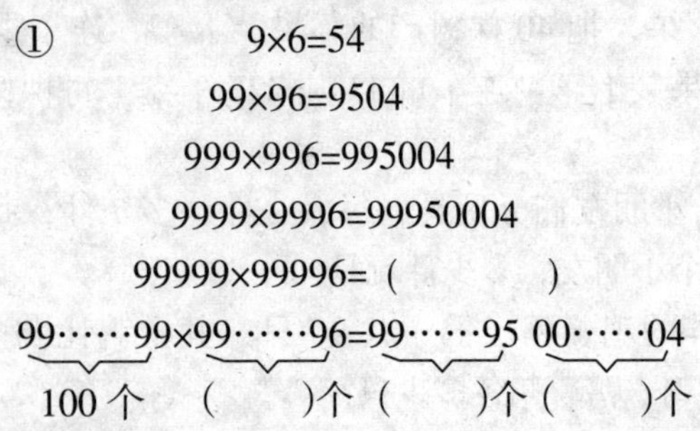

①　　9×6=54

99×96=9504

999×996=995004

9999×9996=99950004

99999×99996=(　　　)

$\underbrace{99\cdots\cdots99}_{100个}\times\underbrace{99\cdots\cdots96}_{(\quad)个}=\underbrace{99\cdots\cdots95}_{(\quad)个}\ \underbrace{00\cdots\cdots04}_{(\quad)个}$

② 9×8=72

99×98=9702

999×998=997002

9999×9998=99970002

99……9×99……98=99……9700……02

100个 (　　)个 (　　)个 (　　)个

③你能照样子，建一个算式宝塔吗？(提示：被乘数全由数字9组成，乘数个位可是0至9的任何一个数字)

2. 分别计算下面各题后，建一个竖直的宝塔。

111111111÷9、222222222÷18

333333333÷27

444444444÷36、555555555÷45

666666666÷54、777777777÷63

888888888÷72、999999999÷81

【动脑筋】

1. 从下面每行数中划去一个不合规律的数。

9	14	19	24	29	35	①
20	35	50	60	65	80	②
3	9	18	27	81	243	③

2. 甲数减去878，就等于乙数，如果甲数加上142，就等于乙数的5倍。问甲、乙两数各是多少？

3. 有一个一边靠墙的长方形菜园 (如下图)，周围的篱笆共长120米，菜园长边的篱笆比宽边的长多15米，这个菜园的面积是多少平方米？

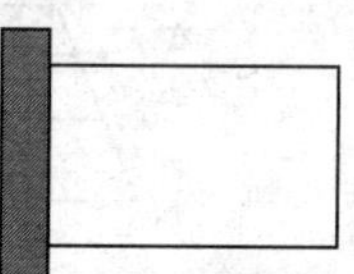

4. 两个数相除商是 3 余 10，被除数、除数、商与余数的和是 143，求被除数和除数。

5. 一个四位数，千位和个位上的数的积为 40，百位和十位上数的积为 28，四个数字的和为 24，如果这个四位数加 2727，原来的各数字的顺序恰好颠倒过来。这个四位数是几?

6. 把 45 分成四个整数，要求第一个数加上 2，第二个数减去 2，第三个数乘以 2，第四个数除以 2，它们的得数都相等。这四个数应各是多少?

【观察与思考】

1. 下面的五个说法是否正确? (在括号里画“√”或“×”表示。)

①线段和射线都是直线的一部分。(　　)

②在一张桌子的桌面上画一条直线，如果把这条直线与桌子的一条腿看做是两条不相交的直线，那么它们是平行的。(　　)

③一个三角形如果是直角三角形，那么它就不能是等腰三角形。(　　)

④已知平行四边形的周长是 24 厘米，其中一条边长 7 厘米，那么这条边的邻边长是 5 厘米。(　　)

⑤有一组对边平行的四边形就一定是个梯形。(　　)

2. 数一数，下图中共有多少条线段。

① A B C D E

共有（　　）条线段。

② A B C D E F G

共有（　　）条线段。

3. 数一数，下图中各有几种学过的图形?每种图形各有多少个?

①

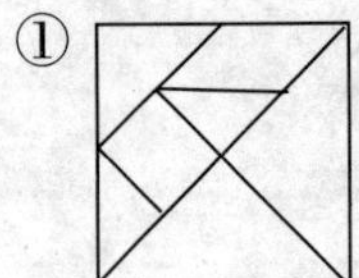

②

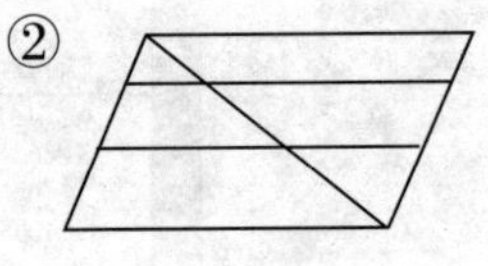

【操作题】

1. 用量角器先量一量下面图形中各三角形三个内角的度数，再求出未知角的度数。

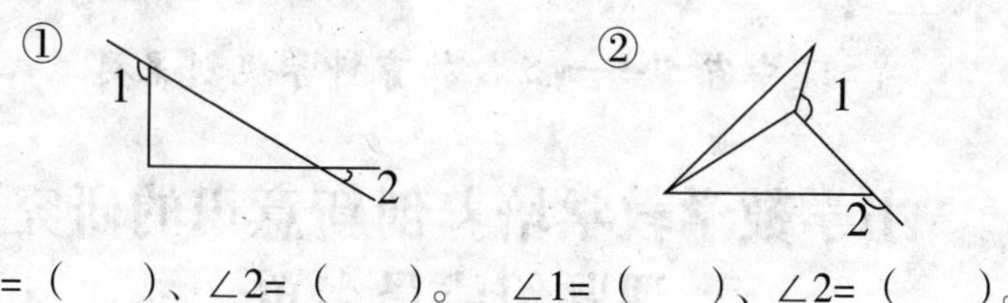

∠1=（　　）、∠2=（　　）。∠1=（　　）、∠2=（　　）。

2. 用三角板先检验下面的图形，再回答问题。左图中有 6 条线段，哪两条线段是互相平行的?哪两条线段是互相垂直的?

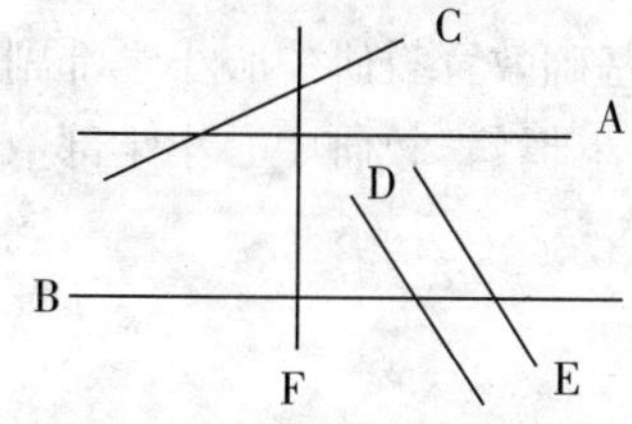

3. 在下面的梯形中画两条线段，将它分割成 3 个三角形、2 个梯形和 1 个平行四边形。

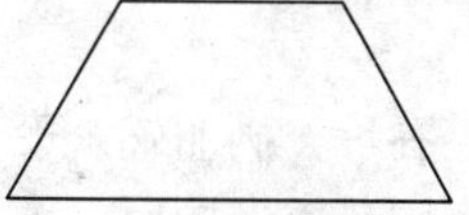

附录三：

辽宁省“十一五”教育科学规划课题

“小学数学教学培养创新意识的研究”课题组成员名单

指导与顾问：

李晓梅：辽宁省基础教育教研中心小学部副主任
刘国强：辽宁省基础教育教研中心小学部数学教研员
赵德远　沈洁怡

课题主持人：

刁　悟

课题执行人：

袁立明　姜春玲　满丽娣　庞　茹　李敬波
隋玉峰　李国昌　秦国臣　李　丽　李广峰
董　杰　张　晓　王　颖　韩春明　王淑艳

子课题主持人：

昌图县：齐　龙　董洪俊　田克忠　李连涛　李百胜
李金伟　魏来杰　马　万　时长海　沈洪志
张英华　程　杰　李国龙　杨志平　王宝玲
开原市：黄玉凤　张建鑫　刘汉成　王淑艳　杨淑兰
刘英华　雷洪誉　关英夫　刘克荣　翟书菊
白景森

铁岭县：丁凯南　葛尚海　孙　秀　马俊良　张洪广
李凤洪　段亚民　田宝玉　姜淑娟　梁国军
佟全辉　祖贵清

西丰县：王艳秋　赵艳秋　刘长安

调兵山：宋　扬　赵丽岩　王志范

银州区：万丽华　修　丽　王立萍　袁　野　张淑丽
尚桂娥　曹秋颖　万景风　袁　平

实验教师：（略）

后 记

书稿即将结束的时候，心情敞亮了许多。业内人士众所周知，在小学数学教学中培养学生的创新意识非常重要，势在必行。但培养创新意识在理论上应该理解到什么程度，培养到什么程度，在实际教学中以怎样的方法和策略实施，培养创新意识应注意哪些问题……这一切都没有现成的答案，真的是一件易说难做的事情。但作为一名多年从事小学数学教研工作的专业工作者，不应该遇到难题绕着走，应该迎难而上，勇敢挑战。于是坚定了我从事该课题的研究及完成这本书的信心。几年来，我在这个课题上付出了许多努力和辛苦，深入基层学校，深入课堂，进行了大量的调查研究，发现了在培养学生创新意识方面存在的大量问题，系统分析了这些问题存在的原因。“十一五”期间又将此课题立项为了辽宁省教育科学规划课题，进行了长达两年多时间的专题研究。课题实验过程中，吸纳了许多城乡不同层次的小学校参与实验，他们的实验研究成果，为本书的编写奠定了坚实的基础。

本书在编写过程中得到了辽宁省基础教育教研培训中心小学数学专家及铁岭市教师进修学院领导的大力支持，同时也得到了县区数学教研员（课题组指导与顾问），实验学校校长（子课题主持人）的大力支持，他们除了在培养创新意识的专题方面有独到见解以外，还能为本书的编写和出版献计献策，提出了宝贵意见，在此向他们表示衷心的感谢。他们的名字将在课题组成员名单中呈现。还应该感谢的是“参考文献”中每一作品的作者，从他们的作品里吸纳了许多营养，使本书更加丰满，更加厚重。

本书的总体策划、设计、组织及定稿工作均由本人完成。

此书的“理论部分”由本人独立完成，“实践部分”编入了实验学校中国家级、省级优秀课教师，国家级、省级骨干教师的实验研究成果，同时也编入了一线实验教师有较强参考价值的研究成果。当然更多编入的是本人几年来在该专题方面的研究成果。本人编入的研究成果（非署名的作品）绝大多数发表在省以上教育刊物上，每篇文章为了更能体现培养学生的创新意识，均做了一定修改。

真心希望此书的出版能给从事小学数学教学及教学研究工作者更多的借鉴和参考，使他们能够实实在在地把培养学生的创新意识落实在小学数学教学之中，切实实现素质教育和新课程提出的目标：培养学生的创新精神和实践能力，为培养21世纪合格人才打下基础。

由于本人水平和能力有限，本书在编写过程中难免出现这样和那样的问题，诚恳地希望广大同行、专家提出宝贵意见。并在百忙中把您的宝贵意见邮至本人邮箱（diaowu@126.com）中。

刁　悟

2009年1月20日

参考文献

[1] 陈和. 小学数学教师 [M] . 上海：上海教育出版社，2007

[2] 杨名声，刘奎林. 创新与思维 [M] . 北京：教育科学出版社，2000

[3] 刘兼，孙晓天. 全日制义务教育数学课程标准解读 [M] . 北京：北京师范大学出版社，2003

[4] 周玉仁. 小学数学教学论[M] . 北京：人民教育出版社，2002

[5] 刘云燕，王景. 新课程热点问题探究与校本学习 [M] . 北京：中国轻工业出版社，2005

[6] 朱江伟. 小学数学活动课读本 [M] . 上海：上海科学技术出版社，2000

[7] 汪刘生，郭要红. 小学数学教学研究 [M] . 合肥：安徽大学出版社，2001

[8] 《辽宁教育》编辑部. 小学语文数学创新教育课堂教学片段与评析 [M] . 沈阳：辽宁教育出版社，2000

[9] 《辽宁教育》编辑部. 小学语文数学实践活动课例 [M] . 沈阳：辽宁教育出版社，2002

[10] 孔金平. 小学数学课程与教学论 [M] . 杭州：浙江教育出版社，2003

[11] 教育部. 全日制义务教育数学课程标准（实验稿） [M] . 北京：北京师范大学出版社，2001

[12] 关文信. 小学数学创新性教学指导 [M] . 长春：吉林大学出版社，2001